江苏高校品牌专业建设工程一期项目“语文教育”（项目编号PPZY2015C249）成果

语文课程教学论

许 迅 著

Yu Wen

YUWENKECHENG JIAOXUELUN

中国海洋大学出版社
·青岛·

图书在版编目（CIP）数据

语文课程教学论 / 许迅著 . -- 青岛 : 中国海洋大学出版社，2017.12
ISBN 978-7-5670-1626-2

Ⅰ . ①语… Ⅱ . ①许… Ⅲ . ①语文教学—教学研究 Ⅳ . ① H19

中国版本图书馆 CIP 数据核字（2017）第 273152 号

出版发行 中国海洋大学出版社
地　　址 青岛市香港东路 23 号　　邮政编码 266071
出 版 人 杨立敏
网　　址 http://press. hunnu. edu. dcn
电子信箱 sjyybook@163.com
订购电话 010-60739092
责任编辑 赵　冲　　电　　话 0532-85902495
印　　刷 廊坊市广阳区九洲印刷厂
版　　次 2017 年 12 月第一版
印　　次 2021 年 4 月第二次印刷
成品尺寸 170mm × 240m
印　　张 12.75
字　　数 207 千字
定　　价 58.00 元

许迅，男，1970 年 2 月出生。南通师范高等专科学校人文系副教授，国家级普通话测试员、南通市朗诵学会副会长。主要研究方向教师语言实践课程的设计和训练。近年来，主要讲授大学语文、教师语言、诵读艺术等课程。在《电影评介》、《新闻战线》等核心期刊上发表学术论文 3 篇。主编 1 部省高等师范示范教材，获得南通市首届高校教学成果奖三等奖，“教师语言”课程获校级“精品课程”。目前，作为主持人和负责人在研 1 项江苏省教育规划“十三五”课题，在建 1 项江苏省在线开放课程。受聘担任南通电视台青年主持人培训导师、南通市中小学青年教师基本功强化培训教师。

前言

Foreword

语文学科是一门基础学科，其学科性质是具有工具性和人文性的统一，其本身又承载着思想性、文化性和民族性。作为一名在高师任教多年的语文老师，我时常思考这样的问题：

语文是什么？

语文素养是什么？

语文一般教什么？语文实际需要教什么？

语文要怎么教？用什么教？

学生可以通过语文学习什么……

长期以来，由于应试教育的盛行，语文研制内容缺失，语文教材名存实亡，语文教学内容也急需重新审定。因此，在这本书中，我根据自己多年的执教经验，以及通过对国内外先进语文教育学者的学习借鉴，再一次思考了语文教学中的一些基本但非常重要的课题：语文的学科性质、语文教学论的性质、语文教学资料的界定、不同语文课程的教学方法、语文教师在新课改下的基本素质、语文教学评价、语文课外阅读等。

本书以马克思主义教育理论和当代科学教育思想为指导，顺应语文课程改革的发展，对语文教学论研究的基本问题、基础理论和基本方法进行了深入浅出的阐述，体现面向21世纪的我国教育事业发展的方向，并以学习者便学、有用为原则。融合当代语文教育新理念、新内容、新方法于一体。在本书的编写过程中，本着语文教学以人为本位，从培养学生的语文素养，培养学生的个性与特长出发，来界定语文教学目的。因此，在本书中主要内容有语文课程性质、理念及目标、语文课程内容、语文课程资源、语文课堂教学、语文教师教学风格、语文教师专业化发展等，从不同视角阐述新的语文教育理念，对我国语文课程与教学改革进行了科学地探讨，是一本既具理论价值，又有现实指导意义的学术论著。希望对语文教育工作者提供一本有帮助有价值的理论著作。

本书共有七章。在绪论部分对语文教学方面的一些概念进行辨析，具有清晰性，同时指出了在语文教学实际下的语文教学方法略论；第一章主要讲述语文学科的性质和目标，简单易懂，通俗实用；第二章主要讲述语文教师和语文教学，重点讲述了语文教师的基本素养和要求，以及语文教师对于语文教学的重要性；第三章侧重于教学内容和语文教材，指出了语文教学的大纲和计划，以及在大纲和计划基础之上对于语文教学内容的选择和语文教材的使用方法；第四章主要针对不同语文课程的教学，将语文教学课程中常见的常识性课文、略读性课文、古诗文等不同语文课程做了相应的语文教学方法。非常难得的一点是在这一章节提出了口语交际教学和诵读教学，具有前瞻性，符合素质教育和新课改的要求；第五章则讲述了语文教学实施和设计，具体从研读课文、教学创意和教材处理三个方面讲述了语文教学的设计问题；第六章重点讲述了语文教学评价，这是最近较为新颖的语文教学中不容忽视的环节，提出了近几年非常重视的综合评价问题；第七章将语文教学从课堂拓展到课外的日常生活中，强调了语文课文阅读和课外语文活动的重要性。

总体来说，本书充分体现基础教育课程改革纲要的思想和理念，以解读语文课程标准为基本点，对语文课程的性质、目标和理念等进行了描述和阐释。语文教育归根结底是人的教育，语文教育的目标并非单纯使学生具备一定的语文能力，而是能够促进学生语文素养的形成，为其未来的可持续发展奠定基础和提供能量。

比如本书的大部分章节内容的阐释都紧扣新课改和《全日制义务教育语文课程标准（实验稿）》《普通高中语文课程标准（实验）》两个语文课程标准进行论述。比如第四章和第五章的内容，紧扣实际案例，提出新颖看法，具有自己的理解。课程改革已由课堂教学改革延伸到课程评价与考试改革，提出了新的评价理念："语文课程评价的目的不仅是为了考查学生达到学习目标的程度，更是为了检验和改进学生的语文学习和教师的教学。"为体现新课程的评价理念，本书专门设计了一个章节，讲述语文教学的评价理论及综合评价方法，可操作性很强。同时注重吸收和借鉴国外课程评价的理论和实践，在认识与把握语文课程评价方面做些有益的尝试。

总之，在本书的编写过程中，在学术方面注重提供框架性的知识结构，在实践应用方面注重提供程序性知识和教学策略。它以《全日制义务教育语文课程标准（实验稿）》（以下简称《语文课程标准》）的课程理念、课程目标和课程内容及教学建议和评价建议为基本编写参照，旨在为语文教师提供学习语文新课程和实施语文新课程的知识框架，发展其语文教师专业技能，提高其就业的核心竞争力。同时还可以作为语文教育、语文课程论等专业学生的参考书目。

YUWENKECHEN 目录 JIAOXUELUN

Contents

目录 Contents

YUWENKECHEN **绪论** JIAOXUELUN

绪论 Exordium

第一节 “语文课程教学”辨析

语文课程教学基本是以课程教学论与语文学相互结合的一个学科，但就其涉及的内容范围而言，它是许多学科的综合体。想要学好语文课程教学论，就必须对语文课程教学中常用术语的概念进行辨析。

一、“语文课程教学”概念辨析的教育背景

国家教育部根据第八次基础教育课程改革的要求，经国务院同意，于 2001 年 6 月颁发了《基础教育课程改革纲要（试行）》。过去一个相当长时期内，我们的教育教学研究，大都是以学科为本位，主要以“教学论”为理论依据来进行的；而新一轮的基础教育改革，却要求以课程为本位，主要以“课程论”为理论依据来展开。这在研究的思路上是个重大的改变。在这样的背景下来学习、探讨语文教育的理论和实践问题，必须对语文课程的概念、性质和功能等有科学的、完整的认识。

长期以来，我国的课程计划、课程大纲与教材研制、编写“一向是由政府组织教材专职编辑人员与学科专家具体操作、实施，形成‘上所定、下所行’的课程、教材研制体制”。国家统一的课程研制体制，很大程度上将课程与教材两个不同的层面（范围）重叠起来，客观上造成了课程与教材层面、教材与教学层面不同问题的混淆。拿语文学科来说，一方面是语文学科的课程理论、教材理论与教学理论的残缺，因为“研究”主要是论证和解释现行（既定的具体形态）的语文课程、语文教材。另一方面，语文教材的研制又倾向于大包大揽而不堪重负。由于既定的教学大纲与既定的教材几乎可合二为一，而在教学的实践中，语文教材（教科书）的权威实际上又要超过教学大纲——不备有“语文教学大纲”的学校、没读过“语文教学大纲”的教师，不在少数；而教学则必须“以本为本”。

这样，几乎所有的语文课程与教学问题，都堆积到了语文教材研制或编写的层面，语文教材编写，便自觉或不自觉地充当起语文课程研究、语文教学研究的职责。

时指出了在语文教学实际下的语文教学方法略论；第一章主要讲述语文科的性质和目标，简单易懂，通俗实用；第二章主要讲述语文教师和语文教学，重点讲述了语文教师的基本素养和要求，以及语文教师对于语文教学的重要性；第三章侧重于教学内容和语文教材，指出了语文教学的大纲和计划，以及在大纲和计划基础之上对于语文教学内容的选择和语文教材的使用方法；第四章主要针对不同语文课程的教学，将语文教学课程中常见的常识性课文、略读性课文、古诗文等不同语文课程做了相应的语文教学方法。非常难得的一点是在这一章节提出了口语交际教学和诵读教学，具有前瞻性，符合素质教育和新课改的要求；第五章则讲述了语文教学实施和设计，具体从研读课文、教学创意和教材处理三个方面讲述了语文教学的设计问题；第六章重点讲述了语文教学评价，这是最近较为新颖的语文教学中不容忽视的环节，提出了近几年非常重视的综合评价问题；第七章将语文教学从课堂拓展到课外的日常生活中，强调了语文课文阅读和课外语文活动的重要性。

总体来说，本书充分体现基础教育课程改革纲要的思想和理念，以解读语文课程标准为基本点，对语文课程的性质、目标和理念等进行了描述和阐释。语文教育归根结底是人的教育，语文教育的目标并非单纯使学生具备一定的语文能力，而是能够促进学生语文素养的形成，为其未来的可持续发展奠定基础和提供能量。

比如本书的大部分章节内容的阐释都紧扣新课改和《全日制义务教育语文课程标准（实验稿）》《普通高中语文课程标准（实验）》两个语文课程标准进行论述。比如第四章和第五章的内容，紧扣实际案例，提出新颖看法，具有自己的理解。课程改革已由课堂教学改革延伸到课程评价与考试改革，提出了新的评价理念：“语文课程评价的目的不仅是为了考查学生达到学习目标的程度，更是为了检验和改进学生的语文学习和教师的教学。”为体现新课程的评价理念，本书在专门设计了一个章节，讲述语文教学的评价理论及综合评价方法，可操作性很强，同时注重吸收和借鉴国外课程评价的理论和实践，在认识与把握语文课程评价方面做些有益的尝试。

总之，在本书的编写过程中，在学术方面注重提供框架性的知识结构，在实践应用方面注重提供程序性知识和教学策略。它以《全日制义务教育语文课程标准（实验稿）》（以下简称《语文课程标准》）的课程理念、课程目标和课程内容及教学建议和评价建议为基本编写参照，旨在为语文教师提供学习语文新课程和实施语文新课程的知识框架，发展其语文教师专业技能，提高其就业的核心竞争力。同时还可以作为语文教育、语文课程论等专业学生的参考书目。

而言，其基础工作之一是教会学生准确掌握汉语语音的声、韵、调，从而准确地运用“声之符号”来传情达意。就“文字”这一领域而言，其基础工作之一是准确地掌握汉字符号的点和线及其种种变形，并掌握其基本笔画，做到不写错字、别字，并逐步提高书写的准确度和流畅度。

语言的产生完全是为了社会交际的需要，因而它的主要功能就在于通过“声之符号”顺利地实现社会成员之间的情意交流。可是，由于上古社会生产力极其落后，部落与部落、区域与区域之间长期处于封闭、割裂状态，因而造成“声之符号”的严重差异，甲地通行的语言在乙地却不通行，方言纷呈的局面就此产生。随着社会的进步和时代发展，“声之符号”的差异便成为阻碍人们广泛交流的桎梏。在一国之内，追求语言的统一，实现语音、词汇、语法的规范化和标准化；在国与国之间，追求语言的相互学习，并逐步扩大国际通用语的语种，便成为全球语言发展的大趋势。

文字的产生，突破了语言的时空限制，使语言的社会交际功能更加充分地发挥。我国古代的大学者王充早在东汉时代就已经认识到语言和文字之间的关系，他说：“口言以明志，言恐灭遗，故着之文字。”语言，作为“声之符号”，容易“灭遗”，把语言用文字记录下来使之转化为“形之符号”，便能保持久远。此外汉字原来是表意文字，许多汉字可以“望文生义”，因此各地尽管有各地的方言，但看到汉字大多可以在意义上“认同”。语言不同文字却通，这是汉民族之所以能团结、凝聚的重要条件。在中华民族发展史上，汉字的存在功不可没。

再说第二种理解。作为学校教育中的一个独立的科目，“语文”有个历史演变的过程。中国的传统教育，在先秦时期曾实行过“分科”制，即包括书、数、礼、乐、射、御等六大科目在内的所谓“六艺”。这“六艺”中的“书”，即大体相当于现代的语文学科。自两汉以后，便逐渐形成了以诵习儒家经典为基本内容的所谓“极端混合型的教育体制”。中国实行现代意义上的分科制教育，还是清代末年废科举、兴新学之后的事。在 1904 年 1 月清政府颁布的《奏定学堂章程》(即“癸卯学制”)中，与后世语文学科内容相近的，除了“读经讲经”，还有“中国文学”(中学堂)和“中国文字”(小学堂)等名称的学科。

辛亥革命后的 1912 年，蔡元培出任民国临时政府的教育总长，就把中小学的语文学科一律改称“国文”。1919 年五四运动前夕，主张言文一致、国语统一，成了时代的潮流。众多新派人物都认为，在中小学都应该说普通话、教普通话(国语)，读白话文、写白话文(国语文)。于是在教育部的首肯下，小学、初中语文学科的名称都改为“国语”，小学生专学白话，初中生主学白话、兼学文言；高中生则仍用旧名“国文”，主学文言、兼学白话。这种“国语”、“国文”并存的局面，一直延续到

1949年新中国成立的前夕(至今,我国的台湾地区仍沿用“国文”、“国语”的名称)。

于“语文”这个学科名称的来历,著名语文教育家叶圣陶在不同场合作过说明。他在一封致一位中学教师的信中专门谈到:“‘语文’一名,始用于一九四九年华北人民政府教科书编审委员会选用中小学课本之时。此前中学称‘国文’,小学称‘国语’,只是乃统而一之。彼时同人之意,以为口头为‘语’,书面为‘文’,文本于语,不可偏指,故合言之。”

三、“语文课程”的概念

关于“语文课程”这一概念,学术界至今莫衷一是,学者持论颇多分歧,但较多的学者认为它是指构成学科教学内容(包括一切教学活动)的动态的体系。按此,语文课程则是指构成语文学科教学内容(包括一切教学活动)的动态的体系。过去,在班级授课制引进我国的100多年中,如何坚持“因材施教”以补救“班级授课”忽视学生个别差异的锢弊,一直困扰着广大教育工作者。其间,人们对“因材施教”的“教”,往往多从“教学论”的角度去理解,认为是指对程度不齐、智力水平不一的受教育者施以不同的教学方法。这当然不能算错,但从根本上、宏观上作整体考察,这里的“教”更主要的应是以“课程论”的视角对不同的受教育者施以不同的课程策略。

为了切实推进素质教育,中共中央、国务院作出了《关于深化教育改革全面推进素质教育的决定》,专门讲了课程改革的问题:“调整和改革课程体系、结构、内容,建立新的基础教育课程体系,试行国家课程、地方课程、学校课程。改变课程过分强调学科体系、脱离时代和社会发展以及学生实际的状况。”这里体现了深刻的、更新了的“课程论”思想。考察课程发展的历史,有所谓“学科中心”论、“社会需求”论和“学生(儿童)中心”论等等。这些理论都各有偏颇。其实,制订课程方案,是个复杂的系统的工程,它既需要考虑社会的生产力和科技发展的水平,又要重视社会的、历史的文化积淀,更要尊重学生身心发展的规律以及时代所需人才的综合素质要求。课程改革,不但需要先进理论的支撑、多视角研究的方法,更需要有科学的实事求是的态度去做认真的实验研究。

从目前基础教育课程改革的实践看,“课程”已出现了多样化的局面。按层级分,有国家课程、地方课程和学校课程;按专业地位分,有基础课程、专业课程;按修学要求分,有必修课程、选修课程、特设课程;按内容结构分,有分科课程、综合课程;按授课方式分,有学科课程,活动课程等等。不同的课程策略都在进行尝试,进行探索。

以往我国基础教育的语文课程,弊端主要是在“学科体系”支配下所形成的单一化和划一化。在全国的基础教育中，各个学段的语文学科都有划一的课程计划：阅读课多少课时，读多少篇课文；作文课多少课时，写多少篇作文，都有明确的规定。而且，凡是课程计划中列出的，一律都是“必修”的；不管一个班级的学生程度、爱好、个性有什么不同，一律按同一课程、同一教材、同一进度、同一教法进行教学。可是，生活是丰富多彩的，语文应用的场合是随机灵活的，学生的程度、爱好、个性又各有差异，这样一种单一的、划一的课程模式是绝不可能在不同的起点上，根据不同的教育对象的不同特点，提高他们的语文素养及全面素质的。因而必须进行课程改革，以适应国家对培养新型人才的需要，适应人的自身发展的需要。

四、语文课程内容与教材内容的区别

活动中，学者常常将语文课程内容与教材内容相混淆，或者等同。但其实两者之间虽然有联系，但却是不同的含义。课程内容一般又称为课程要素，是指特定形态的课程中学生需学习的事实、概念、原理、技能、策略、态度；课程研制中的“课程内容选择”，则表述为“根据特定的价值观及相应的课程目标，从学科知识、当代社会生活经验或学习者的经验中选择课程要素”。为了简化问题，在既定的“语文教学大纲”或“语文课程标准”的前提下，我们分别讨论读与写两个方面。

对写，在目前的话题里，大的意见恐怕是能取得一致的，学生学习写作，主要是学习有助于提高其写作能力的一系列事实、概念、原理、技能、策略、态度。不同学派产生争议的，主要是“哪些”和“如何”的问题，也就是说，对学习“哪些”事实、概念、原理、技能、策略、态度以及“如何”学习，人们有不同的认识。“如何”，除了事实、概念等方面的组织，还包括采纳什么途径和手段的问题。途径和手段，从学的一方讲，是“通过什么去学”；从教的一方讲，是“用什么去教”的问题。“用什么去教”，可能的回答之一，就是“用选文去教”。

“用选文去教”这一说法明确地将“选文”放到了途径和手段的位置；因为“去教”，意味着存在相对于“选文”的事实、概念、原理、技能、策略、态度等要去教的东西。显然，“用选文去教”，与“教选文”，有本质的区别。在此，“选文”并不是写作的“课程内容”，而主要是学习课程内容的途径，而且还只是数种可能途径中的一种选择，在“用选文去教”之外，还存在着诸如“用尝试性的写作活动去教”、“用原理的解说去教”等其他的可能途径。

阅读，如果也是“读选文”，情况可能要复杂得多。我们以一首诗为例：第一种情况是，将这首诗当作课程的内容——学习的对象，学习这首诗的目的就是领悟这首诗。第二种情况是，课程的内容乃是关于诗和读诗的事实、概念、原理、技能、策略、态度，而读这首诗则主要被当作学习那些内容的途径。我国古代的语文教育，基本上属于第一种情况，也就是说，选文本身就是“课程内容”，阅读和写作的教学被包容在选文的学习中，关于诗或文以及读与写的事实、概念、技能、策略、态度，粘附于选文，也依存于选文。到了现代，语言学、文章学、文艺学的成立，将本来依存、粘附于选文中的事实、概念等抽象、归纳了出来，这样，那些从无数诗篇中抽象出来的“知识”，便成为独立的存在。而分门别类又各成系统的“语文知识”，此时使可能与教材中的某篇选文产生隔膜甚至冲突。我国现代以来的语文教育，基本上偏向于第二种情况，是用选文去教“语文基础知识”，选文主要是作为“语文知识”的例证（例文），而成为教语文课程内容的手段、学语文课程内容的媒介或途径。

上文所说的“用什么去教”的含义，也就是“语文教材内容”。语文教材内容是教学中“交际的对象”，而不是学习的对象。

综上所言，语文、语文学科、语文课程、语文课程内容与教材内容等，都是有区别的。我们既要看到这些相关概念之间相互联系相互制约，又要看到它们的相对独立性。辨明语文教学课程中的相关概念，对于语文教学具有重大的意义。

第二节　从教学课程角度探讨教学方法

一、语文教学方法的基本概念

教学方法，是教学过程中教师与学生为实现教学目的和教学任务要求，在教学活动中所采取的行为方式的总称。语文教学方法就是在语文教学活动中，教师引导学生通过对语文课文的学习，获得语文知识，提升语文能力，发展学生的认知力，陶冶学生审美情趣和性情而采用的各种手段和方式。在语文教学系统中，教学方法的作用是十分重要的。在中西方的教育实践活动中，前人创造的可资借鉴的教学方法不可胜数。从 20 世纪末开始，在语文教学领域开展的诸如素质教学、创新教育、新课程改革等一系列浪潮，除了引起教学内容、教学理念的变更之外，必然也会引起教学方法与手段的改变。同时，在我国的语文教学研究中关于语文教学方法的研究一直以来都备受关注，从 20 世纪 50 年代的“红领巾”教学法，到 60 年代的“精讲多练”教学法，到 70 年代的“读读、议议、讲讲、练练”教学法，再到 80 年代钱梦龙的“三主四式导读法”、张孝纯的“大语文教学法”与魏书生的“六步教学法”等，教学方法的不断与时俱进，是语文教学不断发展的强劲动力。

从语文教学课程角度来说，语文教学方法与其他学科的教学方法有着本质上的区别，这是与语文学科以及语文教学的独特性紧密相联的。语文教学方法的主要特点是：①针对性。教师在进行教学时，要针对不同的对象与特点、不同的教学目的与要求，有针对性地灵活选择教学方法。可以说教学方法的选择是依存于语文教学目的、教学内容、学生认知能力与特征、教师个性特征与素质等多方面的因素。②多样性。教学目标的多元性、教学内容的丰富性、学生认知能力的差异性等多个因素决定了语文教学方法的多样性，如讲授法、讨论法、演示法、练习法、实验法、观察法等。③相对性。任何一种教学方法都优点与缺点并存，不存在绝对好或绝对坏的教学方法。因此在教学实践中教师必须综合运用多种教学方法，进行优化组合，用以有效解决教学问题与达到教学目标。④发展性。随着时代与社会的发展变化与研究的不断深入、成熟，语文教学方法会与时俱进，不断创新与发展，从而给语文教学注入新的活力。

语文教学方法的分类标准的不同使语文教学方法的分类有很大的差异。例如，按教学活动的性质分类，有讲授法、串讲法、讨论法、研究法、问答法等；按教学目的分类，有讲授法、导读法、整体感悟法等；从教学活动的形式分类，有感知教学法、导引教学法、发掘教学法等；按教学过程分类，有讲授法、练习法、复习巩固法等；按思维形式分类，有抽象、直观法等。

二、语文教学过程中常用的几种方法

（一）讲述法

讲述法就是由教师讲授知识的方法，它是以教师的叙述和说明方式来达到教学目标的。讲述法是古老的方法，也是广为采用的方法。

它适用于班级教学，教师可以用多种形式清楚简明地传授知识，保持知识的系统性、深刻性和准确性，有利于控制教学进程，在单位时间里知识容量最大，能够使学生在较短时间内获得大量系统的学科知识，它还有利于教师在教学过程中发挥主导作用，充分显示教师在知识理解和语言运用方面的示范作用。但它也有不足之处：如果运用不好，教师的单纯讲授可能使学生处于被动状态，学生学习的主动性与积极性不易发挥，出现教师满堂灌、学生被动听的局面，因为无视学生活动的课堂教学会缺乏生机与活力，造成教学的僵化与死板。同时，不利于学生独立思考与创造能力的培养。另外，由于主要是面向全体统一讲授，强调整体性，而无法顾及学生的个体差异性，难以体现因材施教的原则。

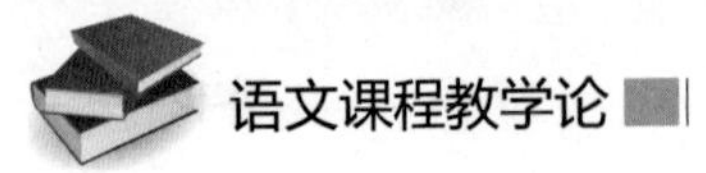

（二）讨论法

讨论法是指在教师的指导下，通过学生间的对话实现教学目标的方法。讨论法是作为讲述法的对立面而存在的，具有反教学传统的特色。

对比于讲述法来说，讨论法的优点在于：

第一，从根本上改变了以教师为中心的课堂教学结构，有利于激励学生参与教学r过程，激发学生自我表现的热情和创造性思维。第二，有利于开展合作探究性学习，使学生在活跃的气氛中听取、比较、思考不同意见，在此基础上进行独立思考，促进思维能力的发展。第三，讨论会能够普遍而充分地给予每一个学生表达自己观点和意见的机会，调动所有学生的学习积极性，并且有效地促进学生口头语言能力的发展，并有利于促进学生灵活的运用知识分析问题、解决问题的能力，增强学生的创造性思维能力、评判能力和论辩能力。但讨论法也存在着缺点，受学生知识经验水平和能力发展的限制，容易出现讨论流于形式或者脱离主题的情况。

综上讨论了讨论法的优势，但是我们之所以重视讨论法并不是要使之取代讲述法，而是要两者相互补充。

（三）问答法

问答法，又称为提问法，是以师生之间的对话形式进行教学的一种方法。在语文教学中，通过问答法，语文教师可以让学生自由表达自己的想法，并在对话和交流中形成自己对世界的认识，形成自己的思想。

每一种教学方法都有其优势，问答法同样具有独一无二的优势：一是有利于唤起学生注意，活跃学生思维，培养学生独立思考、积极探求的良好学习习惯。二是有利于训练口语表达能力。三是有利于教师及时获得反馈信息，从而达到教和学的和谐统一。

问答法中问题的功能可分为以下几类：①记忆性提问。这一类提问要求学生用所学过的或所记忆的知识来回答，不需要更深入的思考。例如：鲁迅的小说集有哪些？②了解性提问。这在于考查学生对所学内容的感知能力，为之后的深入理解打下基础。例如：《祝福》中的柳妈是个什么样的人？③理解性提问。这是考查学生对所学内容的见解和领会。例如：毛泽东的《沁园春·长沙》中“鱼翔浅底”的“浅”是什么意思？④运用性提问。要求学生把所学的知识运用到具体的问题解决之中。例如：请找出《荷塘月色》中运用通感的两处句子，并请用通感的修辞手法描绘一种情景。⑤评价性提问。考查学生对所学内容的欣赏、鉴别和评论的能力。例如：孙犁的《荷花淀》中，水生女人：“你走，我不拦你。家里怎么办？”此处用句号和用逗号在表达效果上有何区别？

在语文教学中，运用问答法的关键是教师问什么和如何问，正确运用应注意以下几点：

第一，概括性。提问是引导语，因此问题的表述要简明、精练、概括扼要，前后问题应该有内在联系，有逻辑顺序。

第二，适当性。提问要大小得当，多少适量，难易适度，要根据教学对象的年龄特点、心理状况、知识基础、认识水平和实际能力等情况来设计。还可以以思考性问题为主，记忆性问题为辅。

第三，全面性。教师注意应面向全班提出问题，问题的难易要有梯度，使各类学生都有机会答问，这样更能调动全班学生的思维积极性。

第四，启发性。提问的设计要有针对性与启发性。针对性是指根据教学目的，围绕教学重点难点来设计问题。启发性是指问题的提出能引导学生思索。

第五，思想性。语文教学应将教书与育人紧密结合。因此，提问应注意考虑所提问题的意义、价值与思想性。此外，教师还应注意对学生的答问给予全面评价。要坚持以表扬为主，多肯定学生的回答，如果学生答错，则应该进行中肯的分析和有效的引导，切忌讽刺挖苦。教师还应具有民主态度，允许学生与教材、教师有不同意见，鼓励学生有独立见解。

以上我们可以看出问答法在教育中的重要地位，但是我们在问答法中也要注意一些问题，比如，教师提出的问题要有意义和价值；教师提出的问题要难度适中，多少适量，大小得当；同时，教师提问要以思考性为主，以记忆性提问为辅。

（四）研究法

研究法就是学生在教师指导下自己学习课文的方法，也就是教师指导学生自己完成课文的阅读和理解。相对于前三种教学方法来说，研究法在实际教学中运用的比较少，缺乏经验。但是，在新时代的发展要求和新课改的标准下，我们理当看到学生自主学习能力的重要性，应当对研究法的重要性具有前瞻性的认识，并逐渐在教学中开始运用。

教师在运用研究法时要注意以下问题：

第一，教师要努力挖掘语文学习时教材中具有研究价值的因素，设计探究性教学的过程。同时又要尊重学生对研究课题或活动项目的自由选择，鼓励并引导学生从自己的学习生活和所熟悉的社会生活中去选择课题或项目的内容，这样才能使学生怀有兴趣并倾注热情去搜集信息，研究问题。

第二，教师应不断更新自身教育观念，努力营造民主、宽松与和谐的良好氛围，积极主动的转换“师”的角色，始终将学生看作解决问题的伙伴，并对学生进行创新意识的教育，激发学生的创新热情。

第三，强化学生的问题意识，诱发其探究欲望。教师要引导学生学会自己发现问题，提出问题，分析问题，亲身参与问题的解决，使学生形成一种探究的自觉持久的内驱力。

第四，教学要重过程而非结论。教师应更多地关注学生的参与行为，关注学生在教学过程中是否具有创新思维，是否激发了想象，收集整理的资料是否论证了需要证明的结论，而不在于结论是否可靠、正确，更不追求结论相同。

第五，在研究性学习开展的过程中，教师还应注意培养学生的科学精神和合作精神，使学生学会相互交流相互学习，从而获得相互促进。

（五）情景教学法

随着语文教学法的日益丰富，情景教学法逐渐走进语文教师的课堂活动。所谓的情景教学法就是在教学活动中，根据需要达到的教学目标，利用生活场景、图片、音乐、电影、演课本剧、多媒体课件等方法，创设与教学内容相关的教学情境，使学生在具体、直观且生动的场景与氛围中进行观察、体验、思考与学习的教学方法。情境教学法强调创设教学情境，运用直观教学原理，使学生在特定的情境中正确而迅速地理解教学内容，缩短了认识的时间，提高了教学效率。同时，它寓教于乐，通过使学生“身临其境”来进行情感教育，以情动人，以美感人，注重培养与提升学生的审美能力，充分发掘语文课的教育功能。

情境教学法与其他教学方法相比最为突出的特点是教学方式的科学化和教学内容的情境化。其运用了现代多媒体等科学化手段，有效地突破了课堂的时空局限，将与学习内容相关的中外古今的自然景观、社会生活、语言现象和人物形象具体直观地呈现于学生面前，无论是微观世界还是宏观景象，无论是具体形象还是抽象意念，无论是静观景象还是变化形态，这些丰富多样的教学内容都能够情境化。创设课文情境的手段多种多样，其中语言描绘是创设与渲染课文情境的一种最基本的手段，将其与现代多媒体技术结合，会使语文课堂变得更为丰富多彩。此外，还可以运用实物与图画再现情境，俗语有云：“百闻不如一见”. 将课文所写用实物或图画展示，将课文内容具体化、形象化。还可以播放音乐或电影来渲染或再现情境，制造气氛，渲染情境，增强学生对教材的感知，在特定的情绪中深刻领悟课文。再有通过表演课本剧深人体会情境，在语文教学中，让学生扮演课文中人物角色，贴着课文中人物的情感与心意，消除学生作为读者与课文文本之间的距离，深刻理解文本内蕴与人物形象。此方法既可以通过分角色朗读也可以以现场表演等方式进行。

三、语文课程与教学论的理论基础

语文课程与教学论是跨学科的，它的学科独立性至今还有人质疑。因此，这样一个学科的理论基础也必然是复杂而多样的。

语文课程与教学论的哲学基础是马克思主义哲学。马克思主义哲学是社会主义国家一切自然科学和人文社会科学的理论基石，它为理论研究提供先进的世界观和方法论。同时，语文课程与教学论也不排斥其他西方社会思潮的合理要素，汲取其营养，为我所用。例如，当代西方思潮中的人本主义思想，对语文课程设置中如何体现生本思想，在语文教学中如何处理师生关系，教师与学生如何民主、平等相处，如何尊重学生等都很有启发；又如，近些年在国外引起人们较多关注的建构主义思潮，对如何处理好教师教和学生学的关系等领域有值得借鉴的合理成分。任何理论都有其局限的一面，不存在放之四海而皆准、能解决所有问题的理论。所以，我们如何去借鉴诸多形形色色的哲学理论，为语文课程与教学论服务则是需要多加思考和关注的。

语文课程与教学论的基础理论是教育学和心理学。不论是语文课程还是语文教学，都是属于教育范畴的，教育学的基本理论、原则、方法是其重要的理论基础，特别是课程与教学论理论，是语文课程与教学论的直接理论来源。同时，语文课程与教学论的理论基础还有心理学，尤其是教育心理学和学习心理学，语文教师要熟悉了解学生的年龄心理特征，掌握学生的学习心理，运用教育心理学的理论去合理安排课程，实施教学。

语文课程与教学论的专业理论基础是语文学。“语文”的含义，历来众说纷纭，叶圣陶老先生当年有过几次权威性的解释：

“‘语文’一名，始用于 1949 年之中小学语文课本。当时想法，口头为语，笔下为文，合成一词，就称为‘语文’。自此推想，似以语言文章为较切。文谓文字，似指一个个的字，不甚惬当。文谓文学，又不能包容文学以外之文章。”

“什么叫语文？平时说的话叫口头语言，写到纸面上叫书面语言。把口头语言和书面语言连在一起说，就叫语文。”

“‘语文’一名，始用于 1949 年华北人民政府教科书编审委员会选用中小学课本之时。此前中学称‘国文’，小学称‘国语’，至是乃统而一之。彼时同人之意，以为口头为‘语’，书面为‘文’，文本于语，不可偏指，故合言之。……其后有人释为‘语言’‘文字’，有人释为‘语言’‘文学’，皆非立此名之原意。第二种解释与原意为近，唯‘文’字含意较‘文学’为广，缘书面之‘文’不尽属于‘文学’也。课本中有文学作品，有非文学之各体文章，可以证之。第一种解释之‘文字’，如理解为成篇之书面语，则亦与原意合矣。”

由上引述，我们可以对“语文”有一个较为明晰的认识，“语文”指的是口头语言和书面语言的合称。所涉及的学科包含文字学、语言学、文学、文章学、美学、写作学等诸多学科。这些都是语文课程与教学论的专业理论基础。近些年值得警惕的一种现象是，过于强调教育学、心理学理论基础，而忽视对语文学理论的研究，忽视将语文学课程化、教学化研究，简单地照搬课程与教学理论到语文课程与教学论中，使得语文课程与教学论研究踯躅不前。

第一章 语文学科的性质和目标

第一节　语文学科的性质

语文学科的性质，是指区别于语文同其他学科课程的根本属性。它对语文教学的内容、目标和语文教学方法都有制约和引导作用。关于语文这一学科的性质，自新中国成立以来学术界一直争论不休。2011 年教育部修订的《义务教育语文课程标准（2011 年版）》在十年新课程时间和探索的基础上，对语文学科的性质进行了更为准确的表述。想要认识语文学科的性质，就必须要了解新中国成立以来语文学科性质的演变和发展过程。语文学科性质的演变过程，是语文教学改革的发展过程。

一、语文学科的性质

（一）“文”与“道”并行

语文作为一个学科名称而确立是在 1950 年 8 月，教育部公布《小学语文课程暂行标准（草稿）》，用“语文”代替“国语”。该课程标准的“目标”部分有四项，第一至第三项是阅读、说话、作文和写字教学方画的目标，主要属于掌握语文工具的目标。第四项则是属于知识教育和思想教育的目标。

1956 年的分科教学大纲则明确规定：“汉语是对青年一代进行社会主义教育的一种重要的有力工具”，文学“是帮助年轻一代认识社会生活的重要手段，是对年轻一代进行社会主义教育的有力工具”。

1959 年 6 月，《文汇报》开展了“关于语文教学的目的和任务”的讨论，并发表了育才中学刘培坤老师的《“文”与“道”——关于语文教学目的和任务之我见》，刘文认为：语文教学的任务本来就是“通过语言文学的教养进行政治思想教育”，“教学生‘学会了文，是语文教学的基本任务，‘学通了道’是自然的结果”，“语文教学必须兼取其文，而且以取文为前提”。

1961 年，继《关于语文教学目的和任务问题的讨论》后，《文汇报》又展开了《怎样教好语文课》的讨论，12 月发表社论《试论语文教学的目的任务》。社论指出：“语文教学的目的任务应当是：使学生正确、熟练地掌握与运用祖国的语言文字，培养与提高学生的阅读和表达能力，并通过教学内容的教育和感染，培养学生正确的观点、

健康的思想和高尚的品德。”

1962 年，时任教育部副部长的林砺儒发表文章，陈述“基本知识”和“基本技能”的关系，并表示“每课的教学目的，不能千篇一律”。此后，时任江苏教育厅长的吴天石发表了“常州会议讲话”，提出“加强语文基础知识教学和基本训练”，上海市有教师也把语文教学内容概括为“字、词、句、篇、语、修、逻、文”，还提出了加强语文教学中“教师的主导作用”，吕叔湘、张志公等也纷纷撰文，重申语文学习的“技能”性质。

这些观点后来都被 1963 年的《全日制中学语文教学大纲（草案）》吸收。该“大纲”的“语文的重要性和语文教学的目的”，讲述“语文是学好各门知识和从事各种工作的基本工具”，提出“中学语文教学的目的，是教学生能够正确地理解和运用祖国的语言文字，使他们具有现代语文的阅读能力和写作能力，具有初步阅读文言文的能力”。并强调“要加强识字写字、用词造句、布局谋篇等基本训练”，“基本训练要通过多读多写来完成”；论证了“在语文教学中‘道’和‘文’不可分割的道理”。

（二）“工具性”与“思想性”并举

在上世纪的 70 年代到 90 年代，随着改革开放的进程，语文的性质也发生了微妙的转变，这一时期的主要话题是语文学科的“工具性”和“思想性”，而切入口是语文课程内容的组织，体现在追求语文教材的“科学体系”和语文教学的“模式建造”。1980 年出台的“语文教学大纲”修订版，确定了“语文是从事学习和工作的基础工具”以及“语文课在进行读写训练的同时，还必须进行思想政治教育。思想政治教育必须根据语文课的特点进行，必须在读写过程中进行，读写训练也必须以正确的观点为指导，二者是相辅相成、互相促进的”。这一表述方式，为以后的教学大纲所沿用。但在 1980 年代末，人们逐渐开始反思改革开放以来的语文教学，因为经过十余年的改革并没有真正产生所期望的“科学化”，反而在某种程度上陷入了僵局，并引发了一系列严重的问题。主要表现在三个方面：

第一，一些语文教材追求的所谓“科学体系”，被发现是一个误区。语文教材的“一纲多本”乃至地区性的多纲出现，使长期形成的“一本统天下”局面，有了根本的改变，各“本”教材在编写体系、体例上各有追求也各有所长。但“统观其体系的整体，特别是以之验证于课本，实则都无大别”。“其共同的特点是以课文作为教材的全体，知识作为一个体系，按知识体系组织课文，少量的练习是用来帮助学生理解课文、理解知识的”，甚至走到了“体系、体例越来越繁”的负面。光在既定课文和既定“语文基础知识”的螺蛳壳里做组合游戏，看来是条绝路。

第二，定位在教法探索的种种“语文教学模式”，被发现多数很难移植，有的还蜕变为个人的教学“艺术”表演。

第三，20 世纪 50 年代以来养成的语文教学闻风而动的习惯，在恢复高考以后形成了坚固的“应试教育”主心骨，语文教学很大程度上变成了令人生厌的考试机器。从整体上讲，语文教学内容被落实为只能用这几个字的“标准答案”，语文教学变成了“教参”“模拟卷”的答案从教师的黑板到学生的试卷这样的运作过程。

反思 1980 年代以来的语文教育，一方面，我们应该看到，我国的语文课程与教学实践，迄今为止基本上还是经验型的，语文教师的教学更多的是在涌流中涌动，是别人怎么教我怎么教、时兴怎么教我怎么教，这表现了我们语文教育理论的软弱，也反映了“理论”在实践中的真实遭遇。另一方面，“工具性”的指称是否适宜，“兼有”或“统一”的论证是否合理，乃至脱离实践关起门来作语义思辨的“性质”研究方法是否对头，这些都需要作学理的考察。对“工具”“思想”的价值取向，更应该站在“一切为了学生的发展”立场，重新审视。

（三）“工具性”与“人文性”的整体框架

在经历了“工具性”与“思想性”并举阶段之后，1990 年代的语文教育进入了比较自觉的时期，最为突出的体现就是“人文性”的提出。

语文课程与教学的取向研究实际上分两条线路。一条是语文教育研究者的工作。1991 年，章熊先生发表了《我对现行语言知识教学的具体意见和调整方案》；接着，顾德希发表《建立实际应用语言的知识系统——张志公先生对语文教学科学化的一个重要设想》，提出了“语文课究竟需要教些什么知识”的问题；杜常善发表《从汉语的特点出发改革语文教学》，提出了“诵读”和“积累”的主张；李珊林、王尚文分别发表《语感训练的思考和做法》、《语文教学的错位现象》，主张“语感”培养这一“中心”任务，并引发了迄今还在延续的“语感”问题讨论。另一条线索是与语文教育相关的学界人士积极介入。比如，1980 年，申小龙发表《汉语的人文性与中国文化语言学》，提出汉语的人文性问题；1993 年，童庆炳发表《语文教学与审美教育》，主张“从美育的高度看待语文教学”。

这一时期的语文教育研究，在研究方法上与前几个时期关联，但产生了实质性的变化。我国的语文教育研究，本质上是适应社会变革、回应社会思潮，并在既定的历史条件和学术背景下展开的。在 20 世纪前 50 年，研究的主要方法是“依了个人的经验”“就事论事”（叶圣陶语）。尽管后人可以凭据其一系列的言论，从中概括出成系统的语文教育思想，比如叶圣陶语文教育思想，但这些思想在当时是以零散的面目出现的。建国之后的前 17 年，实际上多为领导的指示，所谓“研究”往往是既定“道理”的抽象论证。之后，语文教育研究大规模地形成了由实践到理论的“摸索”方式，主要表现在“语文教学模式”的构造，但究其实质，“理论”往往有外贴之嫌，所形成的也常常是创建者本人的“教学流派”或“风格”。至 90 年代，语文教育研究可以说获得了自觉，这里有两个标志：第一，形成了以演绎的方式来构想语文课程与教学改革方案的思路，着力处开始放在原创理论的打造，学术视野较为开阔，逻辑思辨力有明显的提升。第二，成系统、有规模的研究，成为自觉的追求，逐步形成了多家语文课程与教学的学派理论。

在我国语文教育研究的语境中，“语文学科的性质”实际上是问“语文学科应该是什么”“不应该是什么”，它或是对肯定课程取向的维护，或是对否定课程取向的揭露，涉及的是价值问题，目的是为改革意见和方案的正当性进行辩护。但是，由于对“性质”的种种探求习惯于脱离历史语境而在两极的框架里作语义推导，于是很自然地滑向语文学科“是什么”或“不是什么”的思辨。

进入21世纪后，教育部颁发的《语文课程标准（实验稿）》对语文学科的性质做了界定：“语文是最重要的交际工具，是人类文化的重要组成部分。工具性与人文性的统一，是语文课程的基本特点。”教育部在2011年发布的《义务教育语文课程标准（2011年版）》中再一次补充和完善了语文学科的性质：“语文课程是一门学习语言文字运用的综合性、实践性课程。义务教育阶段的语文课程，应使学生初步学会运用祖国语言文字进行交流沟通，吸收古今中外优秀文化，提高思想文化修养，促进自身精神成长。工具性与人文性的统一，是语文课程的基本特点。”

二、语文学科的基本理念

（一）提高学生的语文素养，发挥语文学科的育人功能

语文素养的内涵非常丰富，包括很多层面。根据语文课程标准来看，这是一个开放性的结构，既有不同时代普遍适用的核心内容和要求，又有鲜萌的时代特征。语文素养的形成必须紧紧依赖语文课程的特点，即在“识字与写字、阅读、写作、口语交际、语文综合性学习”五个方面的教学中形成。在中小学阶段的语文教育中，语文素养融合了以下重要内容：

1. 语文知识

语文知识包括语言的积累。义务教育语文课程标准指出小学、初中阶段课外阅读总量应在400万字以上，背诵优秀诗文240篇（段）；掌握最基本的汉语拼音、汉字、标点以及语法修辞知识；一定的文史常识和其他知识。这是语文素养养成的基础。

2. 语文能力

语文能力包括识字与写字、阅读、写作、口语交际的能力以及搜集和处理信息的能力、语感力等。语感是一种直接、敏锐的语言反应能力。它是建立在大量而丰富的语言积累之上，诉诸形象、依赖知觉、对语言文字的意蕴和情趣的领悟和品味的能力。语文能力是语文素养的核心。

3. 思维能力和创造力

语言是思维的外壳、思维的工具，人们借助语言进行思维，人类的思维成果也要依赖语言的帮助才能得以巩固和发展。因此，语文是发展思维，尤其是培养学生形象思维和创造力的重要课程。

4. 语文学习方法和习惯

语文素养的养成，关键在于学生自己的亲身实践、主动内化和终身积累。因此，自觉掌握多种语文学习方法和良好的语文学习习惯，这不仅是培养语文素养的一个重要途径和手段，而且其本身就是语文素养的一个重要组成部分。

5. 健康的情感

健康的情感包括对祖国语言文字的热爱，对祖国优秀传统文化的热爱。

6. 良好的个性

个性是一个人不同于他人的心理特征，是个人比较稳定的心理活动特点，如性格、爱好、气质等。语文课程要培养中小学生广泛的兴趣、坚强的意志、良好的习惯等。

7. 健全的人格

人格在这里是一个伦理学范畴，包括社会主义道德品质、积极的人生态度、正确的价值观、高尚的文化品位和审美情趣等，健全的人格还包括良好的心理素质和社会适应能力等。中小学是处于人的发展起步阶段，因此，志要从小就立，德要从小就培。

其中，前面三点是从知识和能力这一维度来分析语文素养的，后面三点是从情感、态度与价值观的维度来谈的。而第四点作为方法则贯穿于整个素养形成的整个过程。

值得注意的是，以上所提到的语文素养不是针对某一个学生而言的，而是针对全体学生，力争每一位学生都能够达到这样的目标，获得现代公民所具有的语文素养。

语文学科是基础学科里的基础，同时又是作为国家通用语言文字的教育。作为中国公民，每个人都应该获得最基本的语文素养，这是教育给他的基本权利，也是他将来赖以学习、生活、工作的保证。

语文课程教学本质上是“全人”教育，即必须促进学生的全面发展，促进学生语文素养的整体发展。应注意的是，人的全面发展不是指各门课程整齐的发展，也不是指语文课程的各类知识或各类技能的整齐发展，而是指个体身心和谐、健康的发展。全面发展以塑造未来为目的，倡导以“育人”为核心，强调以开发人的理智、情感、身心、美感、创造力和精神潜能为鹄的。

（二）把握语文教育特点，提高语文教学效率

教育部发行的《义务教育语文课程标准（2011 年版）》指出：“语文课程丰富的

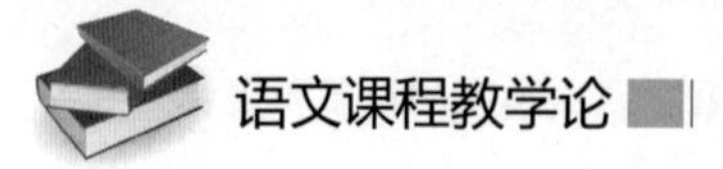

人文内涵对学生精神世界的影响是广泛而深刻的，学生对语文材料的感受和理解又往往是多元的。”在语文课程实施过程中，我们认为语文教育应该考虑以下几点：

1. 语文课程在培养目标上要重视对学生人文精神的培养

语文课程蕴涵着丰富的人文内涵。“人文指的是人类创造的各种文化现象”，人文内涵既指语文课程中丰富的人文知识，更指语文课程无处不在的人文精神。人文知识和人文精神是相互渗透、水乳交融的，它们可以是一个美丽而凄婉的故事，也可以是一座荒野中的古城、一尊无言的雕塑……毫无疑问，语言文字本身是人类文化的重要组成部分，也是人文知识和人文精神最重要的载体。语文课程教学中，学生通过对语言文字及其承载的人文内涵的学习、内化，提升其人文素养。

语文课程标准中有关人文的概念可用图 1-1 表示：

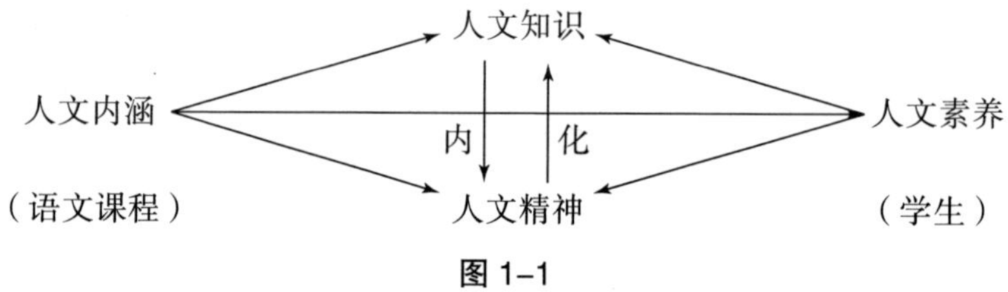

图 1–1

2. 培养学生人文精神的核心是要培养学生的民族精神

语文教育指的是作为中华民族通用语的汉语文教育。语文反映社会历史的变迁，积淀社会文明的精粹，散发民族文化思想的光辉。“在民族语言明亮而透彻的深处，不但反映祖国的自然，而且反映民族生活的全部历史。人们一代跟着一代传下去，但是每一代生活的成果都保留在语言里，传给后一代遗产……总之，一个民族把自己的全部精神生活的痕迹都珍藏在本民族的语言里。”因此，语文是民族之根、国家之魂。语文课程培养学生的人文精神必须培养学生的民族精神。一个没有自己文化的民族如无本之木，一个缺乏民族精神的民族犹如没有脊椎的动物。民族的文化孕育民族的精神，民族的精神创造不竭的民族文化。

3. 语文课程在教学内容上既要重视中华民族优秀传统文化，又要重视对外来优秀文化的吸收和融化

“创新是一个民族进步的灵魂。”民族文化怎样创新？就是要在继承和发扬本民族文化的基础上，不断吸收外来民族的智慧和文化，去创造适合于本民族的自己的新文化！中国与世界各国相比较，除去清代 200 多年的闭关自守的历史，中国文化是相当开放的。这种文化的开放性，一方面是指这种民族文化对其他民族文化极大的影响和感染力；另一方面是指这种民族文化并不囿于民族和国家的偏见，而善于吸收和接纳对自己有用的文化。纵观中华五千年文明史，就是一部不断创新、不断融合各民族优秀文化的历史，“泰山不让寸土，故能成其大，河海不择细流，故能成其深”。大

胆吸收，兼容并蓄，正是中华文明凝聚了强大的活力和生命力的主要原因。语文教育作为人文教育的主阵地，理应“关心当代文化生活，尊重多样文化，吸取人类优秀文化的营养”，体现出开放时代中国的开放心态。

4. 语文课程在教学原则上要重视学生的独特体验

长期以来，我们的语文教学在总体上存在着重认知轻情感、重理性轻感性、重分析轻综合的倾向，缺少学生个体的自我体验，这实际反映了以学科知识为本位而非以人的发展为本位的课程观，也就是忽视了语文课程的人文性。

“体验”在《现代汉语词典》上的解释有两条：通过实践来认识周围的事物；亲身经历，如体验生活。由此可见，“体验”具有两个明显的特征：亲历性和实践性。实践既指活动过程，也指活动结果——即经验。在语文课程标准中，“体验”一词贯穿整个课程标准，并在两个课标中共出现 43 次之多。还出现在许多和“体验”这一概念差不多或关系密切的词语和概念，如体味、体会、领悟、情境等。作为一种课程取向，重视学生在语文课程中的体验是基于语文课程具有的人文性、实践性特点和新主体教育观，这是在片面强调工具理性，忽视学生主体感受、主动实践的背景之下的一种明智抉择。

5. 语文教育在教学评价上要克服“科学主义”的非此即彼、寻求唯一准确答案的评价标准，和非“扬”即“批”、只见问题不见学生的评价态度

第一，语文课程中具有大量具体的带有个人情感和主观色彩的内容，但由于读者（包括教师和学生）各人的知识背景、生活经验和体悟的角度等方面的差异，就会产生不同的理解和感受。因此，语文教学既要注意正确的价值取向的引导，但同时又要考虑到“学生对语文材料的反应又往往是多元的”，尊重学生在学习过程中的独特体验。

第二，语文教育的对象是人，语文教育的目的是为了人的发展，语文评价作为语文教育的一环，不能为评价而评价，也应以人的发展为最终目的。因此，在评价的过程中，要以人为本，不能以问题为本，反之就是本末倒置，脱离了语文教育之初衷。

除此之外，语文课程作为实践性课程，语文教师在教学过程中应该着重培养学生的语文实践能力，将识字功能与写字功能、聆听能力和说话能力、阅读能力、写作能力和信息筛选能力结合起来。在日常生活中，能够熟练运用，提高自己解决问题的能力。

（三）突出学生的主体地位，倡导自主学习、合作学习和探究学习

随着新课改的要求，教师不能再单方面地追求传统的教学方式，同时学生的学习方式也应该发生相应的改变。

首先说一下自主学习。

1. 自主学习是主动学习

学生的主动性是自主学习的前提，也是学生能够学好语文的基本特质。自主性学习是针对被动学习而言，是指学生有明确的学习目标，强烈的学习动机，对学习内容和学习过程有自觉的意识和反应的一种学习方式。自主学习具有如下特点：

主动性是自主学习的基本品质，它相对于被动学习而言，两者在学生学习活动中表现为："我要学"和"要我学"，"我能行"和"我不行"。"我要学"是基于学生对语文学习的一种内在的需求；"我能行"是对自己学习的信心，是主动学习的有利保证和有效催生力。

2. 自主学习是一种独立的学习

独立性是自主学习的核心品质。自主学习的独立性是指学习主体有自己的独立的学习动机、独立学习的方法、独立思考的习惯和独立学习的能力。自主学习的独立性并不排斥在独立学习的基础上进行合作学习，合作学习基于独立学习，合作学习应该促进独立学习。

3. 自主学习是一种元认知监控学习

元认知监控是指个体准确地评估其认知系统中信息状态的能力。也就是说个体在进行认知活动的过程中，以自己的认知活动为对象，不断对其进行积极、自觉地监控和调节。

4. 自主学习是一种主动参与教学的学习

这是自主学习的重要表现特征。学习者参与对自己有意义的学习目标的提出，参与教学方法的选择，参与设计评价指标等，学生主动参与教学是全面参与、全程参与的学习过程。

要培养学生语文自主学习的能力，首先要激发学生学习语文的兴趣、好奇心、求知欲和进取精神，进而逐渐使他们养成良好的语文学习习惯，满足他们个体差别所带来的不同的学习需要，从而提高他们语文学习的主动性、自觉性。其次是要教给学生学习的方法，"授之以鱼，不如授之以渔"，让学生由"要学"到"学会"，再过渡到"会学"，提高自主学习、自主活动的质量。最后，学生的自主学习能力只有在独立学习的基础上，通过合作学习和探究学习才能得到培养和发展。

其次谈一下合作学习。

合作学习是当下非常流行且日益重要的一种学习方式，主要是指导学生在学习群体中为了完成共同任务，而有明确的责任分工的互动性学习。合作从外在的形式来说是一种相互配合与协作，从内在的心理来说，是一种情感的沟通与交流。合作能减少人们之间的冲突，有效提高我们学习、工作的效率，提升我们学习和生活的质量。合作学习具有如下几方面特征：

第一，学习小组是合作学习活动的基本单位。建立学习小组是对传统的班级授课制以班群体为教学活动所出现的不足的有效弥补，提高了单位教学时间内学生参与教学活动的概率。建立学习小组一般要关注“组间同质，组内异质”。组间同质是以小组整体活动效果为主要评价指标的合作学习在整体学习能力上相当；组内异质是指学习小组内成员之间在学习能力、知识水平等方面存在一定的层次结构，使他们在学习上具有互补性。

第二，小组合作目标（或共同的任务）是组内成员合作的动力和方向。

第三，组内成员之间分工协作是合作学习的基本活动形式。

第四，小组活动的整体效果是合作学习活动的重要教学评价指标。对学习小组学习效果的评价主要是对小组全体成员通过努力实现小组共同目标的评价，而不是对小组内每个组员实现各自所承担的目标的完成情况的评价。

让学生开展语文合作学习，教师应该主动参与，如协调组员分工、帮助个别组员进入角色、处理在合作学习过程中所出现的突发问题。而关键是教师在语文教学中要建立学生合作的有效机制，培养学生合作的良好习惯，并指导分工合作的方法。

开展语文合作学习，让每一个学生在所给定的任务中积极地承担个人的责任，学生就能在活动中互相支持、互相配合，遇到问题能协商解决，并能通过有效的沟通解决群体内的冲突，对各人分担的任务进行群体加工，对活动的成效进行共同评估。在语文教学中，通过合作学习，不仅能提高中小学生们语文学习的效率，更能培养学生团结互助的合作精神。

最后说一下探究学习。

探究学习与合作学习是相反的，主要是指学生独立地发现问题、探索和解决问题，获得自主发展的学习方式。

探究学习的本质是在于增进创造才能，具有如下特点：

1. 自主性

探究学习在教学过程中把学生作为活动的主体，立足于学生的学，以学生的主体活动为中心来展开教学过程。学生在积极主动的参与教学活动过程中以自己的经验和知识为基础，经过积极的探索和发现、亲身的体验与实践，以自己的方式将知识纳入到自己的认知结构中，并尝试用学过的知识解决新问题。教师在这个过程中只是一个组织者、指导者和参与者。

2. 实践性

探究学习是以学生的主体实践活动为主线展开教学过程的。学生借助于一定的手段，运用多种感官，通过自己的主体活动，在做中学，使得学生的实践活动贯穿于学习活动的始终。探究学习特别强调学生的感知、操作和语言等外部的实践活动，强调学生的直接经验和间接经验的交融、统一，使认知活动建立在实践活动的基础之上，用学习主体的实践活动促进学习者的发展。

3. 过程性

与接受学习重视学习的结果不同，探究学习更加关注学习的过程，追求学习过程和学习结果的和谐统一。探究学习非常注重学习过程中潜在的教育因素，它强调尽可能地让学生经历一个完整的知识的发现、形成、应用和发展的过程。让学生尽可能地像科学家那样，发现问题，解决问题，经历一个完整的科学研究过程，体验发现知识、再创知识的创新过程。

4. 开放性

探究学习的目标是很灵活的，没有像知识目标那样明确具体的要求和水平。探究学习在内容上是开放的，在探究结果的要求上是开放的。探究学习打破了传统教学在统一规定下的教学模式，为学生提供了大胆创新、实现自我超越的学习环境。学生在探究学习的过程中，能够大胆地怀疑，提出问题，探讨解决问题的方案，对不同的结果进行分析，培养创新意识和创造能力。

积极倡导自主、合作、探究的学习方式的目的在于使学生“学会学习”，而其实施的根本保证是必须以改变教师的教学方式为前提。首先，教师要树立现代的教育观：即教育必须以人为本，以促进人的发展为终极目标。这也是教育本质的回归。其次，教师要树立正确的学生观，学生是学习和发展的主体，学生是学习的主人。再次，教师要辩证地看传统学习方式与新的学习方式之间的关系。就学习本身来说，学习包括接受式学习和发现式学习，对语文教学来说，这两种学习方式都有其存在的价值。作为新的学习方式，自主学习、合作学习和探究学习往往是结合在一起的。最后，语文教师应树立大语文教育观：教师不能“两耳不闻窗外事，一心只教教科书”，应丰富教学资源、综合各个学科，让小课堂连着大世界。

（四）建设开放而有活力的语文课程

我国传统的语文课程，在内容上，强调统一的学科内容，忽视了不同学习者的经验和体验；在实施上，强调的是教材，忽视了学生、教师、教材、环境的整合；在评价上，强调的是教学目的，忽视了教学过程本身的价值；在形式上，强调的县显性课程，忽视了隐件课程。因此 . 建立开放而有活力的语文课程势在必行。

1. 开放而有活力的语文课程观

第一，封闭的语文课程在内容上囿于语文学科知识本位，使课程内部各部分之间、学科之间、学科与社会生活之间处于割裂的状况。语文课程要加强综合性、开放性，软化学科边缘，沟通与其他学科之间的联系，沟通与生活之间的联系，沟通与个体经验的联系。在语文课程中可以学到其他方面的知识和方法，在其他课程、其他场合也可以学到语文，从而大大拓宽学语文、用语文的天地。当然，语文课程不能变成其他的课程，语文课程要在保持自己个性的同时，又要努力搭建跨领域的平台，寻求各学科的结合点和衔接点。

第二，封闭的语文课程囿于静态的教材，而忽略教师和学生的知识经验和情感体验。其实，一个有修养、有个性的教师本身就是一座取之不尽的课程资源宝库，同样，一个个成长之途、个性风格迥异的学生也是一座座课程资源的宝库。

第三，封闭的语文课程囿于“整齐划一”，缺乏弹性。我国幅员辽阔，不同的地区和学校之间，在教学基础和课程资源方面存在着相当程度的差异。语文课程应该有较广的适应性，留有足够的空间，以满足不同地区、不同学校、不同学生和教师的需求，建立国家、地方、学校三级课程管理体系，努力开发校本课程。

第四，封闭的语文课程囿于现状，墨守成规。只有不断吸取新的教育理念，探求课程建设的新思路，注重在课程中传达新思想，语文课程才会充满活力。语文课程要引进现代教育技术，新技术新方法是语文课程实施的重要途径和手段。在教学目标上，为了造就面向未来的一代新人，应该用现代的思想观念对传统文化予以审视和筛选。语文课程需要继承，语文课程又必须指向未来。语文课程只有不断创新，面向世界，面向未来，才能始终跟上时代的发展，适应社会和人的发展的需要。

2. 开放有序的语文课程的原则

这一点在教育部发行的《普通高中语文课程标准（实验）》有明文规定。该文件指出，高中语文课程应遵循共同基础与多样选择相统一的原则，精选学习内容，变革学习方式，使全体学生都获得必需的语文素养；同时，必须顾及学生在原有基础、自我发展方向和学习需求等方面的差异，激发学生的兴趣和潜能，增强课程的选择性，为每一个学生创设更好的学习条件和更广阔的成长空间，促进学生特长和个性的发展。”这里不仅点明了高中语文课程遵循共同基础与多样选择相统一原则的意义，而且对整个高中语文课程的建设提出了要求：

第一，作为课程重要的管理者——学校必须根据自己的实际情况安排必修课程和选修课程的教学秩序。要特别重视发掘校本课程资源（包括教师资源），稳步建设选修课程模块，逐步形成具有自己学校特色的高中语文课程体系。

第二，作为课程的直接实施者——教师必须与新课程同步发展。高中教师不仅要能上必修课，还要能开设选修课，甚至十几门选修课，这就要求教师加强学习，不断提升自己的专业素养。

第二节　语文学科的目标

语文学科的目标是国家或地方政府按照一定的教育方针和教育理念，根据学生实际的身心发展规律，通过完成规定的语文教育任务和学科内容，使学生完成的培养目标。一般来说，语文学科的目标要受到政府为基础教育规定的教育目的的制约，是总的人才培养目标的具体体现。课程目标是课程编制、课程实施和课程评价的指南和准则。语文学科的目标则是从语文学科的角度规定人才培养的具体规格和质量要求，是语文课程的总体设计。它从整体上规定了语文学科的性质及其在课程体系中的地位和规范，确立了语文教学的内容范围和教学顺序。

一、教育部规定下的语文课程目标

关于语文学科的目标，教育部在 2001 年颁布的《全日制义务教育语文课程标准（实验稿）》中做了如下要求：

在语文学习过程中，培养爱国主义感情、社会主义道德品质，逐步形成积极的人生态度和正确的价值观，提高文化品位和审美情趣。

认识中华文化的丰厚博大，吸收民族文化智慧。关心当代文化生活，尊重多样文化，吸取人类优秀文化的营养。

培植热爱祖国语言文字的情感，养成语文学习的自信心和良好习惯，掌握最基本的语文学习方法。

在发展语言能力的同时，发展思维能力，激发想象力和创造潜能。逐步养成实事求是、崇尚真知的科学态度，初步掌握科学的思想方法。

能主动进行探究性学习，在实践中学习、运用语文。

学会汉语拼音。能说普通话。认识 3500 个左右常用汉字。能正确工整地书写汉字，并有一定的速度。

具有独立阅读的能力，注重情感体验，有较丰富的积累，形成良好的语感。学会运用多种阅读方法。能初步理解、鉴赏文学作品，受到高尚情操与趣味的熏陶，发展个性，丰富自己的精神世界。能借助工具书阅读浅易文言文。九年课外阅读总量应在 400 万字以上。

能具体明确、文从字顺地表述自己的意思。能根据日常生活需要，运用常见的表达方式写作。

具有日常口语交际的基本能力，在各种交际活动中，学会倾听、表达与交流，初步学会文明地进行人际沟通和社会交往，发展合作精神。

学会使用常用的语文工具书。初步具备搜集和处理信息的能力。

上述语文课程总目标突出了这样一些思想：

第一，强调了学生在语文学习中的主体地位。比如第 5 条“能主动进行探究性学习”，从学习方式的角度强调学生在语文学习中的主体性；第 7 条“具有独立阅读的能力”，也就是把每一个学生都视为一个独特的自我，这样才能做到目标中所说的在阅读中“注重情感体验”、“发展个性，丰富自己的精神世界”等要求。

第二，关注现代社会对语文能力的新要求。如考虑信息社会的特点，加上“初步具备搜集和处理信息的能力”；着眼于现代社会人际交往频繁的要求，口语交际方面提出“具有日常口语交际的基本能力”，强调文明交往和合作精神；鉴于语文不仅是文化的载体，而且本身就是文化的重要组成部分，专列“认识中华文化的丰厚博大，吸收民族文化智慧。关心当代文化生活，尊重多样文化，吸取人类优秀文化的营养”一条，体现继承中华优秀文化传统、具有全球性的文化视野以及语文学习与当代文化密不可分的关系。

第三，凸显语文课程的实践性本质。“总目标”的第 5 条对此作了总的表述：“能主动进行探究性学习，在实践中学习、运用语文。”同时，把这一精神贯穿于汉语拼音、识字与写字、阅读、写作、口语交际的诸方面能力的要求中，而大大淡化了对系统的语文知识传授的要求。

在教育部 2011 年颁布的《义务教育语文课程标准（2011 年版）》中对 2001 年版的课程目标再一次进行了补充和完善，规定了十条总目标，前五条侧重于“情感态度与价值观”、“过程与方法”两个维度；后五条则侧重于语文“知识和能力”这个维度。总体而言，这三个维度相互独立又相互交融渗透，在具体的语文教学过程中应该辩证把握。

值得注意的是，教育部 2011 年规定的课程目标，除了十条总目标之外，还按照年级划分了四个学段：1 ~ 2 年级、3 ~ 4 年级、5 ~ 6 年级、7 ~ 9 年级，分别提出“学段目标与内容”，各个学段相互联系，最终全面达成总目标。

二、教育部规定下的高中语文课程目标

除了提出九年义务教育中的语文课程目标之外，教育部在 2003 年在《普通高中语文课程标准（实验）》中提出了高中的语文学科总目标：

积累·整合

能围绕所选择的目标加强语文积累，在积累的过程中，注重梳理。根据自己的特点，扬长补短，逐步形成富有个性的语文学习方式。了解学习方法的多样性，掌握学习语文的基本方法，能根据需要，采用适当的方法解决阅读、交流中的问题。通过对语文知识、能力、学习方法和情感、态度、价值观等方面要素的融汇整合，切实提高

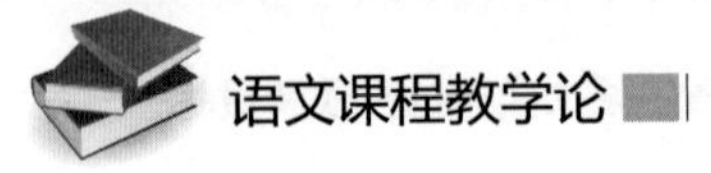

语文素养。

感受·鉴赏

阅读优秀作品，品味语言，感受其思想、艺术魅力，发展想象力和审美力。具有良好的现代汉语语感，努力提高对古诗文语言的感受力。在阅读中，体味大自然和人生的多姿多彩，激发珍爱自然、热爱生活的感情；感受艺术和科学中的美，提升审美境界。通过阅读和鉴赏，深化热爱祖国语文的感情，体会中华文化的博大精深、源远流长，陶冶性情，追求高尚情趣，提高道德修养。

思考·领悟

根据自己的学习目标，选读经典名著和其他优秀读物，与文本展开对话。通过阅读和思考，领悟其丰富内涵，探讨人生价值和时代精神，以利于逐步形成自己的思想、行为准则，树立积极向上的人生理想，增强为民族振兴而努力的使命感和社会责任感。养成独立思考、质疑探究的习惯，增强思维的严密性、深刻性和批判性。乐于进行交流和思想碰撞，在相互切磋中，加深领悟，共同提高。

应用·拓展

能在生活和其他学习领域中，正确、熟练、有效地运用祖国语言文字。在语文应用中开阔视野，初步认识自己学习语文的潜能和倾向，根据需要和可能，在自己喜爱的方面有所发展。增强文化意识，重视优秀文化遗产的传承，尊重和理解多元文化，关注当代文化生活，学习对文化现象的剖析，积极参与先进文化的传播和交流。注重跨领域学习，拓展语文学习的范围，通过广泛的实践，提高语文综合应用能力。

发现·创新

注意观察语言、文学和中外文化现象，学习从习以为常的事实和过程中发现问题，培养探究意识和发现问题的敏感性。对未知世界始终怀有强烈的兴趣和激情，敢于探异求新，走进新的学习领域，尝试新的方法，追求思维的创新、表达的创新。学习多角度多层次地阅读，对优秀作品能够常读常新，获得新的体验和发现。学习用历史眼光和现代观念审视古代作品的内容和思想倾向，提出自己的看法。在探究活动中，勇于提出自己的见解，尊重他人的成果，不断提高探究能力，逐步养成严谨、求实的学风。

从以上的课程目标可以看出，高中语文课程目标设计突出了整合性，体现层次性和过程性；强调基础性，关注时代性和选择性；注重审美、应用、探究的基本理念。从理论上说，全面提高学生语文素养的语文课程目标蕴含着两层意思：一是指全体学生提高而不是部分学生提高；二是指提高的是全面的语文素养而不是部分的语文素养。毫无疑问，在经过了历次教育改革后，我们的语文课程目标由加强“双基”，培养能力，发展智力推进到本次课程改革第一次明确提出“全面提高学生的语文素养”，这是一种历史进步。深刻理解语文新课程的这一目标理念有助于我们在教学实践中自觉地贯彻落实，并为具有不同需求的学生提供更大的发展空间。

三、语文学科的总目标

以上的内容具体从义务教育和高中教育两个阶段分析了其不同的教学目标，各有其特点。然而，语文学科作文从小学一直贯穿到高中的一个学科，尽管它的目标具有阶段性，但是作为一个学科，它也具有总体性。

语文课程总目标是根据对语文课程性质与地位的理解，以及课程改革的新理念制定出来的，是国家对基础教育阶段语文教学的目的和标准的规定，体现了国家在教育、教学工作上的方针和政策。它对整个基础教育阶段语文教学具有方向指导作用和宏观调控作用，基础教育阶段语文教学的全部内容和一切过程都是为实现语文课程的总目标而展开的。

如前所说，义务教育语文课程标准主要是从“知识与能力”、“过程与方法”、“情感态度与价值观”三个维度提炼出十条总目标（总体目标与内容），普通高中语文课程标准则是从“过程与方法”角度切人，把高中语文课程培养目标整合成五条总目标。无疑，高中语文课程总目标融合了义务教育语文课程总目标的内涵。因此，对这两个阶段的总目标的内容应该有辩证灵活的理解，必须努力把握其中的基本精神。我们认为语文课程总目标的基本精神可概括为如下几方面：

（一）提升学生的人文素养，培养学生的人文精神

人文性是语文课程的基本特点。因此，使学生具备良好的人文素养，培养学生的人文精神，是语文课程的重要目标，也是现代社会对一代新人的必然要求。总目标是从以下几个方面来概括的：

1. 培育爱国主义感情

“爱国主义”就是要教育学生爱祖国的语言文字 . 爱这些语言文字写成的优秀的文学作品，爱写出这些优秀文学作品的伟大作家，爱这些作家的崇高人格和爱国情怀……“爱祖国”就是爱家乡，爱学校，爱自己生活的地方，爱祖国的山山水水、一草一木，爱生活在这块土地上的人民，爱为祖国的独立、民族的解放流血牺牲的革命志士，爱为祖国的繁荣昌盛做出杰出贡献的专家学者和默默无闻的人民……“爱祖国”还要教育学生爱中华民族的优良文化传统，树立民族自信心和民族自豪感。

2. 培养社会主义价值观

我们的国家是社会主义祖国，必须培养学生的社会主义道德品质，突出对学生中国特色社会主义共同理想的教育，使学生逐步形成正确的价值观念和积极的人生态度。

3. 提高学生的文化品位

文化品位中的“品位”是一种比喻的说法，指的是一个人所拥有的文化并内化为自己文化素养的多少。文化素养越高，其文化品位也就越高。高的文化品位缘于能够吸收本民族所创造的优秀的传统文化，还得具备开放的视野，关心当代文化生活，吸收人类优秀文化的营养。生活在21世纪的学生，应该具有开放的视野，关心当代文化生活，尊重多样文化，不断吸收人类优秀文化的营养。

4. 培养学生的审美情趣

人的审美是一种精神的需要，是对美的事物和现象的期望与追求，是对美的事物和现象的观察、感知、联系、想象、理解、判断等一系列思维活动。如果一个人没有追求美的欲望，也就无所谓感受美、欣赏美、理解美和评价美了。只有那些热爱生活、渴望美的人，才能以满腔的热情和浓厚的兴趣去追求美并创造美。在教学中培养学生正确的审美观点、良好的审美情趣、健康的思想情感、高尚的艺术趣味，形成良好个性和健全人格，这是每个语文教师义不容辞的责任。

（二）树立语文学习的自信心，养成良好的语文学习的习惯

1. 自信是一种重要的心理品质，它表现出对自身能力的信心

一个人，只有树立自信心，才能挑战失败，克服困难，开发自己的潜能，实现自己的目标。培养语文学习的自信心，最终就是要让学生时时拥有“我能行”的成功感。学生的自信心必须建立在一次次成功的基础上。心理学家盖滋说：“没有什么东西比成功更能增加满足的感觉；也没有什么比成功更能鼓起进一步求得成功的努力。”对中小学生来说，能够在轻松愉悦的学习环境中，享受成功的喜悦，就能让他们产生对学习的兴趣，对学好有信心。当然，培养学生的自信心，并不与对学生进行挫折、意志教育相排斥。相反，中小学生们只有克服困难、走出逆境、承受挫折，才能对自己充满更为坚定的自信力。

2. 习惯对于一个人来说是至关重要的

叶圣陶先生指出：“什么是教育，简单的一句话，就是养成良好的习惯。”由于习惯养成的重要阶段就在于青少年时期，因此，在义务教育阶段尤其小学阶段要注意习惯的培养，习惯的培养越早越好。习惯包括行为习惯和思维习惯。在《义务教育语文课程标准（2011年版）》的阶段目标中提出了许多具体的目标和要求：如第一学段，“努力养成良好的写字习惯，写字姿势正确，书写规范、端正、整洁”，“学说普通话，逐步养成讲普通话的习惯”，等等。

（三）掌握基本的学习方法，关注学生的学习过程

古人说：“授之以鱼，不如授之以渔。”从整个人类学习的实践和古今中外人才

成长的经验总结中，我们可以得出结论：方法的学习是很重要的。对于今天社会来说，方法的学习显得更加重要了，学会学习、学会做事、学会合作、学会生存，成为现代人一生发展的四大支柱。

两个语文课程标准都在总目标设计上突出了“过程与方法”，尤其是高中语文课程标准。在《义务教育语文课程标准（2011 年版）》总目标中，多次明确提出要让学生掌握多种方法进行语文学习。如“培养热爱祖国语言文字的情感，增强学习语文的自信心，养成良好的语文学习习惯，初步掌握语文学习的基本方法”，“学习科学的思想方法，逐步养成实事求是、崇尚真知的科学态度”，“学会运用多种阅读方法”，等等。联系阶段目标，我们可以看到这些目标要求中，既有对语文学习一般方法学习的要求，如积累、复述、做读书笔记等，又有特殊方法学习的要求，如浏览、推想阅读法等；既有传统方法学习的要求，如朗读、默读等，又有现代读书方法学习的要求，如研究性阅读、速读法等。在关注过程方面，《义务教育语文课程标准（2011 年版）》提出“能主动进行探究性学习……在实践中学习和运用语文”，“在大量的语文实践中体会、把握运用语文的规律”。高中语文课程标准五条总目标“积累·整合”、“感受·鉴赏”、“思考·领悟”、“应用·拓展”、“发现·创新”，既从整体上反映了语文学习的过程，又提示了语文学习的策略与方法。人们从对学习结果的关注转变到对学习过程的关注，是近一个世纪以来人们对语文教育深刻反思的结果。关注“过程”，关注语文的实践活动，就是抓住了语文教育本身的特点。

（四）提高学生语文能力，适应现代社会需要

语文课程教学的终极目标是全面提高学生的语文素养、促进学生健康发展。语文素养的核心是语文能力。根据义务教育语文课程总目标，我们大体可以把语文能力归纳为六方面的能力，即：识字与写字能力、阅读能力、写作能力、口语交际能力、信息能力、智力（如观察力、思维力、想象力、创造力等）。

义务教育语文课程总目标根据时代和社会发展的需要，对语文能力的内涵赋予了一些新的要求。如在识字与写字能力方面，针对信息社会的特点，除了规定要认识 3500 个左右的汉字，并能正确工整地书写汉字外，还强调“有一定的速度”；在阅读能力方面，提出了“具有独立阅读能力”的要求，它与现代社会要求尊重个性、关注创造的教育新理念相吻合；在写作能力方面，针对学生的认知能力和对写作的畏难感，降低了对小学阶段写作能力的要求；在口语交际能力方面改变了过去大纲将“听”、“说”分开的现象，重视促进学生双向交流这一实际应用能力的发展；在智力培养方面，为了注重提高学生的思维品质和创造精神，特加上“在发展语言能力的同时，发展思维能力”，“激发想象力和创造潜能”这些要求，突破了原来只强调听、说、读、写能力的局限性。在最后，考虑信息社会的特点，加上“初步具备搜集和处

理信息的能力”一条，这在以前的大纲中是不曾出现的。

高中语文课程标准就在此基础上提出了培养学生的应用能力、审美能力和探究能力。这三条能力并不是义务教育阶段提出的六种能力之外的，而是对义务教育阶段六种能力提出的新的要求或新的高度。即要求在培养学生识字与写字能力、阅读能力、写作能力、口语交际能力、信息能力、智力时，突出从应用、审美和探究三个维度进行培养。

（五）提升学生的科学素养，培育学生时代精神

义务教育语文课程目标里提出，要让学生“学习科学的思想方法，逐步养成实事求是、崇尚真知的科学态度”。这实际就是指要提升学生的科学素养。“科学素养”不仅仅是指单纯的科学技术知识，更多的是指一种实事求是、崇尚真知的科学态度、唯物辩证的科学思想方法、勇于探索的科学精神。语文教育渗透各个学科，语文活动贯穿人的一生，在语文教育中，培养学生的这种科学素养就很有必要、很有意义。

语文课程标准明确地提出要培养学生以改革创新为核心的时代精神。两个语文课程标准均有 8 次提到“创新”这一词，可见创新精神的培养是语文课程培养目标的重要内容。当然，时代精神还包括合作精神、探究精神、人文精神、毋庸置疑，和许多国家基础教育相比，我国的中学教育最缺乏的就是创新精神、科学态度和研究方法的教育。面对现代化对语文教育提出的挑战，面对经济全球化、信息化和高科技发展的趋势，语文课程标准在总目标中明确地提出了这方面的任务和要求，无疑是语文课程改革的重大突破。

第二章 语文教师和语文教学

语文学科是一门基础学科，它具有技能性和实践性，思想性和人文性，社会性和综合性的特点。作为一名语文教师，不仅要深刻地理解语文学科的特点，而且更要明确语文教师在语文教学中的角色作用，同时履行自己的教师职责，提高自己的教师素养和基本技能，在语文教学的过程中为学生传道授业解惑。

第一节　语文教师的角色和职责

一、语文教师的角色定位

（一）知识的共享者

教师作为共享者，要与学生共享知识和精神财富。在语文教育中，教师闻道在先，有着丰富的生活阅历和文学体验，对于在语文海洋里徜徉不久的学生来说，的确有着天然的知识优势。在知识和学生之间，老师应该作为两者之间的纽带和桥梁而存在，一方面将知识传授和分享给学生，另一方面又根据学生的具体需求和学习状态及时地调整学习内容和知识选择。作为知识的载体，老师同样有着求知欲和精神需要，而不是“留声机”和“传授机”。“共享者”体现了教学中师生角色的新境界，真正体现了师生的平等对话地位，实现了师生互动，师生互相影响、补充、促进、最终共同进步。在对话中，师生会共同探讨，形成共鸣和碰撞。共鸣形成公知，碰撞会激发思想的火花。无论是教师，还是学生都会在探讨和对话中丰富自己的知识储备，更新自己的思维方式，衍生更多的新鲜知识。当然，学生有权利质疑、发问，甚至批判和否定。怀疑是创造的起跑线，新的思想在怀疑和批判中产生。教师必须放下“师道尊严”的面子，具备向真理“投降”的勇气，与学生在争鸣和碰撞中获得创造性的思想成果。师生间的探讨是互相启发、补充和完善，受益的将会是师生双方。教师不应把学生当成被动接受的容器，而应看作是一支等待点燃的火炬。它一旦被点燃，必将闪烁智慧的火花，创新的光芒。因此，在知识上，教师应该及时调整自己的角色定位，从一个传授者，变为一个共享者。在新课改的课程要求下，语文教师从语文教学活动中的单一主体，逐渐与学生共同构成语文教学活动的双主体，并在语文教学的平等对话中，努力获得职业生涯的成就感和幸福感。

（二）学生的理解者

学生在学习期间不仅仅是语文知识的接受者，更应该是正确价值观、人生观和世界观的形塑者。高中学生成长在一个社会变更期，原有的价值观念受到了各种思想和价值观的强烈冲击。正在成长的他们面对这多变的世事时难免思想迷茫，再加之现代的青少年，多是独生子女，他们的人文生存空间狭小，单调而又封闭的环境，使其在成长阶段性格发生了异化。此外，信息传媒业的迅猛发展，对青少年的心理、生理也造成了冲击。语文教师应当意识到这些，具有“学会理解”的品质，塑造自己崭新的“理解者”角色。首先，要理解“学生文化”，包括理解当今学生的世界观、价值观与人生观，理解他们对于文娱的爱好、困惑和阅读时尚。不能总是站在一个高高在上的位置俯视学生，进行单纯而枯燥的说教，这样更容易引起学生的反感和抵抗。语文，本身就是一种理性和感性并存的学科。而作为一名语文教师，更应该以理解者的姿态融入到学生中去，尝试摆脱固有的价值观的拘囿，接受学生的新型价值观，并与学生们进行互动和交流。在学生的成长道路上，给予更多的耐心、包容和理解。除此之外，语文教师要努力更新自己的阅读视野，不仅关注个人的阅读习惯和欣赏品味，更要关注学生的阅读倾向，在文学作品的审美实践中美化学生的心灵。其次，教师要“会变小孩子”，即尽量使自己具备“学生的心灵”——用“学生的大脑”去思考，用“学生的情感”去体验，用“学生的兴趣”去爱好！无论是在学习知识方面，还是自身成长方面，都能够以理解者的姿态陪伴学生的高中生涯。

（三）人生的引导者

教育的使命是培养人才，发掘人的潜能，使之成为人。没有不好的孩子，只有不好的教育。每个人都有自己的优势和长处，教育者所要做的就是去发现学生具有的能力和天赋，引导他更有效的运用，发展他自己的能力。同时也要引导学生关注自己的优势，看到自己的成功，发现自己的“用途”，“点燃生活的自信”。教的本质在于引导，引导的特点是含而不露，指而不明，开而不达，引而不发；引导的内容不仅包括方法和思维，同时也包括做人。作为引导者要重视言传身教，教师在教育教学过程中要记住自己的职责是教育所有的学生，不能戴有色眼镜而只关注优等生而忽视差生。教师对学生的评价要客观公正，不能带有个人偏见和主观成见。在教学中，要尽可能地给每位学生平等参与的机会。在给学生奖励时，要做到客观、公正、公开，要时常与学生沟通、交流，发现学生存在的问题并及时指出，督促其改正，教师要不断引导学生学会思考、学会学习、学会为人处世。

（四）爱与美的传播者

教育是一项充满爱与美的活动，是一项内外因共同作用的活动，没有爱就没有教育。对于语文教师而言，教师的工作是神圣的，也是艰苦的，教书育人需要感情、时间、精力乃至全部心血的付出，这种付出是要以强烈的使命感为基础的。既然我们选择了教育事业，就要对自己的选择无怨无悔，不计名利，积极进取，开拓创新，无私奉献，力求干好自己的本职工作，尽职尽责地完成每一项教学工作，不求最好，但求更好，不断地挑战自己，超越自己。热爱教育事业，就要对教学工作有”鞠躬尽瘁”的决心。一个热爱教育事业的人，是要甘于寂寞，甘于辛苦的，必须受得住挫折，将自己的所有精力全身心地投入到教学实践中去，正如着名教育家陶行知所说的”捧得一颗心来，不带半根草去”。对于学生而言，学生的心灵需要教师用爱去灌溉，教师的爱要面对全体学生，用爱去感化学生，让他们学会用美的眼光去看待世界，去寻找和发现美。教师要用爱去教育学生，让他们懂得爱的无私、爱的伟大，成为一个充满爱心的人。语文教师的工作是一件美丽的事情，在用生命点燃生命，用真诚理解真诚，用创造唤醒创造的过程中，教师自己的精神世界也在不断地获得滋养和升华。语文教师要有一双“音乐的耳朵”和“发现的眼睛”，在语文教学中重视情感熏陶，酝酿一种美的气氛。

二、语文教师的职责

（一）语文教师的基本职责

1. 严格遵守国家的教育规定，忠诚于党的教育事业，认真贯彻党的教育方针，教书育人，为人师表。

2. 严格执行《中小学教师职业道德规范》、《关于加强教师职业道德的若干规定》及《语文课程标准》，遵守学校的规章制度，高标准、高质量、高效率地完成教育教学任务。

3. 教书育人、身正为范、学高为师、创新工作、责权分明、科学管理、民主意识。

4. 培养学生热爱祖国文字、热爱中华民族优秀文化的感情，培养学生社会主义思想道德和爱国主义精神，培养学生高尚的道德情操、文化品位和审美情趣，发展健康个性，形成健全人格。

（二）语文教师的岗位职责

1. 教师应在接受学校分配的教育教学任务后，熟悉教学计划，了解所任学科在教学计划中的作用与地位，钻研教学大纲，掌握教材的内在联系，并根据大纲要求和学生实际制定好学期授课计划。

2. 按照教学常规和备课规程要求，认真进行单元备课、课时备课，写好教案，设计教法，指导学法，体现德育，全面贯彻教育方针。

3. 教师要精心搞好课堂教学，上好习题课、实验课、复习课、技能课，做好指导等工作，努力提高每一节课的教学质量。做到教学目的明确、讲授正确、教法得当、语言清晰、板书工整、组织严密、理论联系实际，有效地利用课堂 40 分钟。

4. 要重视课堂教学实效，认真做好学生调查，掌握学生对知识的吸收率和巩固率，收集教学信息和反馈信息，做好课后反思。针对学生实际做好培优、补差工作，因材施教，加强教学的针对性，努力提高教学质量。

5. 用先进的教育思想指导教学，寓思想教育于教学活动之中，有机地对学生进行思想教育，认真执行课堂教学常规和学校对学生管理的各项规章制度，执行教师施教行为规范，不断提高学生学习的自觉性、主动性。

6. 精心布置作业，对作业要及时收发、认真批改，讲求实效，搞好讲评活动。作业的留、收、改、评都要严格规范，要加强课堂练习、认真指导，努力做到当堂巩固，提高教学效果。

（三）语文教师的具体职责

古人云，师者，所以传道授业解惑也。语文与生活密切相关，在新的社会环境和课程要求下，教师，不仅仅是传道授业解惑的人，更应该注重培养学生的专业性和人文性。具体职责可从以下几方面来说：

1. 与时俱进的教学理念

在新课程改革的背景下高中历史老师与时俱进的教学理念间改革教学方式的前提和基础。教学理念冰单影响着老师的课堂教学行为，还决定着教师自身的素质与发展。新课程改革的核心本质是“以人为本”，这就要求教师在教学中要尊重每一个学生个体，在课堂上更多地让学生自由地表现自我。在课堂上合理安排时间，给每一位学生充分的学习条件，让不同阶段和层次的学生都能够积极参与到课堂教学活动中，提高学生的学习兴趣和积极性。

2. 整合课程资源的能力

传统的语文课程资源主要是语文教材，而在新课改的背景下传统的知识结构已经发生了变化。语文教材的知识结构也出现了相应的变化。因此，语文教师整合课程资源的能力显得愈加重要。比如语文教师可以在课堂中采用对比教学的模式，不必完全按照教程的讲课顺序进行，可以根据不同课文以及不同单元之间的相似性与可对比性，重新组合教学顺序。一方面避免学生审美疲劳的问题，另一方面也可以提高学生的总结能力以及专项能力训练。这种教学方式更加突出教学重点，更为重要的是能够让学生的记忆和认知更加清晰和明确。教师在教学过程中要深刻地理解教材，基于教材进行教学。除此之外，语文教师还应该提高自己运用多种教学资料的能力，在语文课本之外，还要学会运用多种教辅资料，两者相互补充，完善教学过程。

3. 深厚的语文知识

（1）系统的语文专业知识

教师的专业素养是当代教师质量的集中体现。语文教师的学科专业素养是其用于教学工作的基础要求，有别于其他专业人员学习语文的要求。教师必须具有深厚的语文专业知识，一是精通语文学科的基础性知识和技能。教师应该对语文学科的基础知识能广泛而准确的掌握，对基本的语言技能熟练运用，对语文的基本结构能深入理解。二是要了解语文学科领域的思维方式和方法论。教师要不断学习语文教学理论，扩充思维，为语文教学内容和教学活动形式的创新思维训练提供可能。

（2）广博的文化基础知识

语文教师丰富的文化知识底蕴，是其语文教学实施过程游刃有余的知识源泉。语文教师要博览群书，通古晓今，并且不断吸收新知识，关注新动态，了解新思潮，才能适应现代化社会教育的趋势。一方面要了解推动文学发展的因素、文学发展的脉络及其最新研究成果，了解语文对人类社会发展的价值及社会生活、生产实践中的表现形态。另一方面要了解历史、政治、社会、法律等与语文学科间有相关点、相关性质、逻辑关系的知识领域。总之，通过不断地学习，既丰富了教师的语文教学工作，又能使教师有可能与相关学科教师之间在教学上取得协调，在组织学生开展综合性活动中能够相互配合，促进教学活动的有效开展。

（3）专业的教育理论知识

教师职业是教书育人。因此，语文教师不仅要有语文专业素养，还要有教育专业素养。语文教师具有先进的教育理念是教育专业素养的基础，这是语文教师在对教育本职工作理解基础上形成的关于教育的观念和理性信念，包括教育学、心理学和学科教育学等。同时，要将教育教学理念运用到语文教学的实践，不断总结提炼，形成新的理念，促进教育理论水平的不断提高。

4. 熟练运用多媒体的教学手段

随着计算机、网络等现代技术的飞速发展，现代教育技术 ---- 计算机多媒体技术和网络技术已越来越多地走进中学语文课堂，为深化教学改革，培养学生能力，提高学生的现代素质，发展学生的个性，提供了崭新的天地。它对于教学过程的设计，教学方法的组合，教学手段的运用起了不可替代的作用。

因此教师就应该拓宽语文学习和运用的范畴，注重跨学科的学习和现代科技手腕的应用，使学生在不同内容和办法的互相穿插、浸透和整合中开阔视野，进步学习效率，初步取得现代社会所需求的语文理论才能。多媒体技术融入了声音、图片、动画、视频等技术，而这些技术的应用改动了传统的语文课堂教学形式，发明出图文并茂、声像分离、明晰直观的教学环境，充沛调动了学生的多种感官，给学生带来了漂亮的视听享用和新颖感。其共同的“全方位、多视角、多层次、多变化”的主体演示功用，使一些传统手腕下难以表达的教学内容，或无法察看到的现象，能生动、形象、新颖、直观地展现出来，有利于学生形象思想的开展，让学生在愉悦中感知意，感悟情，在宽松、愉悦的环境中完成学习，学生学习的主动性大大进步了，在语文课上取得的信息量也大大加强了，学习的兴味也相应产生了，这些都是过去传统的语文教学所无法比较的。应用多媒体技术，语文教学的整体思绪会比以往愈加明晰，学生的留意力会愈加集中，一切这些都有利于学生认识、了解、把握语文课堂所讲的内容。而且，在整个过程中会大大拓宽学生的思绪，让他们的视野愈加开阔，思想愈加解放，真正到达高中语文教学的目的。所以，在教学过程中，应用多媒体技术，可营造良好的教学气氛，让学生在全神贯注中愉悦身心、激起灵感，求得最佳创新状态，淋漓尽致地发挥学生的创新肉体。

同时，多媒体教学进步了教师的综合素质，多媒体技术运用于教学活动之中，对每一名高中语文教师来说都是一个不时学习、不时认识、不时进步的过程。一个优秀的多媒体课件常常倾注了多名教师的心血。在完成课件的过程中，教师需求查阅大量的相关材料，不时的交流和讨论，经过大量的信息挑选工作，制造出如投影片、录像、动画等方式的课件，这个过程使得每位教师会有更多、更高层次的收获。

5. 教学反思能力

语文教师的反思能力是反思性教学成熟的一个重要标志，也是语文教师反思能力的外在表现和语文反思性教学得以实施的根本保证。所谓语文教师的反思能力，是指语文教师为了保证自己反思性教学的成功，在教学的全过程中，将教学活动本身作为意识对象，迅速地认知教学情境中各因素间的关系及其变化，并不断地对其进行积极主动的计划、监控、调节、改进，进而选择最适宜的教学策略，对教学活动做出最佳调节和修正的能力。

语文教师怎样进行反思呢？下面我按教学的进程，从教学前、教学中、教学后三个方面来谈谈语文教学反思。

（1）教学前反思

沟通与合作：高中语文课堂反思性教学运作可以在建构让学生带着更多的问题走出课堂的问题，教学模式中实现师生之间和学生之间沟通和合作。语文教师在反思性教学的运作过程中以问题的方式把学生引进“最近发展区”，引导、启发学生丰富或调整自己的见解。这个教学过程是主客交互、建构学习的过程，是学生之间和师生之间相互讨论、相互交流的过程。例如在反思性教学的运作过程中，不论是新授课，还是语文总复习课，可以鼓励学生大胆制定学习目标，粗略设计学习策略，热烈地争论问题，让他们畅所欲言，懂什么说什么，人人都有发表自己主张和见解的权利和机会。沟通和合作的浓厚氛围逐渐形成。这都要靠教学前的准备去实现。这样的教学前反思，有利于教师更进一步地研究教材、研究学生、研究教法，更好地把握新课程，更快地提高教学质量。

（2）教学中反思

课堂教学千变万化，教师在课堂上要及时反思，不断调整，不能按照课前制定的教学方案一成不变地上下去，而要时刻关注学生的学习过程，关注所使用的方法和手段以及达到的效果，捕捉教学中的灵感，及时调整设计思路和方法，使课堂教学效果达到最佳。

赞科夫认为："不管你花费多少力气给学生解释掌握知识的意义，如果教学工作安排得不能激起学生对知识的渴求，那么这些解释仍将落空。"

要上好一节课不容易，而要上出一节流畅的、活跃的、高质量的课就更不容易。这需要教师有敏感的心灵，敏锐的观察力和判断力。在学生情感低落时，以自己高涨的热情去感染他，以诙谐的语言艺术去激活他，以推波助澜的手段去烘托他，煽起学生激越的情感，畅通师生之间的情感交流渠道，打开感情之闸，让情感飞扬，从而创设宽松民主的学习氛围。根据课堂上的具体情况，适时地调整、创新教学内容和方法，使学生能够结合实际高频率地运用知识，解决问题的能力，更好的提高了教学质量和教学效果。

(3) 教学后反思

一堂课结束了，我们要有批判地进行反思，这种反思不仅能使教师直观、具体地总结教学中的长处，发现问题，找出原因及解决问题的办法，再次研究教材和学生、优化教学方法和手段，丰富自己的教学经验；而且是将实践经验系统化、理论化的过程，有利于提高教学水平，使教师认识能上升到一个新的理论高度。写教后记就是一种进行教学后反思的好方法。我们教师应该把自己的教学中成功经验以及教学中的不足甚至失误等等，都在教学后记中记录下来。

首先，建立备忘录，记录学生学习中遇到的困惑。课堂教学反馈、课后学生练习、阶段检验测试等等，都将把教学中存在的问题一一暴露出来，这就要求教师仔细分析问题的原因：是因为教师启发不到位，还是由于学生思路的狭窄？是因为教师讲解过深，还是学生粗心造成？通过反思找出问题的症结所在，然后制定改正计划和措施，采取合适的教学方式，从而提高自己的教学能力。

其次，撰写教学反思日志，记录课堂教学动态。在课堂教学中我们常常会遇到这样的情景：有时学生听得如痴如醉；有时双眉紧皱，有时发出阵阵掌声；有时学生恹恹欲睡，有时课上鸦雀无声；有时唉声叹气；有时课堂气氛沉闷，有时课堂气氛又十分的活跃。这些都是课堂动态的具体表现，把这些记录下来，写进自己的教学反思日志，这对语文来说无论是课堂教学的改进，还是教学成绩的提高都会大有益处。

第二节 语文教师的素养

人是一切活动的主体，人的素养是影响、制约其工作效能的根本因素。推而言之，人的素养不仅是个体生存和发展的必要条件，也是事业发展、社会进步所不可或缺的基本条件。当前，我国的学校教育事业在不断的改革和发展中，也发生了很多问题急需解决，在这样的大背景下，教师素养的提高具有必然性和特殊意义。

一、语文教师的道德修养

一个优秀的语文教师，必须具有纯洁美好的高尚人格。古人说："学高为师，德高为范。"教师是人类灵魂的工程师。要塑造学生的灵魂，必须先要塑造好自己的灵魂。，使学生在潜移默化中建立起真善美的标准和道德底线，引导学生追求生活中一切美好的品质。

语文教师的道德修养分为职业道德修养和个人品德修养。

从职业道德方面来说：

职业道德，是人们在从事一定职业活动过程中，应该遵循的思想和行为的道德规范和准则。教师的职业道德主要是调整教师与教师、教师与学生、教师与学校领导、教师与家长等社会各方面关系的行为准则。首先，语文教师要具有丰富而健康的情感，十分热爱自己的工作和所教的学生。只有这样才能做到乐于奉献，甘于平淡，并以高尚的情感去激励教育学生。其次，语文教师要心胸开阔，品德高尚，意志坚定。只有这样才能做到严己宽人，兢兢业业，坚定不移地教书育人并将正确的教育方法和理念贯彻到底。再次，语文教师应该具有崇高的教育理想，朝乾夕惕，严谨治学，并将个人教育理想转换成对教育真理的不懈追求和对人类教育文化的热情创造，直至成为一个具有个人独特教育信念、风格和个性的教育家。

从个人品德修养来说：

首先，作为一名教师，必须学会热爱自己的学生。古往今来，中外教育家无不重视师生之间的情感关系，把它视为教师的美德。师生之间的情感联系是一种纽带，是教育得以维系之所在，教师对学生的爱是教师顺利开展教育工作的最重要条件之一，它是教师做好工作的精神动力，又是打开学生心扉的钥匙，是学生接受教育的重要条件，它还有助于培养学生有好待人、趋向合群等良好社会情感和开朗乐观的个性。从内容上看，在较低层次上，教师对学生的爱是指教师对学生的亲近感，这是一种教师对学生以生活上的关怀体贴为起点而产生的教师对学生的爱的情感。它是如同父母对子女的关怀和爱抚的那样的情感。从较高层次上，教师对学生的爱是理解感和尊重感，这是教师对学生年龄的增长，自主和独立意识的增强所产生的不同与成人的需要、愿望和情感的尊重和理解的情感。在更高层次上，教师对学生的爱是一种期待感，它是教师期望学生获得较快进步和成长的情感，是教师对学生未来成就的可能性怀着暗含期待的一种深沉的情感体验。

其次，作为一名语文老师，要不断地提高自己的道德修养。以身作则，为人师表，是我国教师的传统美德。我国春秋时期伟大的教育家孔子就十分重视为人师表，“其身正，不令则行，其身不正，虽令不从。”我国唐代教育家韩愈则进一步指出教师应“以身立教”。我国伟大的人民教育家陶行知是教师以身立教的杰出典范，他不仅倡导了“教师应当以身作则”，“以身教人者教己”，而且身体力行，鞠躬尽瘁。教师的一言一行对学生的学习和日常生活具有重要的影响，因此教师应该提高自己的道德素质，注意风度，讲究文明，为学生树立榜样。

二、语文教师的知识修养

首先，合格的语文教师应该具有广博的知识储备。

语文教师要有扎实的知识基础，涉及到语文教学的各个方面都应该懂，是不折不扣的杂家。“生活处处是语文”。教师不妨多从语文学科发展的历史现状出发，深入了解学科的研究成果，了解相关的学科知识，如历史学、地理学、美学、音乐以及理科的一般知识。谙习诸子百家，略通天文地理。这也是新课程语文教学所铸要的。我结合自己近几年的教学实践认为，语文教师的知识结构可分为三层：首先，是不可缺少的生活感悟和人文知识素养。这些知识是一切人在生活中不可缺少的，也是语文知识的必要补充。每个人知识的渊博，都是离不开上述坚实的基础；其次，是熟悉社会科学和其他百科知识。语文教师既要通晓语文学科发展的历史现状，了解学科的研究成果，也要了解相关学科如历史学、地理学、美学、音乐以及理科的一般知识，既是专家，又是杂家，这样才能在新课程背景下游刃有余。教师的工作对象是学生，学生在成长的过程中会

提出各种各样的间题，如高中语文《石钟山记》涉及到地理学和物理学中的“声音传播”知识等，只有熟悉了这一层知识，教师才能在教学过程中灵活自如；再者，是必要的教育学和心理学等专业知识。

此外，语文老师还应具备相应的科研能力。教师还应是研究者，教师角色的转变要求教师更加注重教法的研究，这要求教师由凭经验转变为凭借科学，才能完成由“教师匠”、“语文师傅”向“学者型教师”、“专家型教师”的转变，才能不断提高语文教学的质量和效率，才能为学生提供更为丰富的学识。

其次，语文教师还应该具备过硬的教学能力，熟练的教学技能，先进的教育理论。

教学不是技术，而是艺术。一名优秀的教师，须是一个对教育和课程有着较为透彻的理解和领悟、懂得教学规律、深知学生学习心理、巧于驾驭教学过程、善于创造性地组织教学活动的人。语文教师除了有扎实的知识基础之外，更要懂得如何将扎实的知识输出给学生，因此过硬的教学能力，熟练的教学技能和先进的教学理论是必不可少的。作为一名语文教师，必须不断地加深和提高学养，跟上本专业的学术进展，占据时代的学术前沿。语文教师尤其要树立继续教育、终身教育的观念，要努力使自己术业专精、闻道在先。许多教师的落伍，就是因为其在任教以后树立了教参就是一切的观念，放弃了专业上的进取精神。作为“平等对话”中的教师的权威，不是外部赋予的，而是靠教师自身的深厚学养自然而然形成的。将来，不学无术的教师是无法在讲台前立足的。

因此，语文教师应该不断地改善自己的教学能力，在不断的实践和理论学习中提高自己的能力素质。同时在教学活动中，一方面要不断地向前辈学习，吸收先进的教学理念，另一方面要根据学生的反馈及时调整自己的教学模式，提高自己的教学技能。熟练并具有创意地运用教材和其他学习资料，让学生在快乐中学习。

三、语文老师的能力修养

一个人的语文能力是多方面的，一般认为包含听、说、读、写四种。善读、能说、会写，应是语文教师汉语言文学专业素养中的最基本的素养，也是语文教师教学能力的重要体现。

在语文教师的能力结构中，会写是基础，是前提。会写，势必会读；不会写，也就不会读。这一点已得到语文界较为普遍的认同。老一辈教育家叶圣陶就非常强调教师自身写作经验的作用，他说：“经常写些东西，语文教师更有必要。……自己动手写，最能体会到写文章的甘苦。自己的真切的体会跟语文教学结合起来，讲解就会更透彻，指导就会更恰当。”他认为“凡是有关作文的事，老师实践越多，经验越丰富，给学生的帮助就越大”。虽然叶圣陶对教师个人的写作经验的作用似乎过于看重，不免有经验主义之嫌，但是，他主张语文教师应经常动笔，应联系自己的写作实践进行教学，则是合理的要求。

语文教师应是一个热爱阅读和写作的人。“读者”和“作者”的素质，是语文老师所应具备的一切素质中最具普遍性、基础性和延展性的素质。一名语文教师，如果能经常地与学生交换阅读和写作的心得，向学生推荐自己喜欢的作品，坦诚地和学生交流感受，给学生读自己写的作品，谈自己写作的生命体验，倾听学生的意见，长此以往，学生会不喜欢阅读和写作吗？

此外，语文教师应该具查扎实的教学基本功与切实的教学研究、反思与创新能力。这是语文教师赖以生存发展的“看家本事”，辛勤耕耘的“一亩三分地”，需要语文教师终身勤奋、十分娴熟、非常精通并最终形成个人风格。此外，语文教师应该尽可能具有多方面的才能，譬如，传统的琴棋书画、吹拉弹唱，现代的舞台编剧与表演以及运用电脑、网络、多媒体、博客、微博等现代教育技术或工具的能力，努力成为“多面手”。

所以，语文教师应该要以研究者的敏锐的眼光去发现教育、教学活动的信动向、新问题，把教学实际和科研结合起来，认真研究语文课程和学生学习的兴趣，成为勇于创造的研究型教师。

四、语文教师要学会转换自己的角色

目前，我国仍处在传统教育向现代教育转型的过程中。新课程所倡导的教育理念挑战传统教学观念，要求教师角色转变。过去一系列关于教师角色的精彩比喻受到质疑。譬如，过去赞叹“教师是蜡烛，燃烧自己，照亮别人”，现在认为，蜡烛在燃烧自己的同时也实现了自身价值；过去赞美“教师是辛勤的园丁”，现在认为，园丁那种“模式化修剪”工作方式不值得提倡；过去称赞“教师是人类灵魂的工程师”，现在认为，教师的主要职责是“点燃与唤醒”，不是“塑造”；过去要求“教师要给学生一碗水，必须自己具备一桶水”，现在认为这句话潜在地含有“灌输教学”的错误理念。现代教育要求教师由知识传授者转变为学生发展的促进者，由工匠型教师转变为研究型教师，由一次成熟型教师转变为终身学习与成长型教师，做一个可持续发展的教师。

因此，语文老师要从知识的传递者转变为学生学习的促进者、组织者和指导者，要从以传授知识为中心转变为以促进学生发展为中心，确立学生的主体地位，促进学生的自主发展，尊重学生人格，建立民主平等的师生关系，注重学生的体验过程，不仅仅在课堂宣读教参中的参考答案，要注重学生的创新愈识的实践能力的培养。语文教师的教学是教与学的交往、互动，师生双方的相互交流、相互沟通、相互启发、相互补充。要共同参与、平等对待、加强合作。教师由教学中的主角转向“平等中的首席”。课程是由教材、教师与学生、教学情景、教学环境构成的一种生态系统。孔子说："教学相长。"即是教生都要同"学"、互"学"才能共同"成长"。我认为，新课程下课堂上理想的学习方式是师生以相同的身份进行一样的学习，一样的感受。新课程高中语文教学认为，教师是学生学习活动的组织者和促进者，也是学生学习的参与者。教师应从《普通高级中学语文课程标准（实验稿）》出发，探寻其中适合自身教学的先进教学理念，用来指导教学实践活动。教师应该深入地研究学生的学习实际情况，从新课程的目标和学生的具体情况出发，灵活运用多种教学策略，有针对性地组织和引导学生在实践中学会合作、学会学习。

第三节　语文教师的基本技能

语文教师的基本技能，从狭义上来说就是指语文教师的教学技能。从广义上来说，包括教师的教学技能、科研技能、管理组织技能等。具体包括以下内容：

一、教学技能

（一）制定语文教学计划

制定教学计划是语文教师开始语文教学活动的前期重要工作。语文教学计划从时间跨度上可分为学段计划、学年计划和学期计划；从内容和形式上可分为综合性计划和单一性计划。综合性计划就是将语文教学读、写、听、说和综合性、研究性学习方方面面的打算放在一起考虑的计划；单一性计划就是只就识字与写字、阅读、写作、口语交际和综合性、研究性学习某个方面进行安排的计划。新教师应该学会制订学期教学计划，工作多年的教师应该重视制订学年或学段计划。在实际工作中，语文教师做得最多的是学期教学计划，采用的主要是综合性计划形式。

应该注意的是，语文教师在制定教学计划时，一方面要依据国家课程标准、教材和课程目标，另一方面也要参考班级的实际情况。内容明确具体，具有可操作性和可评价性。

（二）备课、说课和上课

备课、说课和上课是综合性的教学活动，共同构成教学活动。其中备课是基础，说课是巩固，上课是重点，需要语文教师不断提高技能。

首先说备课。

备课是上课的前提，只有成功的备课才能形成成功的上课。因此在上课之前，语文教师都要认真备课，具体步骤如下：

1. 熟悉课程标准

语文教学要在国家课程标准的指导下进行，所以语文教师要非常熟悉语文课程标准。

2. 钻研教材

广义的钻研教材，包括研读教材体系，弄清编者意图，明白全套、全册教材和一个单元的教学要求；狭义的钻研教材仅指弄清一个单元或一篇课文里的知识原理，语文教学尤指对课文的文本解读。对课文的文本解读，包括读文题，辨文体，疏通语言文字大意，理清文脉（结构），辨明主旨（主题思想），品味语言，深究特色与妙点，要求达到“懂、透、化”。尤其是对文学作品鉴赏，要求教师具有较好的功力。这需要语文教师关注文学批评发展，重视对自己进行课文读解理论和文章分析技能训练。教材钻研，还要考虑教学取舍和教师教学用书使用。教学取舍，俗称“处理教材”，无论是以单元还是单篇为教学单位，都要根据教学实际，有所教有所不教。

3. 教学设计与教案编写

教学设计包括确定课型、确立教学目标、教学重难点、选择教学内容、方法和手段，安排教学步骤和时间。

确定课型主要是根据教学内容或教材的性质特点、教学目标和学生的学习需要来确定的，教师可以根据以上需求自由灵活设置。教学目标即教学期待，一般是依据年级的教学要求、教材和教学内容性质特点以及学生的知识技能状况来确定的。语文教师在确定教学目标时，切忌假大空，要内容明确具体，切实可行。教学重点也就是教学中要重点解决的问题，难点就是实现教学目标过程中，相对于学生的认知水平较难解决的问题。教师在确立教学难点和重点时，要考虑学生的实际情况，重点适宜且突出。教学内容要精选，教学方法和手段要灵活多样，教学课时要张弛有度，留有余地。总之，教学设计是上课的具体准备工作，有利于教师对课程的把握。

教学设计的完成为更好地编写教案提供了保障。作为教师，编写教案是其必须掌握的基本技能。教案种类有很多，从内容上可分为识字与写字教学教案、阅读教学教案、作文教学教案、口语交际教学教案和语文综合性、研究性学习教案；从形式上可分为文字表格式教案、提纲卡片式教案、问答叙述式教案；从繁简程度上可分为详案、简案或微型教案等。无论是哪一种类型的教案，一份完整的教案都应该包括标题、课题计划、课时计划和附录四个部分。其他部分教师可以根据需要灵活操作。

4. 板书和课件的设计

语文教学板书从内容上可分为概括型、整理型和分析型板书；从作用上可分为整理知识型、突出讲解型、启发思维型和方便笔记型板书；从结构形式上可分为文字型、图表型和符号型板书；从形成过程上可分为整体式与分散式板书、固定式与流水式板书、渐成式与速成式板书（三者名称不同，内涵大同小异）。人们着重研究的是整体板书。板书设计，要求具有明确的目的性、清晰的条理性、高度的概括性、科学性、严密性、启发性和灵活性。

课件对于语文教学的作用毋庸置疑。目前制作语文教学课件的主要工具是 PowerPoint 和 Flash。课件制作与使用要遵循简约性、科学性、艺术性、适度性和可操作性原则。

其次是说课。

备课之后即为说课，说课就是将自己备好的课程通过口头形式介绍给其他教师，供学习、研讨和评价。说课内容主要是“两说”：一“说教学设计”，即教什么和怎样教，包括课题、课型、教学目标、重点难点、步骤、方法手段和时数安排等，基本上就是教学设计或教案的内容；二“说设计理由”，即为什么这样教，包括教材的特点、学生的特点和相关教学原理依据。“说教学设计”，不应该是教学设计或教案内容的简单照搬，重点讲清课题计划部分，略讲课时计划部分即可。教材的特点，俗称“说教材”，主要是交代清楚所教内容（课题）在教材章节或单元里的位置、内容、特色和教学要求；学生的特点，俗称“说学生”，主要是讲清楚学生现有认知水平和可能的学习期待；讲述教学原理依据，要将来自课程标准和教育学、心理学、语文教学论等方面的依据作为一个整体对待，不必面面俱到。

说课要撰写说课稿。说课稿一般包括标题、称呼、引言、正文和结束语等五个部分，可采用如下格式（见表 3-1）。

表 3–1　语文教学说课稿的结构及内容

结构	内容	解释
标题	《×××》说课稿	标题，写作带书名号的课文题目 +“说课稿”字样，不能写作其他
称呼	“尊敬的……”	具体的称呼对象视说课现场而定，一般包括领导、老师、专家、评委
引言	“我今天说课的内容为《春》这篇课文的教学设计。下面我将从……几个方面说说我的教学设计及其理由。”	最好开门见山，点明说课的主旨
正文	说教材（铺垫） 说学生（铺垫） 说教学设计（重点） 说设计的理由或依据（关键）	正文的内容安排各有不同。左边是个非逻辑的结构，但人们已经约定俗成。正文主要是处理好教学设计与设计理由的关系。常见的讲述模式有两种：一是边讲教学设计边讲设计理由，二是先讲教学设计次讲设计理由
结束语	“我说课完了。谢谢！”	结束语也以简洁明快、戛然而止为好

需要注意的是教师说课应该如上课一般，要求精神饱满，仪态端庄，声音清晰。说课时间应该维持在十到十五分钟，内容要详略得当，要言不烦。

最后说上课。

无论是备课还是说课，都是为上课打基础。上课首先要明确一般教学要求：教学目标明确、教学内容正确、教学方法手段恰当、教学重点突出与难点突破、课的结构完整和任务落实。教师心目中还要有“好课”的标准：教师教得热情、学生学得主动、课堂气氛浓厚、教学过程紧凑、教学效果明显。常规教学要求做好以下几件事情：

1. 姿态端正

上课要求教师仪态端庄，着装佩饰得体，眼神表情大方，语音清晰明亮，语调丰富多样，语风典雅高尚。教态是教师心态（对事业的虔敬、对学生的和蔼和对自己的自信）的外显，需要终生修持。

2. 组织教学

教学过程一般包括“导人一展开一结束”三个环节。导入的方式很多，要求简洁、自然，达到引起学习注意、明白学习要求的效果即可，勿拖沓繁复，入题过迟；展开一般由检查预习、复习旧课、传授新知等多个教学步骤构成，因班级、学生、教学内容、目标、教师的风格、水平和所持的教学理念的不同而有很大的区别，要求步骤清晰、过渡自然，时间和节奏把握得当，勿过于紧张、松弛或出现断裂；结束要求归纳小结当堂所学，勿拖堂或提前下课。

有效的教学需要有效的教学策略，语文教师在进行教学活动时，可以营造良好的教学氛围，让学生在快乐中学习。同时还要掌握基本的教学策略，如讲授策略，教师在讲学时应该口齿清晰，语速适中，层次分明，生动活泼，适应学生思维和节奏。此外还有对话策略和诱导策略，其中对话策略不仅是指以对话交流探讨的方式启发学生学习，更应该是以一种对话的姿态与学生相互学习。诱导策略则是启发和激活学生思维，采用打比方、设问等方式激发学生兴趣。

3. 课堂管理

在上课过程中，教师除了要讲授知识以外，还包括运用一定的技巧管理课堂，维护课堂秩序，保证课程的顺利进行。如调控技巧和应变技巧：

调控技巧

要求教师见机行事，随机应变，灵活机智，根据教学反馈所获得的信息，通过讲课的声音、节奏、教师的动作眼神、教学内容甚至计划的改变，做出恰当反应。

应变技巧

对于课堂中可能发生的教师失误、学生捣乱、环境干扰、设备故障或者自然灾变等事件，要求教师反应迅速，沉着冷静，当机立断，有勇有谋，运用诸如承担、制止、转移、求助、撤离和悬置等策略，正确做出处理。

作为技艺之学的上课，是师范生和初任教师应该熟练掌握的技能；作为科学和艺术的上课，则应该成为成熟教师的终生追求。

（三）指导和评价学生语文学习

1. 指导学生语文学习

教会学生学习的理念除了课堂教学，还要贯彻在以下教学活动中：

（1）布置、批改与讲评学生作业

语文作业，不必限于教材所学而可以拓展到广泛的学习领域，例如，推荐观看电影电视节目、阅读课外书和报纸杂志；也不必限于书面作业而可以采用活动或活动与书面相结合的形式，例如，布置观察事物或与家人交谈，并将交谈的过程和内容记录下来等。

批改作业也是教师与学生进行笔谈或对学生进行个别辅导的有效途径和方法。交谈语或评语要多些积极正面的引导和鼓励，分数宁高勿低。

讲评作业要重点放在分析指出学生带普遍性的学习问题，帮助学生发现总结一般学习规律，教给学生正确有效的学习方法。

（2）个别辅导

个别辅导的对象不限于“优生”或“差生”而应该是全体学生。个别辅导尤其要做到有计划地推进：语文教师要争取在自己所教学期里，能以不同形式、不同程度地个别接触方式指导每一位学生学习。

（3）指导与组织学生开展课外语文学习

无数事实表明：语文教学质量的竞争重点在课堂45分钟以外。指导与组织学生开展课外语文学习涉及语文学习理论，是教好语文、当好语文教师的一门大学问，需要语文教师终身研究与实践。

（4）复习与考试指导

语文教师要帮助学生学会归纳整理所学，变繁为简，变难为易，并指导他们学会将平时所学用于新的学习和复习考试中去。无论哪种考试，考试结果对于学生来讲都很重要。一个语文教师应该用80%的工夫帮助学生扎扎实实打基础，也要花200/0的气力和学生一起探讨应试答题技巧。

2. 评价学生语文学习

语文教师要十分熟悉各种评价方式，尤其是明确形成性评价对于促进学生学习的意义，学会命题、编制试卷与评分标准、分析与讲评试卷。

二、知识理论技能

教师除了要熟练掌握教学技能以外，也应该具备丰富的知识理论。

（一）教育学和心理学相关知识的储备

作为语文教师，教育学与心理学知识，应是专业知识的范畴了。然而，在师范学生所学的教育学知识，大多是空泛的原理，不少理论知识已严重滞后，且许多知识是众所周知，即使不学教育学的人们，也能了解个大概。因而，教育学知识却未达到专业的要求。至于心理学知识，也是如此，仅学了一点心理学皮毛的师范生，又如何能在走上教育岗位后，去透过表面，了解学生的心理呢？

因而，语文教师在走上教育岗位后必须要与时俱进，不断吸收新鲜的教育学与心理学知识，尤其是心理学方面要不断地探讨研究，并在实际中充分运用不断总结，这样才可以真切地了解学生的心理，使语文课堂教学的效益最大化，从而培养学生对语文情感与兴趣，事半功倍地提高学生的阅读水平和写作能力。

（二）语文学科基本知识和学科理论知识的储备

语文教师必须具备系统而充分的语文学科知识。语文学科知识就是关于语言及其运用的知识，包括五个层次：一是关于语言基本规律的知识，即汉语语言学、普通语言学；二是关于言语作品规律的知识，即文章学、文艺学；三是关于言语活动规律的知识，即口语学、阅读学、写作学；四是关于语言思维规律的知识，即语文思维学；五是关于语文学习规律的知识，即语文学习学。语文教师教育要重建课程内容体系，语文教师自身要积极弥补语文学科知识结构。

从语文教师和语文师范生自身的层面来说，在目前的条件下，更应该通过自学来弥补知识缺陷，完善知识结构。在现有的语文教师教育学科专业教材之外，语文教师和语文师范生还应阅读一些书目。要积极改进课程教学。一是对学科知识内容进行调整，适当引入新的内容；二是对学科的知识框架进行重建，改善知识结构体系；三是在课程实施中积极推进教学方式的变革。语文教师只有不断地丰富自己的学科理论知识，才能在教学中熟练应用相关技巧，提高自己教学质量。

三、语言表达技能

教师的语言表达技能是保证其教学活动成功的重要依据，因此提高教师的语言表达技能必不可少，尤其对于语文教师而言更是如此。语文作为一种语言运用的学科，语言表达技巧是每个语文教师所必需具备的能力。

苏霍姆林斯基认为：“教师的言语修养在极大程度上决定着学生在课堂上的脑力劳动的效率。”从某种意义上来说就是强调教师的语言表达技能。

（一）教师语言要讲普通话，具有规范性

作为一名教师不仅要求会说普通话还要符合语言的规范性，不仅要发音标准、吐字清楚、用语准确，还要修辞恰当并符合语法规律，以防止各种语病的发生。所以，教师在传授知识时，如果语言不符合规范，就不容易把概念交待清楚，就达不到“传道解惑”的功能。另外教师的语言，又是学生的榜样，对学生今后人生和事业的发展影响很大，因此，不论是课堂教学客观需要，还是从纯洁民族语言的角度上讲，教师的语言都必须规范化。

（二）教师语言要准确明晰，具有科学性

作为一名教师，要想上好一堂课，或想给学生解释一个问题，要求教师上课要善于用周密的语言和精确的词汇去表达概念或阐述定理公式，进行分析综合，推理判断，使学生能够听的懂，学的进、理解深。要达到这一目标，首先必须要求教师的语言表达具有一定的科学性。因为，教师所教的各门学科，不论是自然科学，还是社会科学，都是科学知识，而学生所接受的也应是准确无误的科学知识，要做到这一点，就必须保证师生交流媒介—语言表达的科学性。科学的语言应当是周到严密、含义明确、措辞精当、不生歧义的准确语言，只有这种科学的语言才能给学生以清晰的正确认识。

（三）教师语言要简洁练达，具有逻辑性

一名优秀教师的语言应当象剥竹笋式的，虽然层层叠叠，但却非常富有层次感。所以，教师的语言表达要简洁明快，干净利落，既准确又干练，句句连贯，层次分明，具有内在的逻辑力量和高度的概括水平。只有这样，才能较好地启迪学生的思维活动，达到事半功倍的效果。所以，教师的每一个问题，每一个字都要紧扣教材中心，起到应有的作用。为此，对教材进行书面加工、提炼、斟酌，尽量用最简洁的语言表达最复杂的内容、用最明快的语言表达最丰富的内涵，也是语言逻辑性的内在要求。

（四）流畅且有文采的写作能力

上述都是从口头语言表达能力方面来谈论教师的语言表达能力，除了口头语言表达之外，作为语文教师，写作能力无疑是非常重要的书面语言表达技能，需要语文教师格外重视。

写作最能体现一个人的综合素质。写作是教师生活中不可或缺的一部分，写作能力是教师必备的职业技能。培养写作的习惯，提高写作能力，练就扎实的职业技能，不仅能提高教师的生活质量，也能反哺教学。

教师要教会学生写作文，教师自身必须具有丰厚的写作素养，必须掌握写作规律，通晓训练程序，精于执教之道，“以其昏昏，使人昭昭”是不行的，语文教师只有会写、善写，用自己的写带动学生去写，才能体会写作的甘苦，向学生提出恰当的要求，才能切实有效地指导学生写作，才能在批改、讲评写作时，抓住关键，批在点子上，改在关键处。较高的写作能力还可以帮助教师对课文的写作方法作出中肯的分析，使教学语言更加精炼。在积累材料、总结工作过程中，不会因为写作水平低而感到困难。总之，它有利于促进语文教学质量的全面提高。

语文教师在日常教学中首先要能够掌握各类文章的写作要领，会写各类文体的文章。能运用丰富的词语、流畅的文笔表情达意。其次要有良好的写作习惯，随时记录材料，经常练笔，在学生练习作文时，自己也能按照要求较快地写出来，供学生观摩学习。此外书写格式正确，字迹工整、美观、合乎规范，堪为学生效仿。

第四节　语文教师与语文课程

教师在课程改革中起着举足轻重的作用，对二者之间关系的准确把握，有利于课程改革的进一步深化和拓展。

一、语文教师与语文课程的关系

纵观教师与课程关系的演变，教师与课程关系大致分为课程与教师分离观、大课程小教师观、教师即课程观、教师创生课程观。

（一）教师与课程分离观

关于课程理论的研究最早可以追溯到20世纪20年代，在课程理论发展初期，受到当时国际和国内教育背景的影响，课程仅仅是我们所谓的学科或教科书。由于对课程概念的狭隘理解，也就导致了教师与课程的关系仅仅体现在极其狭窄的功用上。课程仅仅是教师的一种工具，即课程与教师之间相互分离，各不相干。后来受到苏联“大教学小课程观”的影响，大家普遍认识到教师是为教学服务的，不是为课程服务的。基于这样的认识，课程与教师处于相互分离的不理想状态。

（二）大课程小教师观

1989年我国课程理论两本重要著作即陈侠的《课程论》以及钟启泉的《现代课程论》的面世，促使课程学实现跨越式发展，从此课程学成为教育学的一门分支学科。这一时期的情形是，既定的课程只需教师按章行事，使教师处于一种机械被动的课程执行状态。此外，受“学科本位”思想的影响，教师们似乎认为，教师的本分就是把专家制定的课程按时按量实施即是自己的所有任务。有这样一个形象比喻：课程专家就如同导演，教师是演员，学生是看戏的；演什么、如何演都在教师职责之外。又由于受历史条件的限制，教师课程意识淡薄，课程理论发展尚处于初级阶段，对课程的内涵理解不深，未能在短时间内把微观概念与宏观概念区分开来，从而导致概念的模糊。

（三）教师即课程观

随着课程理论研究的不断深入及新一轮基础教育课程改革的现实呼唤，教师的课程意识逐渐增强，教师认识到自己在课程中的地位和作用，课程专家也逐渐接纳与肯定教师在课程中不可取代的作用。于是“教师即课程”观应运而生。持这一观点者将教师抬上更高的位置，试图将教师与课程“平起平坐”。最初提出“教师即课程”观点的是著名课程专家施瓦布。其强调的是课程通过教师作用而实现课程静态与动态的转换。也就是说，教师只有在课程实践中形成、提高课程意识，并以此为基础，才能真正进入课程，创造性地开发课程，完成静态下的文本课程向动态中的实施课程转化。很明显，这一观点提高了教师的作用，认为教师只要将本来存在的课程经过状态的转换，使原有的静态课程文本转化为教师自身的动态课程文本，即所谓的“教师即课程”。但这种将教师作为课程的观点，夸大了教师的能动作用，而忽略了课程与学生之间的特殊关系，也忽略了课程的生成性。但总体来说，这种观点无疑对提高教师在课程中的地位起到了举足轻重的作用，有利于课程理论研究涵盖教师角色。

（四）教师创生课程观

随着新课改的不断深入，教师在课改中的地位空前提高。从教师是课程的设计者到教师是课程的开发者，以及教师是课程的检验者，这一系列教师课程角色的转换突破了传统的藩篱。2009 年李小红专著《教师与课程：创生的视角》将“教师创生课程观”推向高潮。这一观点也得到一些课程专家的高度认同。熊川武教授认为课程创生实质上是教师与课程的内在关系，贯穿于教师课程行为的方方面面，反映的是教师的生存论追求。

在课程目标上，课程创生就是盯住学生的发展；在课程内容上，课程创生就是合理调试国家课程，对其内容进行文化批判与重构，保持一元课程与多元课程之间的适当平衡，同时开发学生生活世界中非文本课程内容；在课程实施上，课程创生就是以教学对话为核心，丰富课程意义，及时捕捉和充分利用生成性课程资源；在课程理论上，就是鼓励教师发展合理的个人理论。即便“教师创生课程观”充分解放了教师，赋予了教师更多的课程权力，也扩大了课程的内涵和外延，但是无限度地扩大教师的课程权力却脱离当代社会课程权力分配的现实，也并非教师发展的长久之计。

以上课程与教师关系的阶段划分并非是绝对的，在不同时期不同的课程与教师关系也交叉存在。总体而言，课程与教师之间的关系是在不断发展变化的，在发展过程中，由于各方面条件的差异，课程与教师的关系也存在差异。就课程学视域而言，课程与教师关系发展四个阶段的划分基本理清了其发展轨迹。为了促进课程学以及教师专业的发展，在辨析课程与教师关系的基础上，定位教师与课程关系的功能显得尤为重要。

二、语文教师与语文课程的共同发展

定位语文教师与语文课程的关系是为了在新课改的要求下促进教师与课程的和谐发展，

那么，新课改下的语文老师，如何做到与时俱进，与课程同步呢？

（一）要有发展的理念。

在“应试教育”的背景下，多数人看中的往往是当前的成绩，认为谁成绩好，谁的语文素养就高；考什么，教师就教什么，学生就学什么；语文教学也往往只偏重语文基础知识的传授和基本技能的训练，忽视了学生的学习需求，使我们的学生失去了学习的动力。真正的教育是以学生的发展为前提的，不应把目光停留在当前发展的需要，而应以学生长远的发展为主。所以，教师无论是选题、教学都应遵循发展原则，发展学生学习语文的能力；培养差异学生的情绪、情感；养成创新合作等社会需要的能力。

（二）重构师生关系。

过去说求学就要拜师，而今天却不能这样说了，因为过去的知识都是以一种文本的形式存在的，教师读了一肚子书，说学富五车就是很有学问了，而今天却很难再这样来表述一个人学问的大小。因为知识除了这种文本形式外还可以超文本的形式存在，如以信息流的形式在互联网上流动，知识是可以共享的，只要上网就可以学到知识。所以，在拥有知识方面，教师不再是“知识的化身”，教师必须和学生站在同一条起跑线上，再不能搞“知识本位”，而是要“以学生发展为本”，指导学生学习。

这就要求教师要对自己有正确的定位：

1. 教师由知识的传播者转变为学生学习的促进者。孔子说过：“知之者不如好之者，好之者不如乐之者。”教师应为学生创设宽松、自由的课堂氛围，使他们有足够的空间自主探索、自主学习，那么，自然学生会全身心地投入到学习活动之中，使自己从知识灌输的桎梏中解放出来。

2. 教学模式应由“一言堂”转变为“多言论”。把学生个体的自我思考、学生群体间的信息交流，与师生间的信息交流、反馈及时地加以沟通与联系，使不同智力水平、认知结构、思维方式、认知风格的学生实现“互补”，达到共同提高。

3. 教师要把知识的灌输者转变为心灵的导行人。传统下的教学模式都是教师“一言论”，是教师对学生单向的“培养”活动，学生被动接受，对知识的掌握也只是“摸着墙走路”，无法深入地内化为自己的东西，情绪、情感更是无从体验。新课改下，教师除引导学生自主学习外，应更多地关注学生的心灵发展，使他们不论是学习道路还是生活道路上都具有良好的状态。

（三）提高自身专业素养。

提高自身专业最好的办法就是读书。叶圣陶曾说：“教师增加本钱，最为切要。所谓本钱，一为善读，一为善写，二者实相关而不可割分。……而除课本之外，经常认真看书读报，熟悉阅读之道，是亦添本钱也，……唯有老师善读善写，乃能引导学生渐进于善读善写。”语文教师阅读素质的高低，决定着其教学水平的高低。语文教师必须多读、善读，广泛涉猎语文专业及其它学科的内容，做到知识丰富、广搏。所以，“唯有老师善于读书，深有所得，才能教好读书。只教学生读书，而自己少读书或者不读书，是不容易收到成效的。”作为新课改下的语文教师，除了要有博学的知识、发展的眼光、正确的定位，更要有一颗爱学生的心，因为真正的教育是传播爱的教育。

当教师自身能够与课程融为一体，教师的主体性与创造性就会体现在教学过程之中，教师的智慧与德性就自然能得到提升，其所教课程的价值就可以得到最大限度的实现

第三章 语文教学内容与语文教材

第一节　教学大纲

语文教学大纲是语文教学活动的参照标准，任何一名语文教师在教学活动中都要参考教学大纲的要求和指示。当下，高中语文的教学大纲主要是参照教育部在2000年颁布的《全日制普通高级中学语文教学大纲（实验修订版）》，具体内容如下：

语文是最重要的交际工具，是人类文化的重要组成部分。

语文学科是一门基础学科，对于提高学生思想道德素质、科学文化素质，对于学生学好其他学科、今后工作和继续学习，对于弘扬民族优秀文化和吸收人类的进步文化，提高国民素质，都具有重要意义。

语文教学必须贯彻国家的教育方针，面向现代化、面向世界、面向未来；必须以马克思主义和科学的教育理论为指导，联系现实生活，加强语文实践，注重培养创新精神，积极进行教学改革，提高教学质量，为培养社会主义现代化建设人才服务。

一、教学目的

语文教学，语文教学的目的就是进一步提高学生正确理解和运用祖国语言文字的水平，使他们具有适应实际需要的现代文阅读能力、写作能力和口语交际能力，具有初步的文学鉴赏能力和阅读浅易文言文的能力；掌握语文学习的基本方法，养成自学语文的习惯，培养发现、探究、解决问题的能力，为继续学习和终身发展打好基础。

在教学过程中，要进一步培养学生热爱祖国语言文字、热爱中华民族优秀文化的感情，培养社会主义思想道德和爱国主义精神，培养高尚的审美情趣和一定的审美能力，发展健康个性，形成健全人格。

二、教学内容和要求

（一）阅读

1. 用普通话流畅地朗读课文。默读注重效率，具有一定的阅读速度（阅读一般

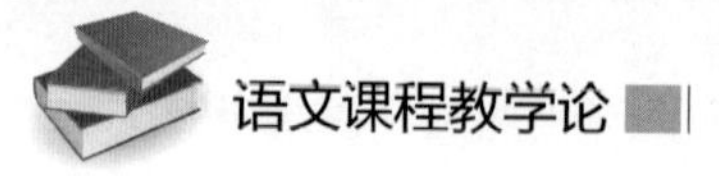

的现代文每分钟不少于600字）。

2. 整体把握课文内容，理清思路，概括要点，理解作者的思想、观点和感情。

3. 根据语境揣摩语句的含义，体会语言表达效果。

4. 能对课文进行阐发、评价和质疑。

5. 感受文学形象，品味文学作品的语言和艺术技巧的表现力，初步鉴赏文学作品。

6. 诵读古典诗词和浅易文言文，理解词句的含义和作品的思想内容，背诵一定数量的名篇。重点掌握常见的150个文言实词、18个文言虚词（见附录一）和主要文言句式在课文中的用法。

7. 了解课文涉及的重要作家作品知识，了解中国文学发展简况。

8. 课外自读文学名著（10部以上）、科普书刊和其他读物，不少于300万字。

9. 能使用多种语文工具书，学习利用多种媒体，搜集处理信息资料。

（二）写作

10. 作文要观点明确，内容充实，感情真实健康，力求有创意。

11. 理清思路，确定中心，选取材料，合理安排结构。

12. 根据需要，展开丰富的联想和想像。

13. 恰当运用叙述、说明、描写、议论、抒情等表达方式。

14. 语言要规范、简明、连贯、得体。

15. 养成观察、积累、思考和多写多改的习惯。

16. 作文一般每学期不少于5次。三年中其他各类练笔不少于3万字。45分钟能写600字左右的文章。

（三）口语交际

17. 养成说普通话的习惯。

18. 根据不同场合的需要，恰当机敏地进行口语交际（包括交谈、发言、演讲、讨论、辩论等）。

（四）课文

课文要具有典范性，文质兼美，题材、体裁、风格应该丰富多样，富有文化内涵和时代气息。要体现教学目的，适合教学，有利于开拓学生视野，激发学生学习兴趣。

选文以我国现代作品为主，古代作品占有适当比例，兼顾外国作品，比例一般可为5：4：1。课文总数应不少于140篇，精读课文和略读课文一般各占50%。在全部课文中，文学作品可占60%。

三、教学中应重视的几个问题

（一）在培养语文能力的同时，教师要善于引导学生提高思想认识、道德修养、文化品位和审美情趣。

（二）在语文教学中要重视学生思维方法的学习、思维品质和思维能力的发展，尤其要重视创造性思维的培养。

（三）要致力于学生语文素养的整体提高，重视积累、感悟和熏陶，重视语文运用能力和语感的培养。

（四）要重视学生的实践活动，让学生在教学过程中主动学习、探究。要重视师生的语言交际和心灵沟通。教师要善于激发学生的学习兴趣，创造性地开展多种形式的教学活动，努力形成教学个性。

（五）要密切联系社会生活，注意开发现实生活中的语文教学资源。要加强课内外的沟通，可以采用读书报告会、辩论会、专题研究和社会调查等形式，利用广播、电视、网络等媒体，还可以组织各种文学社团，增加语文实践的机会。

四、教学评估

教学评估需依据教学大纲的有关规定进行，要符合语文学科的特点，遵循语文教学自身的规律。

对教师的评估要重视教师的教学过程和教学效果，不要以学生的考试分数作为唯一的评估依据。

对学生的评估，要有利于促进不同学生语文能力的发展，有利于学生发挥创造能力，有利于提高学生的人文素养。

语文考试，要着重考查学生理解和运用祖国语言文字的能力。要注意引导学生加强积累（考查古诗文的背诵，可限于大纲推荐篇目的范围）。还要注意检查学生自学语文的能力。考试方式还要多样化。要以主观性试题为主，鼓励学生有创见，同时，要讲究主观性试题命题和阅卷的科学性。不出怪题偏题和繁琐机械的题目，不用名词术语考学生。

教学评估要重视教学效果的及时反馈，以利于改进教学，提高质量。

五、教学设备

应积极创造条件，努力为高中语文教学配备相应的设备。

学校要配备充足的工具书、古今中外文学名著、其他人文科学读物、科技读物等各类图书，配备必要的教学挂图和教学辅助资料，订有相当数量的报刊，并从教学实际需要出发，配备录音带、录像带、光盘等声像资料。有条件的学校还可利用网络资源。

要配备一定数量的幻灯机、投影仪、电视机、收录机、录像机、计算机及其他辅助器材。有条件的学校还可装备视听教室、语音实验室、多媒体教室等。

语文教师应努力掌握和运用现代教育技术，充分利用教学设备，提高教学质量和效率。学校应加强对他们的指导和培训，鼓励支持他们开发、制作教学课件。

六、关于教学大纲的几点思考

（一）语文学科的性质和动向

新大纲开宗明义，转引列宁的名言，提出："语文是最重要的交际工具"，不再提"语文是基础工具"、"语文工具"，从而避免了若干引发的问题。列宁在《论民族自决权》中说"：语言是最重要的交际工具。"从广义上说，语文就是语言，但是，作为人类交际工具和特殊社会现象的语言要素（语音、文字、词汇、语法）系统，相对而言是狭义的，静态的，抽象的，是语法学、语言学专门研究的对象。作为语文学科学习对象的语言是广义的，动态的，具体的；它既要求学习以语言要素知识为主的语文基础知识，更要培养语言的理解和表达能力，而语言要素知识，只有作为语言行为主体的人，按照它的一定规律，自觉或不自觉地付诸语言实践，形成语言行为，才能真正起交际工具的作用。语言行为按所用媒介（手段）、活动形态以及同人类心理过程的关系，可做各种区分。语文学科以培养学生的语言能力为己任，无论是一般形态的口头语、书面语，还是特殊形态、专门化的语言文化作品都应是学习对象，而后者的精华，按一定标准编选入语文教科书，成为教材的主体，起着不可替代的作用。因此，新大纲又说：语文"是人类文化的重要组成部分"，侧重指语言文化作品，突出了语文形成人类科学文化素质、弘扬民族优秀文化的重要作用。这样，新大纲对语文科的性质问题，做了较为科学的回答：既指明了它特有的本质属性"交际工具性"，也强调了它的"人文性"。在语文科教育方向上，基于"交际工具性"，自不能忽视"生活的语言教育"，即重视语言生活经验，以适应日常生活广泛应用的语言能力教育；由于突出了"人文性"以及范文在语文教科书中的主体地位，更要加强"文化的语言教育"，即重视学习语言文化作品，以提高学生的语言能力和文化素质教育。这是两种最有代表性的教育思潮，在战后国外的语文科教育中忽有消涨，一直摇摆不定，有的发展成经验主义的综合的"生活单元"；有的形成"人文主义语文教育学派"，各有长短。新大纲指明了它的方向，我们应全面领会，摆好位置，在反对一种倾向时，注意掩盖着的另一种倾向。

（二）语文科的学科结构和语文基础知识

按照上述对语文即语言的分析，语文科的学科结构，必是两大分野：

1. 以语言要素知识为主的语文基础知识；

2. 同认识、思维（内言）相互作用的语言理解和表达能力。

二者的关系是：前者是基础，起理论知识的指导作用，为培养学生的语言理解和表达能力服务；后者是实践，是应用，是规律性知识的迁移，是语文科教育追求的终极目标。新大纲强调“不用名词术语考学生”，不等于不需必要的名词术语和语文基础知识，新大纲“教学内容和要求第 7 条（重要作家作品，中国文学发展简况）以及有关“掌握语文学习的基本方法”，掌握必要的文言实词、虚词和“主要文言句式在课文中的用法”等等，无一不关系到语言基础知识。问题是：在什么阶段、讲什么、如何讲，真正使理论知识起指导作用；不能以“淡化语文知识”为由，放弃必要的规律性语文基础知识教学。

（三）语言能力目标问题

1. 新大纲规定，要使学生“具有适应实际需要的现代文阅读能力、写作能力和口语交际能力”，这里首先明确语言能力目标有三条主线，而且都冠以“适应实际需要”的要求，同时改提听说能力为“口语交际能力”，突出了面向生活实际应用以及口语在现代人际关系日益扩大的交际需要；既呼应了语文“交际工具性”的本质属性，又使口语交际这一长期被忽视的语言能力，提到显赫的位置，引起注意。其次，把书面语言能力的阅读和写作仍分提在前，从而又表明了书面语和口头语的不同地位，坚持了“读、写、听、说四条腿都重要，读写两条腿要长”的观点。再次，新大纲不按心理过程区分语言能力为理解和表达两项，更不像某些国家那样，把表达列前，理解列后，而是按三条主线，把阅读摆在首位，突出了它的基础地位，提出了更多的教学内容和要求。阅读能力很复杂，有多种要求，也有普及和提高之分，直接关系人的文化素养，须着力培养。对中学生来说，学会阅读同时思考，是克服学习落后的重要因素。对人的一生来说，阅读的频率也高于写作频率。从读写听说四项能力的关系来说，相辅相成，不能偏废，然而“读”是主要矛盾或矛盾的主要方面，读是写的基础，也是听说能力提高的重要条件。但是，阅读理解能力本身并不等于听、说、写的能力，还要分别进行相应的科学训练。我们不能忽视这三方面存在的严重问题和历史教训；对国际上流行的所谓“表达世纪”的动向，也应认真研究。

2. 新大纲还在总目标中规定，要学生“具有初步的文学鉴赏能力和阅读浅易文言文的能力”，同时提出审美情趣和一定的审美能力要求，表明了重视文学教育的立场，并使“鉴赏”成为问题的焦点。为便于比较、借鉴，提供一位日本比较权威的当代国语教育专家增渊恒吉教授的意见如下：国语课堂对鉴赏这一术语很少使用；但是作为国语教师研究文学作品教材，对鉴赏不能不有明确的见解。对鉴赏的定义，从课堂实践着眼，倾向于一部《日本文学大辞典》的观点“：鉴赏是构成艺术批评的一种心意作用。”“构成批评的心理活动，大致有三：首先应解释作品，主要是靠知识的作用；了解对象的意义，仅限于解释。其次是更为复杂的心理活动，即把经过解释的作品，暂时作为一个有机体，加以涵泳体味……进入一种体验美感的境地，就是鉴赏……超越于此，进而判断作品优劣，则是最后的批评活动。”

在具体做法上，则倾向于如下观点：

鉴赏的过程有三个阶段：（1）作为整体笼统感知的印象阶段；（2）通过有意识的分析和理解，把作为整体印象的各个部分，从内容到形式弄清的阶段；（3）在明确观念和局部意义关系的基础上，再一次回到整体印象的阶段。真正的鉴赏必须循此三阶段，并加以反复。”著名作家芥川龙之介的“文艺鉴赏”论很有代表性，对作品情节脉络的展开、人物描写的方法乃至每一行的遣词造句技巧无不留意。他说“：如果没有局部细节描写的美，就不会产生《战争与和平》的感染力。如不能鉴赏局部细节的美，也难以感受作品震撼人心的力量……在不失全篇大局的前提下，为了知一篇而必须知每一字。”他认为“文艺鉴赏首先从阅读文字，理解意义开始”，而“所谓理解……用哲学的语言讲，即在认识的理解同时伴有情绪的理解”。从而也认为鉴赏包括“理解”和“鉴赏”两部分，只不过他更重视局部细节的阅读和情绪理解，比较符合精读指导实际，也得到了增渊的肯定。这些言论对领会大纲“根据语境揣摩语句的含义”“，感受文学形象，品味文学作品的语言和艺术技巧和表现力”以及“评价和质疑”种种规定，当有助益。

（四）教材观，单元观

新大纲关于教材的概念取广义以课文为主体的教科书，占教材的核心地位，但不排斥其他教材，像“注意开发现实生活中的语文教学资源”，选印报刊时文，在教学中发掘、筛选学生作品作为典型，开拓“教学辅助资料”、“声像资料”“、网络资料”等等，无一不可成为教材。

关于范文观，新大纲不取教材是“媒介”或“例子”的观点，而把范文当作“内容”、“学习对象”，注重整体把握和“感受文学形象”“，重视积累、感悟和熏陶”。当然，也不排斥根据课文的具体情况，有所侧重“，内容”和“媒介”结合，灵活处理。

在单元观上，新大纲以范文为中心的“学科单元”为主，但为了“联系现实生活，加强语文实践”“，适应实际需要”，体现前述“生活的语言教育”要求，设计若干不同类型的“生活单元”为辅，也势在必然。这是贯彻大纲某些新规定，深入语文教改的一个突破口。

（五）教学评估与目标一体化

美国的B·S·布鲁姆教授等人发展了教育评估理论，主张：教育评估首先考虑从教育目标出发，考查学生的现实情况和达到目标的程度。在这一意义上说，教育测验只不过是教育评估的工具，是根据教育目标把握学生的实态，并将其结果作为改善教学依据的方法和手段。那种单纯追求分数而不顾及学生成长幅度和学习进展情况的测验，和教育评估风马牛不相及。倘若这种测验使学生丧失了学习信心，挫伤了学习积极性，则更和教育评估的基本思想背道而驰。新大纲特设“：教学评估”一项，区分评估和考试的不同概念，对教师和学生的评估各有侧重，强调“教学评估要重视教学效果的反馈，以利于改进教学，提高质量。”这和上述主张及其相关的“形成评定——掌握学习”教改策略一脉相通；是在目标明确的前提下，克服形式主义，面向全班大面积提高教学质量的关键一环。为使评估和目标一致，大纲强调以主观型测试为主，测试方式应多样化，注意到口头书面语言能力以及速读能力的评估等多方面需要。测试方式应考虑高考应试的需要，但不能跟着高考机器转，而应以大纲和相关目标为依据。

（六）方法论原则

目前，“语文科教育学”或“语文科教育论”著作，多有教学原则专论，取得一些成果；但是，人言言殊，尚不成熟：或处一般教学论原则翻版的阶段；或系学科基础理论、实践理论的引申；或偏于若干具体关系和方法的概括。立论角度不一，给人以杂乱，莫衷一是之感，也难免脱离语文教学大纲和教学实践。然究其着眼点仍在于明确若干原则以指导教学实践和方法。至于新大纲规定“教学中应重视的几个问题”，顾名思义，也纯属教学方法论范畴，虽不名原则，由于几经修订，逐渐成熟，实际上已在起方法论原则的指导作用。因此，二者完全可以结合，将着眼点集中到指导教学实践和具体教学方法上，统名方法论原则，使其取长补短，相辅相成，最终导致作为高师中文系课程的“语文科教育论”教科书，首先担当起阐释语文教学大纲的任务，然后才是根据情况适当补充提高。争鸣则让诸其它。方法论原则的要求是：体现学科基础理论、实践理论和学科特点；反映科学的语文科教育观和一定教学方法的客观规律，具有相对的稳定性和普遍性；语言表述，应是原则的高度概括，而又便于掌握。但由于是较低层次的原则，难免有相对的灵活性。

方法论的总体原则是：主体性和训练性。这是基于教学属双边活动：教的主体是教师；学的主体是学生，要求双方都要发挥主观能动性，而教师处矛盾的主要方面；

训练性主要取决于学科的交际工具性以及随之而来的实践性等。能力、技巧、习惯都离不开训练，已为事实所证明。从方法论原则考虑，最反对填鸭式的主观讲授。从素质教育考虑也要靠科学的训练，而不是相反。新大纲在“教学中应重视的几个问题”（四）有相应的规定。

具体原则，可考虑如下几项：

1. 体系化——计划性原则。这由学科的综合性、目标内容的多领域、范文的螺旋性上升以及年级、学期、单元乃至每一篇课文都须通过加强计划性才能形成体系等所决定。

2. 一体化——关联性原则。新大纲关于“教学中应重视的几个问题”的（一）（二）两项，便属这方面的要求。此外，理解和表达、读和写等等都须关联指导，相辅相成。

3. 作业化——启发性原则。这是由思维须设计问题、动手完成书面作业更易于激发思维、集中注意力并形成诸种能力和习惯等所决定。学生负担过重是多种错误思想误导的恶果，不能因噎废食。

4. 效应化——生活性原则。这决定于“生活的语言教育”动向，在单元设计上，重语言生活体验，追求关联指导、重复结构、一石多鸟的效应。可联系“教学中应重视的几个问题”（五）深入研究。

5. 素读化——“线性”原则。语言作品是线性连续体，须结合语言，按照语序，发挥各类“读”的作用，才能真正受益。前述（三）有规定。

6. 协作化——“超学科”原则。“超学科”是指语文科的语言教育受课外、校外、其他学科等“间接语言教育”包围而言。为化消极因素为积极因素，语文教师须和多方协作。可联系前述规定（五），深入讨论。

综上所述，本文主旨不外说明：新大纲文字虽少，但内涵丰富，须深入探讨《；语文科教育论》作为高师院校教材，不仅必要而且可能紧密结合新大纲编写。其主要框架当以前述六论为核心：基础理论——性质论、目标论；实践理论——教材论、单元论、方法论、评估论。方法论原则，对具体教学方法来说起承上启下作用。至于主体论——教师论、学生论，视情况增减，以符合教科书要求，精炼、适用为准。为配合课程改革，按新大纲前述三条主线，在新生入学后陆续开“语文教学大纲和范文阅读指导”“、写作及写作指导”、“口语交际及其指导”，再配合见习及模拟教学，为最后开设前述“语文科教育论”及其它选修课打好感性的实践的基础，同时突出师范性的特点。

第二节　语文教材

语文教材是语文教学内容的知识载体，是用来实现语文教学目标，发挥语文教育功能的物质基础。在众多的语文课程资源和材料中，语文教材无疑是最为基础和重要的课程资源。因此在新课改的背景下应该正确地认识和使用语文教材，树立正确而清晰的语文教材观念，对提高教学质量，实现语文教学目标，促进学生健康成长具有重要深远的意义。

一、语文教材的概念和功能

（一）语文教材的概念

语文教材的概念有广义和狭义之分。广义的语文教材是泛指一切可以用于语文教和学的言语材料。除了语文教科书，讲义、讲授提纲以外，还包括语文教学指导书、参考书、练习册、习题集、课程辅导资料、课外阅读文选、幻灯片、投影片、声像磁带、教学挂图、表格、卡片等，也包括语文教学大纲和课程标准。狭义的语文教材专指语文教科书（语文课本）。从语文教学实际看，学生接受语文知识、训练语文能力、积淀语文素养，其主要凭借语文教科书，即师生所熟悉的语文课本。

（二）语文教材的作用

完整的语文教材应该包括课文系统、图像系统、提示系统和作业系统共同完成。完整的语文教材的作用也是多种多样的，具体可以从以下几点来分析：

1. 从教师方面看，它是传授知识、训练能力的教学主导材料，是教学的最有价值的工具。它能使教师的教学能力得到提高，使教学质量得以改变。

2. 从学生方面看，它是最重要的必读读物，是吸收知识的主要源泉，也是思考和语言训练的主要范本。它帮助学生学习，并使他们得到技能训练和教育培养。

3. 从编者方面看，它是语文教育研究工作的一个结晶。它能反映自己的一般教育观念和学识水平，表明自己的审美观和设计技巧，同时还能够推动某种语文教育思想和学术流派的发展。

4. 队政府方面看，它是国家控制下的一种精神产物，它是反映政治经济制度和文化技术水平的一面镜子。它能适应国家的政治思想需要，促进民族的团结和国家的统一。

二、从语文课程视角下看语文教材

语文教材作为最重要的语文资源，在语文课程中占有重要地位。然而，过去的中国教育一直在关注语文教学和语文教材，而对于语文课程关注较少，尤其是缺乏课程意识。因此，在新课改的背景下我们应该从语文课程的角度思考语文教材，对比传统的语文教材与现在的新语文教材，从中呈现新教材的主要特色。

（一）新教材应该以学生发展为本

新课程的理念就是促进每一位学生的全面发展，强调学生的主体地位。新教材都比较好地演绎了新课程标准中关于课程的理念，对教材设计者而言，学生不再是教材的被动的受体，而是对教材进行能动的实践创造的主体；教材不再是只追求对教育经验的完美的预设，而是要为学生留有发展的余地。

以往语文教材的设计，很少考虑学生的因素。一些教材受到难度和深度等限制，仅仅是教师“教”的材料。离开教师的帮助，学生对教材的学习和理解有着不可逾越的困难。

新课程的教材设计赋予学生主体地位，作为学生学习活动的主要媒介，教材不再是金规玉律，而是学生使用的材料，注重从学生的兴趣出发，选择一些有趣的新鲜的课文，激发学生的读书欲望。除此之外，新课程下的教材还注重从学生已有的经验出发，紧密地联系学生生活，提高学生知识的运用能力和在日常生活的紧密链接。

传统教材坚持文质兼美，然而在反映社会生活方面有所欠缺。新课程下的语文教材在坚持选文标准的同时，把一部分注意力转移到了语文在实际生活中的应用，让学生能够在学习中亲近生活，联系生活。

（二）新教材注重学生的言语实践活动

从“课程”的学习观来看，语文学习不是封闭的、静态的、单纯追求“结果”的学习，而是一个开放的、动态的，以“过程”为取向的学习。以此来观照语文教材的设计，我们发现传统语文教材缺乏为学生创设言语实践的生动活泼的情境；缺少让学生承担有实际意义的言语交际任务；缺少提供在具体的语言环境中的开展言语实践的机会。即使有少量的言语实践的活动，也往往局限于听和说的训练。而新教材则全面整合语文学习的诸多要素，言语实践不再是局部的、单项的，而是包括阅读、写作、口语交际、综合性学习融为一体的综合实践活动。这种设计既加强了语文与社会生活的联系，又沟通了语文内部各个要素之间的联系，使语文学习的空间更为开阔，构成了一个开放性的言语实践场。

新教材几乎在每一单元后都设置了“写作、口语交际、综合性学习”这样的语文综合实践活动。如，“人教版”七年级上册第六单元“追寻人类起源”的综合实践活动包括：搜集整理关于神创造人类的神话并在班级讲述；搜集从猿进化到人的资料完成进化表格；讨论“神创造人类”；搜集人类起源说的资料并与同学交流；作文；参考资料（上帝造人的宗教神话、进化论与“神创论”的激烈论争、关于人类起源的两种新说法）。语文综合实践活动的设计为教师和学生提供了一个更广阔的对话平台，同时官对学生搜集整理信息、口头表达、合作探究以及写作等方面能力的培养和提高大有裨益。

（三）新教材全面培养学生的语文素养

在我国新一轮基础教育语文课程改革中，语文课程目标首次按“知识和能力”、“过程和方法”、“情感、态度和价值观”这三个维度设计，实现了语文课程改革重大的飞跃。当语文教材的具体编制能很好地体现这三维目标时，人们就会清楚地看出新教材和传统语文教材的显著区别。传统语文教材的编写往往偏重于语文“知识和能力”，把语文知识凝固为固定的知识点，把语文能力局限于读和写（听说能力形同虚设），这种单一维度的设计，把形成能力的生动过程理解为呆板单调的知识背诵和记忆，排斥了学生的思考过程和个性，剥离了语文学习过程和学习结果之间的内在联系。新教材则把协助学生建构认知结构的“过程”作为语文教材编制不可缺失的一个重要维度，不仅仅关注语文学习结果，更关注语文学习过程和方法，以及学习过程中的情感、态度和价值观，体现了语文学习的综合性、整体性、实践性。

（四）新教材努力体现时代性、基础性和选择性

为了适应高中教育发展的趋势，适应社会对人才的多样化需求和学生对语文教育的不同期待，高中语文课程必须体现时代性、基础性和选择性，即要在义务教育的基础上，使学生的语文素养普遍获得进一步提高，同时也要为具有不同需求的学生提供更大的发展空间。因此，需要建设一个新的高中语文课程结构和实施机制。高中语文课程包括必修课程和选修课程两部分。

课程标准关于教科书的编写建议，一共有以下十条：

（1）教科书编写要以马克思主义为指导，坚持面向现代化、面向世界、面向未来；贯彻国家课程改革的精神，落实《普通高中语文课程标准（实验稿）》的要求，全面达到高中语文教育的各项目标。

（2）教科书编写应以教育科学理论为指导，充分体现时代特点和现代意识，要重视继承和弘扬中华民族优秀文化，理解和尊重多元文化，要有助于学生增强民族自尊心和爱国情感，有助于树立正确的世界观、人生观和价值观。

（3）教科书要适应高中学生身心发展的特点，符合语文能力形成和发展的规律，要有助于培养学生的实践能力和创新精神，有助于形成学生良好的个性和健全的

人格。

（4）教科书应突出语文课程的特点，要便于指导学生自学。内容的确定和教学方法的选择，都要有利于学生自主、合作与探究地学习，掌握自学的方法，养成自学的习惯，不断提高独立学习和探究的能力。

（5）教科书选文要具有时代性和典范性，富于文化内涵，文质兼美，丰富多样，难易适度，能激发学生的学习兴趣，开阔学生的眼界。

（6）教科书的体例和呈现方式应灵活多样，避免模式化。要注重设计体验性活动和研究性学习专题，有助于学生创造性地学习。

（7）教科书应有开放性，在合理安排课程计划和课程内容的基础上，给地方、学校和教师留有开发和选择的空间，也要给学生留出选择和拓展的余地，以满足不同学生学习和发展的需要。

（8）教科书要重视现代信息技术的运用。

（9）必修课教科书，可以将课程内容综合设计成五个模块；也可以按“阅读与鉴赏”、“表达与交流”的目标分编，供学校在教学中自行组合成五个模块。

（10）选修课教科书，可以根据五个系列的课程目标，在每个系列中设计若干选修模块进行编写。学校也可以选用现成的图书作为教科书。

从已经通过教育部审查的实验教科书来看，它们在贯彻落实上述课程标准建议的同时，也正在努力形成自己的特色。

三、语文教材的使用方法

语文教师与语文教材的关系非常特殊，一方面语文教师制约着语文教材，教材产生什么样的效果，在相当程度上取决于老师的使用方法；另一方面，教材反过来也会制约教师，影响教师的教学目标、教学设计和教学方法等。因此处理好语文教师和语文教材的关系非常有必要，一个优秀的语文教师应该做到认真合理而又灵活自如地运用教材。

（一）围绕教学目标来处理教材

关于教材，首先应该明晰的一点就是教材并不完全等同于教学内容或课程内容，教师需要对教材进行加工、提炼和选择，明确选文在语文教学活动中的价值和地位。

语文教学既有宏观目标也有微观目标。对语文教学的目标任务，多年来，从工具性与人文性之争，一直到言语教学论的提出，众说纷纭。作为语文教师，应当关注这些争鸣，以廓清语文教学前进的方向。应当遵循语文各学段课程标准所涉及的总体目标与阶段目标，按照教材要求，设计科学适度的单元目标和课节目标。教材的编写不是无序、杂乱的，它严格按照语文教学的目标任务和语文学习规律进行的。

一篇文章，其文本价值是丰富的，可一旦作为教材篇目出现，教师就不能把它所有的价值都陈列出来，更不能依从个人好恶，过分挖掘自己喜欢的东西。因为当它作为教材使用时，就具有特定的教学价值。为何放在此单元而不放在彼单元？为何放在初中而不放在高中？从教材编写来说，编者用意非常清楚：选文服务于教学。同一篇课文，你重点品味语言，我埋头分析人物，他全力挖掘主题，侧重点不同，教学任务各异，貌似百花齐放，异彩纷呈，实际上并不可取。

当某个文本放在具体的单元、学段时，它的教学教育广角价值是指向具体课程目标的，这种“指向”决定了相应的教学必然存在一些“共性”，这是授课教师必须正视并尊重的，偏离、抛弃这种“共性”，显然违背该学科课程标准，也降低了它在相应单元和学段的功效。

（二）针对语文特点灵活运用语文教材

语文教育是母语教育，语文课程具有丰富的人文内涵，语文教材中的选文，多数带有强烈的个人情感和主观色彩，由于个人的知识背景，思想修养，生活经验，观察视角的差异，面对同样的选文，会有不同的理解和感受，因此语文教学就特别关注学生的个性化情感体验和独特的理解感受。语文教育具有很强的实践性，语文课程的目标指向学生的语文实践能力，即听、说、读、写能力，而这些能力的获取，非在母语环境中历练实践而不可得。这也正所谓“语文学习的外延等于生活的外延”。

鉴于此，语文教学中，能否对构成语文教材的主体——选文进行活用，就决定了语文教学的有效与否。语文教材的活用不是简单地把教材内容改一改，顺序调一调，而是要贴近生活进行语言训练，将语文课堂与生活实践的联系打通，是要关注每个学生语文学习的体验与积累，使每个学生在共同的语文课堂上，感受属于自己的语文教材，积淀终身受用的语文素养。

（三）厚积薄发吃透教材

语文教师要用好教材，还需要不断地加强知识积累，提高语文素养。例如，语文教师的“背功”是积累知识的有效方法，对学生也起到示范和引领作用，它会使学生激发学习语文的兴趣，领略语文教师和语文教学的神采与魅力。这种“背功”作为语文教师的看家本领，应当大力提倡。现在，一提教学，不少人感兴趣的是教育智慧、教学情境、师生互动、课堂建构等。谁要是强调注重教学基本功，认真钻研教材，就显得土气，就是抱残守缺，就是不与时俱进。当前，课堂教学华而不实、流于形式的东西太多，让人感觉到课上得不实在、不厚重。只有吃透语文教材，对教材内容了然于心，教学设计的方向、梯度、有效度才有保证。基于此，再去琢磨教学艺术才有意义。没有对教材的深入钻研，也根本设计不出恰当的教学方法和教学环节，更谈不上真正去“用教材教”了。

（四）优化语文教材

语文教材不仅是语文教学之本，更应该是帮助学生自主学习、引导学生学会学习、促进学生创造性学习的助手。教材是用来学习的，要把教材作为教学资源尤其是作为学习资源而使用，教材更应该是学材。教师自身是教学资源的创造者、承载者，是一个在专业活动中不断地通过反思建构自身专业知识的反思性实践者。一位优秀的教师，应努力把教材优化成学材。当然，这样的要求对教师来说似乎太高了，教学效果不应单方面取决于教师个人的素质，还包括教材质量、学生学习状态等。

语文教师应该“把教师对教材的理解教给学生”转移到“把教师理解教材的方式教给学生”。如果学生也能经历教师备课时所经历的那番发现、受阻、突破、洞悉.也就能够享量阅读中的陷入困惑以及疑惑得解、云开雾散的精神愉悦了。

总是，作为语文教学资源中的重中之重，语文教材应该被教师好好利用和开发，发挥语文教材的应有功效，不断促进语文教学的健康发展。

第三节　语文教学资料

语文教学资料，是指在语文教学大纲指导下，引用、编写或制作的一切供教学中使用的资料。它是以教科书为核心的辅助教材，是教科书的必要的补充部分。

一、语文教学资料的内容

在传统的语文教育中，语文教学资料主要是指语文教科书。随着新时代的到来以及新课改的要求，语文教学资料已经不再局限于语文教科书，而是语文教学中使用的一切资料。为了满足实现实现教学目标，搜集、编写、仿制或创造教科书以外的资料是必需的，特别是像语文这样有着广泛社会性的综合学科，就不单一般的要求具备资料，而且要求涉及领域宽广、手段多样的资料。在一些情况下，资料还可以当作教科书使用，如报纸材料、电影剪辑、录音材料等。

语文教学中的资料，总的可以区分为两大类，即文字图形资料和声像资料。

文字资料，可以列出来的主要有：

（1）党中央和国务院发布的关于教育的决议、指示；

（2）教委发布的指示、说明；

（3）教育局、处和教育院、校发的有关文件、材料；

（4）教育研究机构发表的报告、总结；

（5）教育出版部门发行的教学指导书、资料；

（6）高等学校的科研成果；

（7）报刊出版单位的有关刊物；

（8）教育学会、研究会的研究材料；

（9）学校积累的有关报告、资料；

（10）教育图书、辞典、年表；

（11）国家出版社出版的地图、年表。

声像资料，主要有幻灯、电影、电视、录音带、录像带等。

资料中，最经常使用、最被重视的是教师的教学指导书和学生的学习指导书。

在语文教学中使用资料，应持积极而慎重的态度。一要积极，即努力搜集、整理、编写和制作资料，以使教学内容充实丰富、生动活泼，进而切实、有效地实现教学目标。二要慎重，首先要使资料配合教科书，而不要取代教科书；其次要注意资料的价值，因而要很好地选择和使用。

总体来说语文教学材料主要分为语文教材和教辅资料，上一节中已经几种探讨了语文教材的使用方法和原则，如下着重分析语文教辅资料的使用。

二，语文教辅资料使用的基本原则

教辅资料的产生和蓬勃兴起，无论是对语文教学的提升，还是对学生学习效果的促进，其作用都是不容置疑的。它立足于教材，对教材提供的知识信息进一步挖掘和拓展，是对教材信息的必要总结和有益补充。教辅的正面作用已无须赘言，语文学科由于其自身的特点，也使得它比其他学科更多的借助于教辅的补充功能。然而，许多语文教师和学生却因此过分迷信教辅资料作用，忽视了课堂教学和自主学习。不负责任的教师，会完全依靠教辅资料代替作业，对教辅资料不加选择完全被动地接受和利用；学生也相信利用教辅资料就能够解决所有知识问题，对教辅提供的答案，单纯利用并依靠它代替自己的独立思考。这种现象的的广泛存在，使我们有必要对语文教辅资料的使用建立起自己的原则和尺度。而“以人为本”“以生为本”“自主学习”的二期课改精神，学生主动地位的肯定，更呼唤着我们在教辅资料的使用上给学生必要的指导，让学生从盲目的被动使用变为有目标性的主动利用。

语文教辅资料的使用应该遵循如下原则：

（一）需要提倡的就是适用性、多样化原则

经营教辅资料是一种商业行为而非教育行为，商家组织编写、发行教辅资料，更多的是考虑市场利益，而不是教育本身。为了经营品牌，他们总是找名牌学校的精英

教师编写，并以此为标志证明自己品牌的质量。名牌学校的精英教师，在知识教学和学习指导方面具有较多的经验，这是值得肯定的。但教育本身具有许多特殊性，学生使用教辅资料，根本目的是辅助自己学习知识，而我国各地教育发展很不平衡，就是同一地区也有一般学校和重点学校的差别，同一学校也有学优生和学困生的差异。新课程改革，也要求在教育不平衡的基础上，承认学生的差异，使各种学生都能够在自身的基础上获得发展。

它首先承认了教育资源的多样性和教育发展的不平衡，其次承认了学生自身的差异带来的教育服务的差异，在此思想指导下，努力为各类学生的发展提供机会。因此，学校统一征订教辅的做法是不科学的，它既违背了“因材施教、因生施教”的原则，也有悖于新课改的基本理念。对于原有的统一征订的教辅资料，要根据自己的学生实际，对教辅资料进行加工、分类和改造，使之能够和学生的学习实际相适应。有条件的学校、有能力的教师，还可以开发适合自己学生学习实际的多层次、高水平的教辅资料。

（二）坚持适时性、适度性原则

在语文教学中，课前的预习显得非常重要，那么如何取得更好的预习效果就成了教师和学生的一致追求。如果教师此时难以自我总结、提炼相关方法，就可以借助教辅资料。如有的教辅资料就设计了“经典提问”板块，将本课时的重点内容以生动的提问方式表现出来，既符合了学生的学习心理，又让学生方便快捷地掌握了所学内容，这就是适时性原则的体现。

学好语文，阅读和作文技巧的掌握是两个关键性的板块，上海语文教学和考试中更是注重这两方面。而要想轻松顺利的完成这两个部分学习要求，不依靠课外的教辅资料是很难以实现的，需要学生在课外阅读一些经典文章、采集一定数量的写作素材，训练解答相关的阅读习题。这里面就有一个量的把握的问题，并不是越多越好，而需要教师根据实际情况适时指导、适度规定相关数量。

（三）要求检测性与提升性并重

和其他语文学科不同的是，语文知识的积累重在平时，社会现象和人的生活现实就是一个大语文，因此，语文知识的检测是随时都在进行的。当然，教辅资料所提供的系统性的、规范性的检测也必不可少，它是应对各式、各级考试的必备技能，这和新课标理念本身也是不矛盾的。考试也是一种技能，只是学习不能完全为了应付考试。教辅中还有不少对课本知识的提升内容，因为毕竟教材里涵盖的内容有限，教材选取的范文也因各种时间和其他取向上的限制，很难满足语文教学中的各层次的需求，学生在掌握好语文教材相关知识的基础之上，有必要进行一些自我提升，才能更轻松的面对今后的学习。教师更需要不断的通过教辅提供的相关提升训练，努力完善自身的教学技能，“倒给学生一碗水，教师要有一桶水”，我们要的还不是一桶不变的死水，要是不断更新的活水，语文教师尤其如此，因为我们不仅传授着知识，也传承着文明。

第四节　语文教学计划

教学计划即课程计划，是课程设置的整体规划，它规定不同课程类型相互结构的方式，也规定了不同课程在管理学习方式的要求及其所占比例，同时，对学校的教学、生产劳动、课外活动等作出全面安排，具体规定了学校应设置的学科、课程开设的顺序及课时分配，并对学期、学年、假期进行划分。课程计划作为教育主管部门制订的有关学校教育教学工作的指导性文件，体现了国家对学校的统一要求，是组织学校活动的基本纲领和重要依据。

一、教学计划的概念

教学计划是根据一定的教育目的和培养目标制定的教学和教育工作的指导文件。它决定着教学内容总的方向和总的结构，并对有关学校的教学、教育活动，生产劳动和课外活动校外活动等各方面作出全面安排，具体规定一定学校的学科设置、各门学科的教学顺序、教学时数以及各种活动等。教学计划、教学大纲和教科书互相联系，共同反映教学内容。

二、教学计划的内容

（一）教学科目的设置

开设哪些学科是课程计划的中心问题。中小学的教学科目设置，基本以科学的分类为依据，并选择其中最一般的、对青少年一代最必需的科学知识构成学科。

需要明确的是，学校课程中的学科和科学既有联系又有区别。学科是根据学校的任务、学生年龄特征和发展水平，选择必须掌握的某门科学的基础知识所组成的教学科目，是某门科学中的基础性内容，也是学生发展成长中必须学习的内容，是经过教育学加工以后的产物，具有教育功能。而科学则是反映自然、社会、思维客观规律的分科知识体系，它不仅在叙述范围及性质上与学科不同，在叙述的程序上也不一样，科学是从一般理论的结构和原理出发，而学科则多是从具体事物和现象的描述开始，然后转向关系、定义、规律的提示。课程计划中的各门学科由于它们的对象、任务不同，知识范围、性质也不一样，但都是必要的和重要的。

（二）学科顺序

课程计划中设置的各门学科不能同时齐头并进，也不宜单科独进，一定要按规定年限、学科内容、各门学科之间的衔接、学生的发展水平，由易到难，由简到繁，合理安排，使先学的学科为以后学习的学科奠定基础，同时学的学科之间能相互沟通，并满足学生多方面发展的需要。

（三）课时分配

课时分配包括各学科的总时数，每一门学科各学年（或学期）的授课时数和周学时等。应根据学科的性质、作用、教材的份量和难易程度，恰当地分配各门学科的课时数。

（四）学年编制和学周安排

学年阶段的划分、各个学期的教学周数、学生参加生产劳动的时间、假期和节日的规定等，这是学校工作正常进行的保证。我国学校一般均为秋季招生与始业，一学年分为两个学期，学期之间有寒假或暑假。

三、语文教学计划的编制原则

语文教学必须着眼于提高学生的思想道德素质和科学文化素养，着眼于提高学生正确理解和运用祖国语言文字的水平。以《教学大纲》为准绳，认真贯彻“课改”精神，教、学好必修课文和语文知识，进行有效的读、写、听、说训练，切实培养学生阅读和表达能力：使学生汲取课文中的实用语言、艺术语言、文学语言的丰富养料；同时，通过语文材料的熏陶感染，陶冶审美情趣，培养社会主义道德情操和爱国报国的革命情怀。在制定语文学科学期教学计划时，要兼顾以下几项原则：

（一）适应性原则

考虑所任班学生的实际情况，他们的语文基础、语文能力、情感态度、意志兴趣等因素，根据学期教学目标，构建“知识 - 能力 - 素质”比例协调、结构合理的学期计划，使教学计划适应学生，利于学生完成学习目标。既要保证教育目的的全面实现，又要适应不同文本和不同学生的发展需要，体现课程结构的综合性、均衡性和选择性。

（二）发展性原则

语文教学计划的制定必须贯彻国家的教育方针，努力使全体学生实现“德、智、体、美”和谐、全面的发展，正确处理好思想与行为、知识与能力、理论与实践、学习与健康的关系，提高学生的综合素质，保证培养规格的实现，同时要使学生具有一定的可持续发展的能力，充分体现高中语文教学功能。除此之外，语文教师也要处理好教学计划与教学内容、目标及方法等的关系，保证教学计划的完成是为了促进语文课程的发展，而不是限制和约束。

（三）应用性原则

学期计划要有针对性、实用性，重点突出语文能力的某个方面，侧重“听、说、读、写”所达程度，学以致用，使学生在学期内熟练掌握某种语文技能，在学习、生活、工作中得心应手的运用。在教学计划中虽然要以教学为主，但是也要遵循全面安排全面发展的原则。将学生的理论和知识学习运用到实践活动中去，比如强化学生的口语交际教学和写作教学，联系实际生活，能够在生活中熟练应用。

（四）整合性原则

制定学期教学计划要充分考虑校内外可利用的教学资源的合理配置。选修课程、校本课程、语文读本等在教学计划中要占一定的比例。各门课程的地位、边界、目标清晰，衔接合理，教学内容应有效组合、合理排序，各班可根据自身的优势，在教学内容、课程设置和教学要求上有所侧重，发挥特色。

比如说，语文教材是由一篇篇课文组成的，进行单元教学时，1. 要从整体上把握，把相同体裁的课文合并为一个单元集中教学，把一个个训练点化于一篇篇文章之中，而且根据知识训练序列的要求，对文章的顺序作适当的调整。对知识短文也从整体性原则出发进行重新组合，穿插于合并单元或非合并单元之中，与教材、读写训练融为一体，改变那种知识短文与教材与训练要求有时衔接不紧，甚至脱钩的现象。2. 从培养能力出发，改变传统的教学结构。从整体性原则出发，这主要是一个处理教材的问题，要取得好的教学效果，关键是如何借助教材教给学生语文墓础知识，培养他们的各种能力。如培养他们良好的读书习惯，会查字典词典，阅谈中知道如何进行圈点、勾划、评点，以及摘抄、提问、质疑，培养学生创造思维的能力等。3. 注重单元小结，引导学生同中求异，掌握规律并运用这些规律指导自己的阅读和写作。至于小结的内容，必须服从于本单元本册的训练重点这一整体，并不是盲目地孤立地小结，也不是面面俱到。

四、语文学科学期教学计划的有效执行策略

在学期教学计划制定原则的指导下，有效落实计划的实施，具体做到：

（一）转变教学观念，强化语文功能。

语文素质在人的全部素质中占有很重要的分量。教师要充分认识语文学科的素质教育作用，自觉地承担起语文素质的培养功能（包括学习素质、品德素质、审美素

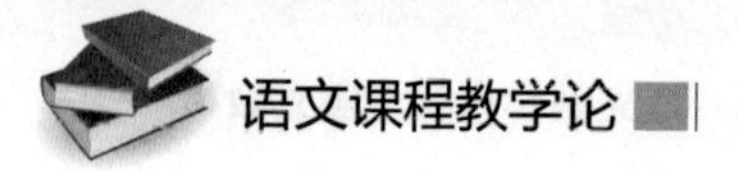

质、思维素质、交际素质的培养功能），使学生会学习、会做人、会审美、会思考、会交际。语文教学必须坚持以学生为主，以导学为主，以实践为主的思想。牢固树立“大语文”观念，切实开展研究性学习活动，摆脱“教本主义”的樊笼，开辟“学本主义”的天地。语文教师既要注重学生学习过程的愉悦，更要注重学生学习结果的充实。

（二）学习教学大纲，了解课程标准，明确教学目标。

任课教师要强化大纲意识，确立整体观念，立足本学年，瞻顾全学段。不仅自己要熟知本年段和整个学段教学目标，弄清教材的知识点和能力标高，贯穿于教学实践中，而且要使学生明白《大纲》的要求，使其在语文学习中自觉朝着《大纲》规定的目标奋进。要坚决消除教学活动的随意性和盲目性，减少无效劳动，以保证高效益地完成教学、训练任务，切实提高读写基本能力，发展学生智能。教师要在成就学生的同时，也成就自己和学校。

（三）强化教学常规，提高教学效率。

教师必须认真备课、精心设计。编制教案、学案，做到：1. 教育目标和能力目标明确；2. 知识、能力及语文实践活动内容具体落实；3. 教法安排和学法指导实在可行；4. 重点难点清楚、教学过程明晰；5. 版书设计实用。教师要改进教法、讲究效果，尽可能增大课堂容量和信息密度，引导学生动手动脑动口，为学生自主学习创设良好的情境和条件，要努力帮助学生克服“不愿学、不勤学、不会学”的现象，力求在 45 分钟内给学生具体、实惠的知识和相应的能力。

训练要落实: 1. 教师要精心选择、组织训练题，做到每课有练习，单元有检测(单元检测统一由县中心组编印）。2. 凡要求学生做的教师必须先做；3. 所有训练教师都必须收、查、改、评，不得简单地公布答案了事；4. 中心组编印的单元目标检测必须全收全改，及时评讲，并针对学生的缺漏点，补充一定巩固、补火题加以强化。要培养学生良好的学习品质和习惯：规规矩矩地写字，仔仔细细地读书，踏踏实实地练习，认认真真地写作，随时留心观察、广泛涉猎，自觉动脑动手，积极创造性学习。该记的、该写的、该背的、该说的、该操作的，务求掌握。要特别注意学生创新思维和创造能力的培养。

（四）加强集体研究，开展教学竞赛。

既要强调整体效应，又要发挥教师个人才智。各备课组每周至少集中研究一次，每个教学单元至少两次集中备课（一次为单元教学目标、内容、重难点、教法学法及训练等的备课，一次为训练检测后评讲的备课），备课组每学期至少要有一个研究课题，组织一次教研课，要求每个教师一周听同组教师一节课，做到相互切磋；各备课组长应设计集中研究和集中备课的会议纪要表，作好记载。

附：学期研究专题推荐：1. 高中语文课程标准与我的教学实践。2. 如何培养学生语文兴趣，提高学生语文素养。3. 如何提高学生语文阅读水平。4. 如何快速提高学生写作水平。5. 如何处好主导与主体的关系。6. 课外阅读活动的有效开展。

（五）强化表达训练，提高写作档次。

表达是交际能力的重要方面，在现代生活中具有十分重要的作用。口头表达要做到语音准确、仪态大方、说话得体。书面表达要书写规范、美观、无错别字；内容充实、中心明确突出；语言通畅、得体，生动丰富；结构完整、严紧，布局合理。总之，要培养学生"出口成章"、"下笔成文"的表达本领。课堂作文教学要提高效率、提高档次，坚决克服无序状态，做到有目的、有计划地提高学生书面表达水平：要促进学生做到

"三勤"：勤观察、勤积累、勤练笔；要帮助学生作文达到"五好"：好的标题、好的头尾、好的内容、好的语言、好的文面。

（六）加强阅读导引，切实提高能力。

阅读是提高语文素质的重要手段，阅读教学也是语文教学的"重头戏"。阅读教学要重视思维能力的培养，重视阅读方法的点拨，重视质疑、批判精神的倡导。要克服那种洋洋洒洒、不着边际的分析和千篇一律程式化的归纳或贴标签式的简单判定的倾向。要切实用好《语文读本》，《读本》必须读完，读好。还要从课外增加阅读量，文、史、科技广泛涉猎，拓宽视野。要保证学生课外阅读的时间，要用多种方式促进课外阅读活动的开展。加强课外阅读的指导和督促：如推荐好作品、开办读书笔会、举行赏评讲座、开展争鸣讨论等。要组织学生订阅高品位的语文报刊：如《新课程报·语文导刊》（高中分年级版）、《语文报》（高中分年级版）、《中华活页文选》（高中版）、《考试报》、《作文报》、《中学生阅读》……，可以不组织学生购买习题资料，但必须组织学生订阅合适的语文报刊。要学生人手一份，品种不可一样，以便交流，互动互惠。7. 加强集体备课，统一教学进度，突出单元教学重点及学期训练重点，经常对照学期教学计划检查落实情况，确保计划的有效实施，以期完成教学目标。

第四章 不同语文课程的教学

语文课程是语文教学的主要内容，针对不同的语文课程应该采用不同的语文教学方式。不同类型文本的阅读教学在意义、要求、、目标和方法上都不尽相同，有所差别，因此教师在针对不同文本时应该有所侧重。本书主要从常识性课程、略读课程、古诗文与读文课程、写作教学、口语交际教学和诵读教学六方面来分别分析。

第一节　常识性课程教学

常识性课文是以介绍自然、地理、历史、卫生、科技等知识为内容的文章，在小学语文教材中占有一定的比例。这类课文对向小学生传播科学知识，培养他们爱科学、学科学的兴趣和志向有着重要的作用。因此，常识性课文的教学应该得到应有的重视。本文就小学常识性课文的教学谈谈自己的一些看法、做法。

一、常识性课文教学目标的确定

首先，常识性课文的内容都具有较强的科学性，按照事物发生、发展和变化的客观规律或事物本身的特性，把科学知识通过比较形象的方式介绍给学生。通过教学不仅要使学生获得比较准确的科学知识，而且在知识传授和积累的过程中，使他们逐步树立辩证的、唯物的世界观。因此，这类课文的教学，应该把培养学生正确的思想方法作为教学目标中重要的一个方面。

其次，常识性课文不同于一般的科普说明文，文艺性是这类课文的特点之一，通常是通过文艺性的描述或通过记叙一则小故事来说明某种科学常识或道理。如《海底世界》通过对海洋中各类生物的形象描写，让学生从中感受到海底世界的奇妙。因此，在这类课文的教学中必须重视引导学生对语言文字的理解，这既包括对所运用的语言准确性、形象性的理解，同时也包括对语言的逻辑性的理解。这也是常识课文教学的另一个目标所在。

最后，常识性课文往往借助拟人化的写法，使抽象的知识通俗易懂，有着较强的趣味性，能够引起学生探究新知识的欲望。在教学中不仅要将课文中的常识教正确，使学生了解科学知识，而且还要激发学生探究自然现象的兴趣。这也是常识性课文教学的目标之一。在以上常识性课文教学目标的三方面中，第一点侧重于思想品德的教育；第二点属于语文知识的教学及语文能力训练的范畴；第三点则是科学知识的了解，兴趣的培养。这三方面共同构成了常识性课文完整的教育教学体系，因此每一方面都不能偏废。

二、常识性课文的教学建议

（一）发挥课堂阅读的示范作用

略读、浏览等阅读方法的习得，离不开精读课文教学中教师的精心引领和指导，更离不开略读课文教学中教师更为放手的真正以学生为“第一阅读实践者”的自读自悟、自主探究的实践活动。叶圣陶先生说，“学生在校的时候，为了需要与兴趣，须在课本或选文以外阅读旁的书籍文章：他日出校之后，为了需要与兴趣，一辈子须阅读各种书籍文章：这种阅读都是所谓应用，使学生在这方面打定根基，养成习惯，全在国文课的略读。如果只注意于精读，而忽略了略读，功夫便只做得一半”。让学生实践、锤炼略读。浏览等阅读方法，提高阅读能力，悬略读课文教学的重要的取向。

学会了按照“是什么”、“为什么”、“怎么样”的阅读思路去阅读报刊杂志、小说名著等，要读一些课外的优秀的杂志和经典作品。

在教学中，教师应引导学生把从精读课文学习中习得的基本方法、基本能力用于阅读实践，逐步培养独立阅读的能力，将学生逐步渡向独立阅读的彼岸。“阅读是文章实践能力的一个方面。只有通过读者自身反复地、长期地历练，达到了自动化的程度，才能真正养成阅读技巧。”课堂上学生掌握的基本阅读方法，有助于学生针对不同的阅读对象采取不同的阅读策略。比如通过略读，可以用较少的时间阅读大量的书刊，从而扩大自己的知识面，获得对有关读物的总的认识，便于以后需要的时候查找，可以在很短的时间内指导一篇文章或一本书的基本内容，从而确定它是否需要精读，或是那些地方需要精读。

（二）拓展课外阅读

早在20世纪70年代吕叔湘就提出，“……10年的时间，2700多课时用来学习本国语文，却是大多数不过关，岂非咄咄怪事？”“少数语文水平较好的学生，你问他的经验，异口同声说是得益于课外看书。”如何提高语文阅读教学的效率，用较少的时间取得更好的成绩。

如何才能让学生热爱阅读，提高他们的阅读兴趣呢？阅读兴趣高涨表现为课外阅读时数增多，平均阅读书籍量增多，最喜爱的数目增多，阅读总册数骤增等。有调

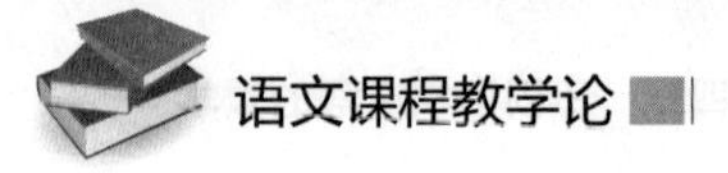

查报告指出，学生阅读阅读兴趣高涨期不是从某个年级开始持续上涨并一直保持下去，也不是上升到某点而垂直下降，实际上要维持一段时间，出现一个高涨期。这一兴趣高涨期一半出现在小学五年级和初一、二年级。3 教师可以抓住学生的这一特征对同学在课外阅读上多加指导，让学生感到阅读的快乐。

《课程标准》还在其他许多部分提到课外阅读问题，如在“教学建议”部分，提出要“培养学生广泛的阅读兴趣，扩大阅读面，增加阅读量，提倡少做题，多读书，好读书，读好书，读整本的书，鼓励学生自主选择阅读材料”。所以在教学中只读课本上的篇目是不够的，还必须扩展到课外。

叶圣陶先生在《略读指导举隅》中有关略读的论述是针对学生去读整本书而言的，现在我们在课堂上教给学生的仅仅是“单篇短什”，这不仅是课堂教学的固定和限制，但是老师就根据这些“单篇短什”来让学生由“走近”我们所知道的“单篇短什”中的知识和内容，为学生进一步“走进”更广阔的阅读空间提供方法指导，激发他们阅读的欲望，去阅读更多的“单篇短什”和长篇巨著。

（三）提高教师理论和阅读素养

著名语言学家吕叔湘先生说过，“教学，就是教学生学，主要不是把现成的知识教给学生，而是把学习的方法教给学生”。新形势下的教师，应成为科研型、专家型的教师，不仅“能”教，而且“会”教；不仅要精通本专业知识，还要了解相关的边缘知识；不仅要钻研新的理论、新的思想，还要善于总结在教育实践中获得的经验与体会，并力求将感性认识上升到理性认识，从而指导自己更好地实践。语文教师的读书情况不容乐观，跳出语文为考而教的圈子，广泛的涉猎，坚定地走在阅读的路上，让自己站得更高，才能看得更远。

2001 年的《全日制义务教育语文课程标准》在九年义务教育中要求，学生的阅读量要达到 400 万字的阅读总量，初中就要求至少 260 万字的阅读量，面对众多的阅读材料，学生更是无从下手，所以就需要教师的指导和推荐。叶圣陶先生也提出了略读内容最好全班用统一的教材，“精读可以用同一的教材，为什么略读就不能？班级制度的一切办法，总之以中材为标准；凡是忠于职务，深知学生的教师，必能选取适合于中材的教材，供学生略读；这就没有能力够不够的问题。同时，所取教材必能不但适应学生的一般兴趣，并且切合教育的中心意义：这就没有兴趣合不合的问题。所以，略读同一的教材是无弊的，只要教师能够忠于职务，能够深知学生。”教师首先要自己先阅读一些材料，来结合语文学习确定学生必须读的材料。

略读课文教学，就是要充分发挥学生的主动性，教师也要对教材有充分的把握和理解，教师必须要有真实阅读的意识。要多想想自己平时是怎么阅读的、怎么思考的、怎么用阅读来进行学习的，再引导学生经历真实的阅读过程。就像李镇西老师在课下备课时就会反复读、反复琢磨，在阅读过程中学生会遇到怎样的问题和障碍，以学生的思维来备课，然后引导学生达到自己的教学目标。教师对教材的理解影响学生对教材的理解水平，教师要读懂教材、读透教材，并且要与实际生活相联系，更好地促进学生对语文学习的感受力，增强学生观察的敏锐性。

第二节　略读课程教学

阅读教学是初中语文教学的“重头戏”。在现行的初中语文教材中，课文分精读课文与略读课文两类。这两类课文各占教材中课文比例二分之一左右，前一类课文侧重于让学生学习掌握阅读、分析同类文章的方法与规律，给学生以“知”：后一类课文侧重于让学生运用习得的阅读方法、规律等进行阅读实践，实现“知”向“行”的转化。这两类课文都是培养学生阅读能力不可分割的一部分，只有教好这两类课文，才能实现单元教学目标，才能体现出单元教学的整体性、科学性，切实提高学生的阅读能力。

一、略读及略读课文的概念

（一）略读的概念

有关略读的概念，目前官方并没有给出权威的解释，但是从以往的文献中，我们可以找到不少相关表述。一般来说，受到专家们广泛认可的略读大概有两个方面的涵义，一个是作为阅读的方法之一，另一个则是作为一种课型。略读作为一种阅读方法，比较权威的说法是李德成在《阅读词典》中对略读的解释：“略读，就是泛读，是一种不求深入精研，只求概览大意的读书法，其基本特点是‘观其大略’。”而略读作为一种阅读方法，也有广义狭义两种意义。从广义上说，略读就是各种快速阅读方法的总称，其中包括浏览、速度、跳读等。从狭义上说，略读就是不全篇精细的阅读文章，而是快速的从所读文章中提取所需信息，粗知文章大意，提纲挈领，不必逐字揣摩的阅读方法。略读作为一种课型，可见于叶圣陶在《略读指导举隅》中说：“学生从精读方面得到种种经验，应用这些经验，自己去读长篇巨著以及其他的单篇短作，不再需要教师的详细指导，这就是‘略读’。”也就说，略读作为一种课型时，是指教师在课堂中教授学生快速阅读的方法，培养学生快速阅读的能力。并以此为契机，活跃学生的思维，培养学生自主阅读的习惯，扩大学生的知识面和阅读量。

（二）略读与其他阅读方法的比较

略读的概念与精读、浏览等既有相似又有区别，必须明确区分，这样才有利于对略读这一概念的准确理解。首先是略读与精读。夏丏尊在《怎样阅读》中曾说：“阅读通常分为两种，一是略读，一是精读，略读的目的在理解，在收得内容；精读的目的在揣摩、在鉴赏。”也就是说，略读和精度的主要区别在于二者的对文本的关注不同。精读关注的是阅读的深度，着重于对文章的细节的探讨，着重于鉴赏。而略读关注的则是阅读的广度，着重于对文章的整体把握，着重于理解。6 其次是略读与浏览。略读与浏览都是快速阅读方法的一种，也有学者将二者不加区分。比如北京师范大学的郑国民教授就认为“略读就是浏览、涉猎”。其实，仔细分析一下，两者虽有相像之处，但还是可以加以区别的。浏览的目的实在最短的时间内尽可能多的从文本中获得大量信息，浏览关注的是文本中的零散信息。而略读则是在短时间内理解整个文本，关注的是文本的整体。如今我们已经进入了信息社会，各种信息通过多种媒体渠道呈现在人类面前。想要从各种琐碎信息中提取到我们所需的，这就要求我们拥有能高效、快速提取信息的能力。也就说，不管略读能力是以哪种方式出现，它都是我们现代人不可或缺的一种阅读能力。同时，略读能力是现代社会对语文能力的新要求。

（三）略读课文的概念

2001 年颁布的新课标中，随着精读课文这一概念的提出，略读课文也应运而生。但略读课文的含义究竟是什么，新课标却没有给出详细的解释。于是关于略读课文的概念也是众说纷纭，甚至有人提出，略读课文就是运用略读方法阅读的课文。这种说法显然是片面的。众所周知，语文教材是语文教学的载体，一个地区语文教学质量的好坏往往与当地使用的语文教材有着密切的联系。略读课文既然出现在多个版本的教材中，我们就不能简单的去看待它，而是要将略读课文所表现出来的意义准确的传达给学生，提高学生的语文素养。虽然对于略读课文的概念说法各不相同，但略读课文所具有的特点却是有目共睹的。第一点，也是略读课文与精读课文最大的区别，就是略读课文有很强的应用性。在学习略读课文时，需要把在精读课文中学到的相关知识、技能加以运用，所以，略读课文都具有很强的应用性。第二点是整体性，略读课文比不是孤立存在的，它与精读课文一样，与整个学习单元甚至是整本教材在教学思想上都是一体的，所以，略读课文也有整体性。最后一点，略读课文也具有很强的文学性，在写作手法以及思想内容上都是经过精心挑选的，都是文学大家的经典作品，可以很好地提高学生的文学修养。

（四）精读课文与略读课文的联系

精读课文和略读课文是迷不可分的，它们共同承担了语文教学的任务。略读课文一般都跟在精读课文之后，精读课文教授知识，略读课文提高能力，精读课文与略读课文一起构成了一个整体。

随着这些年语文教育家们对略读课文教学的研究，许多人认识到略读课文教学的作用不仅仅在于它是语文课型必不可少的一种，更认识到略读课文教学对于培养学生独立的阅读能力有着不可或缺的作用。但是，现在的教育现状是，由于各种原因，精读课文的光环掩盖了略读课文，使略读课文教学的重要性被忽略。其实略读课文教学与精读课文教学同样重要，两类课文各有千秋，缺一不可。众所周知，理论学习的最终归属是实践，而精读课文和略读课文就类似于这种关系。也就是说，精读课文教学重在知识的传授，略读课文教学重在能力的养成。教师们通过精读课文教学，将语文知识、策略、方法教授给学生，学生吸收内化后，教师再通过略读课文的教学，让学生把所学知识加以运用，老师在课堂上检验、评价，还可以根据学生的表现对已有精读课文的教学进行调整，总之略读课文教学和精读课文教学都需要教师花费时间和精力去精心准备，认真进行，适当反思，做到精略得当，才能让学生语文素养得到真正的提高。

二、高中语文略读课文教学存在的问题

现阶段，高中语文教材应经全面实行精读课文和略读课文同时存在。所以，教师在教学过程中也应该略读课文和精读课文同时教授。然而略读课文到底该怎么上，略读课文教学到底该怎样进行，许多高中教师却并不清楚。这就造成了高中语文略读课文教学存在精读化、随意化、省略化的误区。

（一）略读课文教学精读化

有些略读课文从写作形式到写作内容，从遣词造句到结构安排，从客观描写到主观表达，都有其独特的魅力，这就让语文老师在教学实践中有细致分析的冲动。再加上有些教师因为不了解略读课文教学自身的课型特点，或是因为没有意识到略读课文与精读课文的区别，不能很好地把握略读课课文教学的尺度，将略读课文的讲课等同于精读课，花费了同精读课一样的时间和精力，从写作形式到写作内容，从遣词造句到结构安排，从客观描写到主观表达，无一不讲，无一不精。而在教学方法上，也在采用精读课常用的方法，逐字逐段分析，面面俱到，没有重点；讲读为主，灌输为主；使学生的阅读能力不能很好地提高。这就类似于每天都吃下大量的精细食品却缺少粗粮进行调节，久而久之必定消化功能受到损害。

（二）略读课文教学随意化

略读课文教学随意化是指，错误地理解了“略读”中的“略”字，认为略读课文教学就是粗略地教学，甚至是可以忽略地教学。所以，教师在教授是也将教学模式粗略甚至忽略，采取随意化教学方式，教师课前进行简单的备课，课上随心所欲地组织、引导，任学生随意读，读完了就教完了，至于学生学到了什么则不予关注。有的教师

在教学实践中只是把课文中的字词作为重点，或者要求学生背字词、文学常识、参考用书中答案及所谓的重点，对于课文则是只读一遍就草草结束，学生连课文都没有多少印象，跟别说品味鉴赏。这样看来，略读课文是教了，但实际上是一种应付式教学。从表面上看，这种教学模式似乎是以学生为主体，课堂也似乎更加民主与开放，似乎形成了略读课文独有的教学特色。其实学生的阅读只停留在初读阶段，正如同过眼云烟。当然，有自学能力的学生或许可以稍微深入阅读并提出疑难问题，然而绝大多数学生则漫无目的，浮光掠影，根本达不到教学要求，阅读能力的培养更无从谈起，阅读能力的培养更无从谈起，这就造成了教而不教，读而未读的无效结果。

（三）略读课文教学省略化

在有些教师的头脑中，“略”指“简单、略微”，理所当然，“略读”就是简单地读一读，略微知道大意即可。于是一些教师便略读课文将其视为“闲文”置于课外，于是就有了“忽略”略读课文教学的念头，任由学生自己去读。同时，由于高中课时比较紧张，而且略读课文一般不作为高考的篇目，部分教师觉得把更多的时和精力投入到精读课文教学才更有“价值”，才能够更直接地看到教学的成果。于是很多教师就把略读课文当作家庭作业让学生课下阅读，或干脆删去不教，使“略读”等同于课外自读，甚至等同于无。这样，略读课文教学中的“略”就被一些教师等同于“省略”。

从以上存在的问题可以看出，很多语文教师在教学的实际操作中，对精读课文的教学往往“深有研究”，而对略读课文的教学，则往往“有甚了了”．感到无可适从：不是条分缕析，面面俱到，就是蜻蜓点水。一读带过，甚至是对其撒手不管，教学的随意性较强。《语文课程标准》在“教学建议”中明确要求教师：“应创造性地理解和使用教材，积极开发课程资源，灵活运用多种教学策略，引导学生在实践中学会学习”，它强调了语文教学应注重制订教学策略。所谓教学策略指的是“教学的策略和谋划，即为实现某个教学目标而制定实施的综合性设计方案。它通过教学方法、教学模式和教学手段得以体现”。中略读课文的阅读教学，应当根据初中生的心理特点，遵循教学和学习规律，以新的教学理论和学习理论作为策略制定的依据，进而制定出灵活的教学策略．引导学生在实践中学会学习。只有这样，才能从根本上克服学生的阅读能力提高缓慢的状况．把提高学生的阅读能力落到实处。根据教学过程的一般步骤，教学策略的制定一般应包括以下三个方面。

第一，学习目标定向策略

叶圣陶先生说过：“无论学什么学科，都应该预先清楚为什么要学习它，认清楚了，一切努力才有目标．有方向，不至于盲目地胡搅一阵。”）从心理学角度说，恰当的学习目标，对学习者具有导向和激励的作用。因此．在学生学习活动开展之前，教师要引导学生明确学习目标。学习目标明确，学生学习课文时就不会感到盲目，避免重复、无效劳动或知识的疏漏．而且会使学生产生阅读期待，为下一步进行自主阅读做准备确定学习目标的方式如下：

第二，师生共同确定学习目标

师生共同确定学习目标．是指在确定学习目标时．教师通过引导学生回顾单元学习目标和单元学习目标在精读课中的体现，或通过引导学生阅读“阅读提示”或“单元说明”，想一想它们向我们提出了什么问题．使学生明白略读课文应该“知”什么，从而确定所要学习的略读课文的学习目标。在确定学习目标前，教师先引导学生回顾之前学习的精读课文的学习方法：先疏通文意，了解故事情节。然后依据故事探究其中揭示的深刻道理：再指导学生根据这个学习方法确定学习目标。教师还可根据学生的学习情况增加问题．如愚公为什么要移山？围绕愚公移山有哪几种不同的态度？你怎么看待愚公的“愚”、智叟的“智”？这些问题，都有助于引导学生确定学习目标。这样，就使精读课文教学与略读课文教学浑然一体，体现单元教学的整体性、系统性。

第三，学生自定学习目标

《学会生存》一书指出：“我们应使学习者成为教育活动的中心：随着他的成熟程度允许他有越来越大的自由；由他自己决定他要学习什么，他要如何学习以及在什么地方学习与受训。这应成为一条原则。”依据这一原则．略读课文学习目标的确定，也可由学生自定。在确定学习目标时，学生可把课后练习作为学习目标，也可以“单元说明”中提出的问题为切入点．以这些问题确定学习目标，还可通过与学生交流，让生生提出疑难问题来确定学习目标。总之，学习目标是学习活动的方向标，学生明确了学习的目标．就会激起对新课文的学习兴趣，迅速进入学习状态．提高学习效率。这一环节在课堂教学中绝不能被忽视、被放弃。

三、语文略读课文教学策略探究

语文略读课文教学的成功实现，需要有切实可行的实施策略作为保障。但教学策略不同与教学方法，不是可以在课堂上套用的公式化程序。语文略读课文教学的实施策略不能在课堂上直接套用，但如果教师真的在脑海中形成了策略体系，就可以灵活地将其运用高中语文略读课文教学中去，让每一节略读课文教学既不偏离它本身的核心精神，又充分凸显它特有的特色。通过对新课标、教材和相关资料的研究以及对教育经验的总结，我提出以下策略。

（一）“双主”策略

所谓的“双主”就是坚持教师主导和学生主体，这是语文略读课文教学最基本的策略，也是最重要的策略，坚持“双主”策略是成功实施语文略读课文教学的基础。

1. 尊重学生的主体性

既然略读课文的设置是为了培养学生的自主阅读能力，那么略读课文教学就必须要尊重学生的主体性。这也是这个原则是否成功遵守的核心。所以，在语文略读课文教学中，教师要尽量创造条件，让学生能够独立的思考。在精读课文的教学中，主要是体现的教师的主体作用。因为这时候学生的知识和经验积累还不够，不能独立完成教学任务，需要教师指导。但略读课文在教材中安排在精读课文之后，这时候学生已经有了一定的阅读积累，所以，教师要让学生尽量独立的完成教学任务，这也能让学生学得的知识在实践中得以巩固。

2. 坚持教师的指导

当然，尊重学生的主体性，并不是指教师完全放手给学生完全自由，教师必须给予学生适当的指导。

也就是说，教师的指导需要适度，只需在关键时刻起到点拨作用。教师的指导要对教学的目标、方法等进行指导，这是最基本的，教师给学生做了“路灯”，学生的学习才能顺利进行。除此之外，教师的引导还要起到调动学生的学习兴趣和积极性，让学生可以主动的成为课堂的主导者。另外，教师指导的目的还在于帮助学生养成好的阅读习惯，进而发展自主阅读的能力

（二）“双向”策略

所谓的“双向”策略就是指在语文略读课文教学过程中，不能将语文略读课文的教学孤立出来，要从两个方向入手，一是从整个单元的要求，另一个是从本单元的精读课文的教学要求。略读课文不是独立于教材之外的，所以，略读课文教学也不能从语文教学的整体中 14 分离出来，需要精读课文教学以及整个单元教学互相配合，共同完成语文教学的任务，这样略读课文教学才能达到最好的效果。

1. 单元要求的方向现行教材的编排形式大多是一单元或主题为一个模块，每个单元或模块在彼此联系、共同承担整本教材的功能的同时，彼此之间又有一定的独立性，每个单元都有自己的重点，有自己的教学目标和要求。而略读课文既然作为单元中的一部分，那么在对略读课文进行教学时，就需要结合单元的重点来制定教学的重点。在每个单元略读课文教学之前都要仔细研究单元要求，在教学的过程之中既要完成略读课文本身的教学任务，又要考虑整个单元的教学任务，二者必须兼顾。同时，略读课文的教学目标，内容、形式、方法等的设定都需要结合单元目标，只有这样才能实现略读课文教学的意义。

2. 精读课文教学的方向在前面我们总结过，语文略读课文教学与精读课文教学相比较而言，更注重学生应用能力和主动性的培养，所以略读课文教学的重心并不在

于教授学生语文知识，而是指导学生把在精读课文上学到的知识加以运用、巩固，并积极的加以内化，让知识转化为能力。就教学而言，精读是主体，略读只是补充；但是就效果而言，精读是准备，略读才是应用。所以，教师在进行略读课文教学的时候，必须要与精读课文相配合，让学生有机会实践中内化知识。同时，略读课文教学的教学目标尽量不要与精读课文的教学目标雷同，而是在结合略读课文本身特点的基础上比精读课文有所拓展和提高。教学过程中使用的教学方法也要比精读课文教学中使用的更灵活，同时对于与精读课文教学相似的内容加以整合，在学生脑海中形成体系化理论。

（三）能力为重策略

前面已经提过，语文略读课文除了在培养学生的语文素养上有不可替代的作用外，更多的是它对学生自主阅读能力的提高作用不容小觑。现在的语文教学处处在提倡关注语文能力的培养，那么，充分发挥略读课文教学的作用无疑是一个很好的途径。我们常常说："授之以鱼，不如授之以渔。"所以学生语文能力的提高才是语文教学的终极目标。语文精读课文教学的重点是放在语文知识的讲解上，所以，略读课文的教学的重心就应更多的偏向学生语文能力的提高上来。并且培养的能力不仅仅局限于略读能力，而是包括略读、精读、浏览等阅读方面的能力，还要有分析问题、鉴赏文本能力，甚至还有审美能力、自我教育能力等。

（四）精略结合策略

略读课文教学并不是对整篇课文都略讲，而是要精讲略讲相互配合，相互补充，精略得当。

1. 知识讲解从略对课文中的字词、段落、文章结构等不需要全面详细的讲解，只需抓住个别重难点，方法上要重在点拨和实际训练与拓展练习。一定要在尽量短的时间内让学生先对课文有粗略的、整体的感知。感知的时候还要注意，尽量让学生有所思考，形成自己的感知体验，教师只需在适时的时候给予引导，让学生不偏离主题即可。

2. 情感体验从精既然略读课文教学重在学生的自我充实训练，那么，教师在这一方面的教学就应该多下功夫，从精教学。教师应该精心设计教学，让学生能在在略读课文教学的过程中充分运用自己积累的各种经验，在自主学习中丰富情感体验。让每个学生都能自己主动的参与到课堂教学活动中来，扎实的掌握语文知识，切实的提高语文能力，全面的提升语文素养。

（五）整体性策略

语文略读课文教学的实施策略是贯穿课前准备、课堂教学和课后反思的一整套

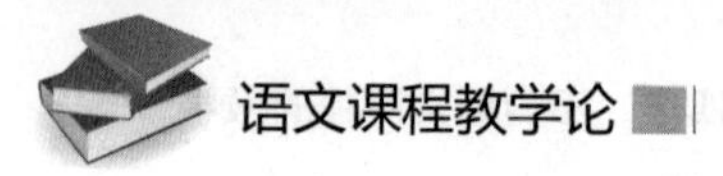

实施系统。所以，语文略读课文教学不是只在课堂上教好学生即可，而是要从备课阶段开始一直贯穿至评价阶段，只有运用好这个策略，整个语文略读课文才能算成功，所以，完整教学策略是高中语文略读课文教学策略的重中之重。

1. 课前准备

俗话说：工欲善其事，必先利其器。要想成功完成语文略读课文的教学，必须充分做好课前准备。语文教师首先要从理论上武装自己，让自己具备略读课文教学的基本素质。同时，在脑海中形成科学可行的略读教学课堂实施计划，保证语文略读课文教学的顺利实施。

（1）全面备课

①全面有目的的提高略读课文的教学素养

语文教师想要进行略读课文教学，必须先要提高自己的略读课文理论修养。首先要全面的阅读有关略读课文教学的知识，并充分理解。其次，要钻研有关略读课文教学的理论，形成有关语文略读课文教学的理论体系。最后，要在平常的教学实践过程中积累知识，不断完善自己的教学理论体系，提高略读课文教学能力。

②全面有深度地备教材

教材是教师教学必不可少的重要材料，也是教师教学的依据。对于略读课文教学来说，教材中的略读课文就是教学的核心，所以在对略读课文教学进行备课时一定要认真仔细的研读课文，这也是教学活动的基础。首先使初读课文。在这个过程中，教师需要放下教师的身份，抛弃为了教学的心理，仅以普通读者的身份去赏析课文，先对课文有一个整体的、客观的感知，现在自己的内心建立起对课文的阅读感知。然后是研读课文。在这一过程中，教师就要以教育者的身份对略读课文进行研读。教师需要带着目的去阅读文本，需要一边阅读一边对略读课文进行梳理，确定略读课文教学的核心，整理出略读课文教学的重难点，并在脑海里形成课堂教学的大概过程。当然，研读课文不是一个独立的过程，需要考虑略读课文教学的特点，学生的身心特点；还需要与整本教材相结合，与实际生活相联系，着眼于语文实践能力的培养和的学生主体意识的提升，体现出高中语文略读课文教学的独特性和优越性。最后，深读课文。深读课文时教师要把自己想象成为高中的学生，用学生的眼光来理解文本。通过深度的阅读，揣摩出学生学习的心理状态，然后从学生的视角找出略读课文教学的切入点，选择适当的方式方法，力求让学生在理想的状态下完成教学任务，实现教学目标，达到教师的预期。

③全面而有针对性的备学生

首先，要全面地了解全体学生。素质教育要求教师全面关注学生，关注全体学生，略读课文教学也必须遵守这个要求。语文略读课文教学与精度课文教学相比，更注重学生主体性的培养。所以，为了更好的发挥学生的主体能动性，教师必须全面的了解每一个学生，力求在略读课文的教学过程中每一个学生都能够充分的参与到课堂教学中来；力求每一个学生的语文能力都能得到提升。

在兼顾全面的同时，也要注重学生的个体差异，有针对性的进行语文略读课文的教学，做到因材施教。所以，教师需要积极与学生交流，善于与学生沟通，了解每一位同学的兴趣、爱好和特长，在略读课文教学的过程中，有针对性的提出学习任务，培养学生的个性话语文能力。

（2）指导学生的实践性预习

高中阶段的的课文大都有一定的难度，略读课文也不例外。因此，课前预习课堂教学顺利实施重要保证。而语文略读课文教学的课前预习除了对文章的大体内容和文章结构等的基本问题的预习外，还要提出实践性的预习。

所谓实践性的预习，就是让每个学生根据自己对课文的理解，提出自己的问题，并根据自己的知识经验的积累，在课前对这些问题进行解答并将无法解答的问题定为课文的重难点。如果教师在上课之前能指导学生做好实践性的预习，那么在进行略读课文课堂教学的过程中，每个学生都能各抒己见，既发挥了学生的主体性，又能兼顾每个学生的需求，让学生困惑都能得到解答。当然，学生的预习不是漫无目的的，所谓教师指导下的实践性预习就是教师要在学生预习前给予一定的指导，给学生限定一个大体的范围。但注意不要指导的过于具体，以免限制学生的思维。

（3）设计抽象简明的教学目标教学目标的设置，直接影响教学的成败。语文略读课文教学的教学目标设计也是如此。要想突出语文略读课文教学的特点与优势，教学目标的设计必须抽象、简明。所谓抽象，就是指教学目标的设计不要过于具体，要从略读课文的整体上入手进行设计，重在体现出略读课文教学的精神，不需要对略读课文的细节作出具体的要求。所谓简明，就是指略读课文教学目标的要设计简单明了，不可啰嗦含糊。首先，目标的设计明确重点，重在点出本节略读课文教学的核心。其次，教学目标的设计要简单，点到即可，不需要详细说明。

2. 课堂教学

做好了课前的准备工作，略读课文教学就可以进行了。语文略读课文教学的核心环节就是略读课文的课堂教学，同时，课堂教学也是现代教育的基本形式。虽然每一次的课堂教学只有短短 45 分钟，但是如果能将这些时间充分有效的利用，对学生的影响而是不可估量的。所以，掌握教学策略就等于掌握了使语文略读课文课堂教学有效进行的法宝。

（1）以讨论交流的方式进行预习检查

既然在课前指导了学生的预习，那么预习检查就是必不可少的。预习检查可以让教师了解学生对课文的掌握情况，对教学进行及时的调整。但是高中语文略读课文教学的预习检查比价特殊，不是用教师提问的方法，而是组织学生自问自答。自问自答的方式有两种：一种是学生提出预习时遇到的难点并说明自己是怎样解决这些难点的；另一种是学生提出预习时未能解决的难题，请其他同学给予解答。这样做既能让教师了解学生对课文的理解程度，又能发挥学生的主体作用，同时养成学生积极参与课堂教学的习惯，还可以培养学生的交际能力，可谓一举多得。

（2）创设问题情境进行导入

语文课堂教学是多种多样的，在选择时要结合课文的特点。而在高中教师在进行语文略读课文教学时应该用创设问题的方式进行导入。我们都知道，在初中高中阶段，学生的思维水平还停留在直观阶段，用图片、音频、视频等进行导入效果更好。但到了高中阶段，学生的抽象思维能力趋于成熟，所以导入的方式也应该更抽象。同时，基于语文略读课文教学的特点，创设合适的问题情境符合高中学生的思维特点，又能充分调动学生学习的兴趣和好奇心，让学生积极主动的将注意力集中于课堂，为课文教学的正式开始打好基础。

（3）运用更灵活多样的教学方式

在语文精读课文的教学过程中，教师大都采用传统的讲读的教学方式，这无可厚非，因为精读课文教学重在让学生掌握语文知识。特别是在高中阶段，语文教学任务比较繁重，采用讲读的方式可以让学生在最短的时间内尽可能多的掌握知识。但是对于略读课文教学来说，其目的更在于调动学生的积极性，培养学生的实践能力，所以教学方式必须多样化，并要随时根据教学的进行和学生的实际情况进行灵活的调整。比如采取听说读写四位一体的教学方式，既能调动学生的所有感官进行学习，又使整个课堂教学充满活力。

（4）教师引导更注重情感体验

教师在语文精读课文教学中的引导往往是知识与方法方面的，但对于略读课文教学，教师就应该将引导的重点放到情感体验上来。因为高中语文略读课文教学的重点之一就是丰富学生的情感体验，而且，由于学生在精读课文学习时有了比较丰富的知识经验积累，在学习略读课文时，不会在知识与方法上遇到太大的障碍。但由于高中学生的社会经验不够丰富，他们在情感体验时往往比较肤浅甚至幼稚，所以教师需要在这个时候对学生进行及时适度的引导，帮助学生提高情感体验的水平。

（5）课堂练习以实际训练为途径

略读课文教学虽然在作用上已经是精读课文教学的运用，但是略读课文教学需要通过课堂练习对运用进行巩固，并且略读课文教学是以实际训练作为课堂练习的途径。比如说在学习《记梁任公先生的一次演讲》这篇课文时，可以当堂进行人物刻画的短文写作联系来巩固刻画人物的写作方法。也可以从课外找一篇同样是写人的小短文让学生当场分析来巩固对通过对人物的描写来分析人物特点的赏析方法。

3. 课后评价反思

我们常说，教学是一门遗憾的艺术，永远不会有绝对完美无缺的一堂课。但是，我们虽然不能创造最好，但是却可以追求更好，所以对教学的评价和反思就想的尤为重要。对于高中语文略读课文教学来说，由于命题出现较晚，理论不够完善，每一次教学的评价和反思都是一次珍贵的经验，都是以后语文略读课文教学的宝贵的资源，也是教师进行略读课文教学能力提高第一手材料。

（1）关注能力、以学生为主体的课后评价

要对课堂教学进行反思，首先要对教学效果进行评价。高中语文略读课文教学的评价是以能力提高为标准，同时让学生作为评价的主体，而教师则是评价的对象。

①学生能力的提高程度作为评价的标准

高中语文略读课文教学的评价标准在于学生能力的提高程度。教师需要根据教学目标，比对学生课堂或课后的实践练习效果，判断教学的效果。同时要根据学生的能力提高情况对教学过程进行分析，找出优缺点，将优总结为经验，在今后教学中发扬光大；将缺点整理为教训，在教学中尽量避免。

②让学生成为评价主体来对教师进行评价

在高中语文略读课文的教学中，学生主体性是贯穿适中的，始于课堂教学前的预习阶段，终于课堂教学后的反思评价阶段。所以，在评价时也必须发挥学生的主体性，让学生成为教学评价的主体。这样，在教学反思阶段，教师就可以充分的考虑到学生的需求，使略读课文教学真正成为一切为了学生的教学。

（2）重在改进语文教师略读课文教学实践能力的反思

对于高中语文略读课文教学的反思不只是理论上的，更加是实践上的。因此，对于高中语文略读课文教学的反思必须能够直接运用于教学实践中，必须能够切实的提高教师的略读课文教学能力。所以，教师在进行反思的时候，需要在结合评价的结果的基础上，提高语文略读课文的教学实践能力，需要做到每进行一次反思，都能在下一次教学中表现出明显的进步。

第三节　古诗文与读文教学

古诗文是中华民族的文化遗产，在语文课程中占有很大的比重。自古以来，读文教学是语文教学的有效方法之一，尤其是在古诗文阅读教学中运用得有位广泛。在教学中，诵读是学生个体通过大脑感知，视觉传人，声带发音，听觉监听，大脑辨别等不断循环往返的过程。诵读者对文字材料诵读越熟，体会就越深。意义就越明白，正所谓“书读百遍，其意自现”也。

然而，从当下的古诗词教学情况来看，无论是受应试影响把古诗词作为敲门砖的教学，还是受意识形态影响把古诗词作为“载道”的教学，都已经远远不能适应新课改背景下素质教育的需要了。重新认识古诗词在人文素养培养中的地位，探索接受美学下高中古诗词教学的策略，是每个语文教师必须直面的问题。

一、古诗文的教学策略

（一）提高教师的综合素质

教师在教学活动中居主导地位，这已是人们的共识。从古诗词教学看，现状的不尽如人意，固然有多方面的原因，但如果从执教者直接因素考虑，教师综合素质欠缺可能也是古诗词教学徘徊在如此水平的原因之一。

1.培养对古诗词的热爱之情

要上好古诗词，并让学生喜欢古诗词，首先教师自己就要热爱古诗词。有人认为诗学就是情学，认为诗是心灵的燃烧，古人就称做诗为“吟咏情性”。课堂上，教师讲解诗词时最重要的就是自己要进入角色，并付之以感情和激情。如果教师总是以冷冰冰的旁观者的身份来朗读、讲析、鉴赏，久而久之学生自然就会索然寡味。老师上课时如若精力充沛，情绪高昂，学生对古诗词的热爱之情瞬时充盈胸际，学生对古诗词的兴趣就会油然而生。

2. 提高古典文学修养和美学素养

美国心理学家加涅在谈到“各种习得的能力和倾向”时说：“为了学习任何一项言语信息而进行的教学，其最重要的特点是提供和这项信息联系在一起的或者可以配合起来的更大的有意义的知识。”教师如果仅仅局限在对文本、教参知识的掌握上，那是远远不够的。如果不多读一些典籍、文艺作品及美学方面的书籍，不了解文学鉴赏和审美技巧，不具备基本的古典文学修养和美学素养的话，恐怕是很难把古诗词讲深讲透讲好的。只有拥有丰富的学识，教学中才能左右逢源、得心应手。一个不爱读书的教师是不会受到学生的喜爱的；一个缺乏知识背景的课堂，也只能是乏味的课堂。试想，如果你不了解苏轼，不了解其词境界阔大，词风清旷，不了解词中留给后人想象可谓空前绝后的艺术性空白，你是很难体悟“中秋词自东坡《水调歌头》一出，余词尽废”的高超境界的。

3. 更新古诗词教学理念

要让古诗词教学的课堂成为师生共同创造情景交融、诗意盎然的情境的天地，更新古诗词教学理念，确立学生的主体地位是关键。教师不再只是古诗词知识的传授者，而是要引领学生实现与诗词作品的对话，让学生成为诗词鉴赏的真正主体，使学生以独立的生命个体进入古诗词的情境中，以获得独特而鲜活的生命体验和审美愉悦；教师也不再只是拥有古诗词作家作品知识、写作背景、思想意义和艺术特色这些权威结论的发布者，而应该作为一个对阅读对象更为敏感的首席阅读者身份与学生一同走向经典，一同品味古诗词语言构筑的美的天地，用同样的激情去唤醒文字下面蕴积着的情怀；教师更不只是学生是否掌握知识的简单评判者，而是要引领学生通过赏析品味，来诗意地传达人文精神，提高他们感知美的能力，并真切地感受到古诗词学习所带给他们的情感熏陶和人文素养。

（二）丰富学生古诗词文学和美学积淀

1. 拓展古诗词学习途径

要丰富学生的古诗词文学积淀，就必须拓宽古诗词教学的时空领域，如课外可组织多种形式的朗诵会和朗诵赛，因为古诗词音韵流畅，朗诵吟咏起来，更能使人体会到其中蕴含的美，激发学生学习古诗词的兴趣。也可以通过每日一诗等形式来增加古诗词积累，通过改编表演（如《孔雀东南飞》、《雨霖铃》等）、举办诗社等活动，形式活泼多样，激发学生的兴趣。还可以结合旅游、对联等开展古诗词专题研究性学习，发挥学生学习古诗词的能动性和创造性。此外，还可以开设“中国古诗词鉴赏”等选修课程，比较系统地介绍诗词艺术的基础知识，介绍一些有关的书籍供学生阅读借鉴，观看大型电视系列片《唐之韵》等，以更好地指导学生欣赏古典诗词。

2. 丰富学生审美心理图式

任何人的审美行为都受他此前所拥有的认知结构的制约。心理学家反复证明了：我们永远倾向于看见和听见我们熟悉的东西，或者说我们看见的和听见的都是由记忆提供的。一个人受到审美对象的刺激，脑海中的记忆被唤醒，于是就有了审美的行为和情感。这些记忆深处的东西实际就是人的认知结构，皮亚杰用“图式”一词来描述它。审美心理图式就是人内化在心灵深处的审美心理结构。

高中生由于生活阅历还比较肤浅，对人生和社会的体验还比较欠缺，再加上古诗词阅读量小，缺少古诗词鉴赏能力等，他们的审美心理图式就显得不够丰富。为此，在古诗词教学中，教师应想方设法培养和拓展学生的期待视野，重构学生的审美心理图式。提高他们的情感感知力和体验力；细致、具体地发现古诗词的潜在含义；让学生掌握一定数量的用以进行解读鉴赏诗词的词汇，以提高学生领悟诗歌和鉴赏诗歌的水平。

在古诗文的教学中最为重要的教学方法就是读文。读文是我们传统语文教学和当下阅读的重要方法，语文新教学大纲也明确指出：“诵读是阅读教学中最经典最重要的训练，语文教学要重视朗读充分发挥诵读对理解课文内容、发展语言、陶冶情感的内容。因此，重点介绍古诗文中的诵读教学。

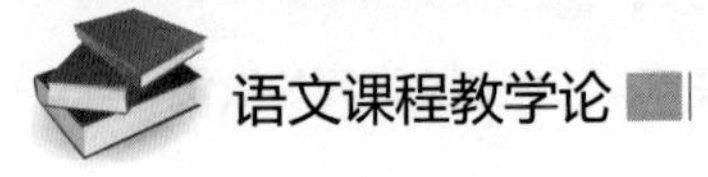

二、读文的意义

（一）通过读文，正音识字，规范语言

诵读古诗文首先要把字音读准古诗文中有大量文字障碍，如生僻字、多音多义字、通假字、异体字、异读字等等，只有通过反复诵读课文。让学生眼到心到口也到，认清字形，辩明词性，读准字音，才能很自然的掌握其含义，在文通字顺的同时掌握大量实词虚词，为日后独立阅读古诗文做好准备。当然．诵读古诗文时．读音一般应以现代汉语词典上的普通话标音为准，不必也不应拘泥于古音，对方言土语更应规范。

（二）通过读文加强背诵，积累名篇

诵读时，眼耳口并用是看和听的双重作用。古诗文所传输的内容及形式，时过境迁，字少意深，句法奥妙，难以形成识记敏感，学生死记硬背，不但费时费神，而且收效甚微。朱熹曾强调读书“不可牵强附会，只是要多诵数遍，自然上口，久远不忘”。毫无疑问，背诵是增强记忆力的最好方法，也是学好语文的一项基本功。古诗文中的名篇，语言精练、优美是学生学习语言的范例，是学生积累语言的较好的材料．也是学生提高语言素养的重要手段，我们必须让学生花大力气去诵读。熟读成诵，进而达到一字不差地背诵下来这样积少成多。从而使学生不但在名篇中思想得到提升。而且在作文和做人时“有米下锅”。真正实现教学改革地意图．真正达到素质教育的要求。

（三）运用读文培养学生兴趣，提高审美情趣

古诗文与现代生活相距甚远．但学生学古诗文的目的旨在批判地继承．取其精华。去其糟粕。高中语文课本所选的文言篇目，或记人叙事，或抒怀说理，均为历代名家之精品，其中蕴含的自然美、人文美、音韵美，只有通过诵读的再创造，让口耳开放起来。让心灵开放起来，在诵读中去感悟玩味，不断“反刍”，不断加深，才能为作品所感染，直至爱不释手，掩卷遐思；也只有这样，才能调动学生全部精力，积极愉快接受学习任务。有了学习任务，就有了学习的内驱力。优秀文言作品对学生情操的陶冶、心灵的感染，以及思想的启发教育作用，若通过诵读感受，往往比单纯的讲解更细致入微。更感人至深，一经诵读，也就了然于胸，溢于言表，学生正是从这诵读中，心领神会，获得极大满足．达到审美目的。

三、实施有效读文教学的策略

（一）充分做好预习，奠定有效读文基础

凡事预则立．不预则废对学生进行有效的预习指导是诵读教学的关键环节。作

为语文教师，特别是高中阶段的语文教师要对学生进行循序渐进式的预习指导．目的之一就是为了让学生通过预习文本．寻找和发现自己在初读过程中遇到的生字新词．通过查字典解决文章中的生字，为流利的诵读扫清障碍。“磨刀不误砍柴工”——重视课前预习是提高语文学习效率、养成良好学习习惯、培养自学能力、强化自主学习的最优化的学习方法。而诵读对教师而言．它既是教学手段也是教学目标：对学生来说．它既是语文能力也是学习方法。预习时的诵读应该是放声诵读。因为预习时的诵读不仅训练自己的发音。还可以通过语气的变换，加深对课文的理解。预习时诵读不受时间空间的限制．也不会有课堂当众诵读时面对大众的心理压力和紧张情绪，因此可以讲究语气、表情，甚至可以手舞脚踏，人情人境。只有通过学生预习时人情入境的诵读，才能更好地为课堂上体会文章的内涵，感悟课文的思想感情奠定坚实的基础。

（二）重视教师范读，明确有效读文目标

精彩的范读，能够很快地使学生进入文本，进入“角色”，同时受到感染和熏陶:精彩的范读，能够使抽象的文字符号发挥独特的形象性．引导学生全身心地进入课文角色；教师的范读可以滋润如细流、涓涓绵绵，给学生一种雨润禾苗般的纤浓美；可以奔涌似高山流水、飞流直下，给学生一种多姿多态的飞动美：可以澎湃如江流、气势磅礴，给学生一种激越雄壮的豪放美因此，作为语文教师必须重视教师的范读。认真地准备范读．用教师自己音调的高低起伏，语速的轻重缓急，表情的丰富变化。把学生带人生动形象的情境中。让学生听了以后，产生强烈的想读好的欲望．甚至与作者产生精神的共鸣．这就达到了以教师范读促进学生有效学习的目的

（三）注重文本的感悟，读出文学作品的美感

诵读让学生在默默读书、细细品味、静静思索。充分地与文本零距离接触：诵读让文字所代表的客观事物的图像在学生脑海中越来越清晰：诵读带领学生张开想象的翅膀．越来越深入地走进语言文字描绘的奇幻世界．不断感悟字里行间所蕴涵的思想感情人境悟情：诵读能促使学生主动融入阅读情境，感受语言的神奇、内容的丰富多彩，感悟美、体验美，从而促进学生阅读意识、能力与品质的提高：诵读能让学生从不同的角度对文本进行个性化的解读．领略文学的魅力．从而收获诵读的硕果。综上所述．在高中语文古诗文教学中。诵读是提高学生语文综合素质的有效手段，我们必须高度重视。只要树立为发展学生能力、智力而教学的观念。坚持诵读教学，把认真指导、训练与严格考察落到每一个古诗文教学的环节中去，持之以恒，就能提高语文教学质量。

四、读文的基本要求

语文新课程标准指出：诵读古代诗词，有意识地在积累、感悟和运用中，提高自己的欣赏品位和审美情趣。古人对“读”也有经典概括和诠释——“书读百遍，其义自见”“文章不厌百回读，熟读精思子自知”“读书破万卷，下笔如有神”“熟读唐诗三百首，不会作诗也会吟”等等。可见，诵读是提高古诗文教学有效性的关键。如何诵出层次，诵出韵味，诵出精神？我以为应抓住“四感”——语感、情感、美感和好感。那么在诵读中如何做到读出语感、情感、美感和好感呢？

（一）读文要读出语感

古诗文是我国古代的书面语形式，在时间和空间上都与现代人有距离。在阅读和理解方面存在不小的难度，“诵读”就是打破隔膜的利器。多诵，一定能诵出它的韵味。因为古诗文语言高度凝练，讲究声韵和谐。要诵出语感，首先要读准字音，读懂大致的文义；其次，要读出节奏，读出语气；再次，要读出感情。诵读的方式多种多样，可以听录音跟读、教师范读、全班齐读、小组合读、个人读、接龙读、分角色表演或比赛读。让一些读得好的同学表演读，然后大家反复练习是激发兴趣的一种很好的方式。

（二）读文要读出情感

“文章不是无情物”，反之情是古诗文的魂，它渗透在字里行间，与事、景交融，诸如爱国情、山水情、儿女情、朋友情、母子情等。教师只有带领学生尽情诵读，引导学生认真体味辨别，学生才会体会出作者的情，并产生共鸣，展开一定的联想和想象。如上《出师表》时，只有将心比心抱着掏心掏肺的心态、带着恳切无比的语气朗读才能体会得到《出师表》中诸葛亮“鞠躬尽瘁，死而后已”的良苦。读出情感这是诵读古诗文的第二个层次，很多学生停留在这个层要对一些难读出感情的句子做一些分析，并且反复地带领学生诵读。只要学生愿意开口，读个三五遍，感情就慢慢上来了。

（三）读文要读出美感

古诗文是一种精练的综合的文学艺术，它往往将文字、绘画、音乐有机地统一，借助有限的文字来表达一种和谐的意境：有的抑扬铿锵，有的缠绵悱恻，有的迭沓酣畅，有的悠扬明快，有的清新含蓄。只有反复诵读，才能体味出其中的味道。只有读出感情，才能把有形的方块文字，演绎成各种丰富的画面和意境，从中体会到美，感受到美。王维的《使至塞上》中“大漠孤烟直，长河落日圆”是千古名句。开始学生在诵读时很难读出感情，也不知道这句为什么是名句。后来，我请学生用简笔画把这句话的内容描述一下，并标出有哪些颜色，用了哪些线条。经过学生自己的分析，感受到一种画面的美感，好像受到震撼。再读的时候，感情即刻充沛了很多，还带出了一点意境。可以说学生不仅读懂了原诗，也读出了画面，读透了意境。下一步要学会赏析，具体地说，就是要分析体会蕴涵其中的思想情感，品味作品的艺术技巧，赏析的角度多样，可以针对整体做些风格、意境和思路的点评；也可以选取某句话来字词品味，修辞辨识。

（四）读文要读出好感

“拳不离手，曲不离口”，古诗文的诵读如果仅仅依靠课堂是远远不够的，一来古诗文的量很大，二来古诗文的阅读能力需要不断地实践提高。所以不仅要在课堂上读，还要把这种习惯培养到课外。那么只有让学生对古诗文的诵读“意犹未尽”，产生好感，才愿意自己在课外再接触。古语说“读之者尽而有余，久而更新”。可以在课的尾声掀起一个诵读高潮，让学生在精彩纷呈之中回味无穷。学生是真正成为阅读的主人，课堂诵读的精华，像一盏不灭的明灯，时时照亮和指引前方的路。如果，我们的古诗文教学能够达到这样的效果，才是高效而有意义的。也能为学生的终身学习，不断进步打下良好的基础。我国伟大的教育家叶圣陶曾说过；“诵读得法，不但了解作者说些什么，而且与作者心灵通了，无论兴味方面，或受用方面都有莫大的收获。”古诗文是中国古代文明的载体，是千百年来人类智慧的源泉。在教学中，通过加强诵读训练，不但极大地激发了学生学习古诗文的兴趣，而且背诵、理解的能力也有不同程度的提高。声情并茂的诵读，更可以直接把学生带入文章的意境，产生生动的联想和情感的共鸣，达到提高学生欣赏古诗文水平的目的。

第四节　各类文体与写作教学

写作教学是语文教学中一个重点部分，也是难点部分。而写作能力，是衡量语文教学质量的重要尺度，也是学好其他学科的基本能力。叶圣陶曾说：“作文是各科学习的成绩、各项课外活动的经验，以及平时思想品德的综合表现。”这段话恰切地指出了写作能力对学生全面发展的重要性。

一、写作教学的理念

写作教学是在教师的指导下，学生完成写作活动的过程。在这个过程中，学生提升写作素养，发展写作思维，培养良好的审美情趣。而教师应该广泛吸收当代先进的写作理念，遵循写作教学的基本理念。

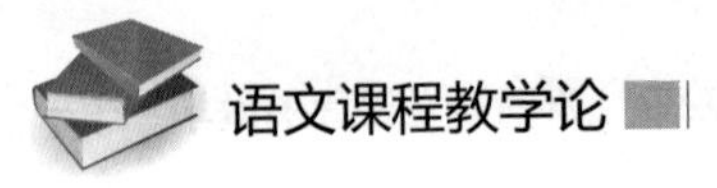

（一）广泛阅读，积累素材，引导学生体验生活

生活是写作的来源，学生的生活越丰富，体验越深刻，写作的基础也就越扎实。要不断丰富学生的生活，以此强化学生的直接情感体验。要引导学生将目光投向身边的人和事，通过细致观察，深入思考，以此积累写作最丰富的、最原始、最有生命力的第一手素材。

此外，要拓宽学生的阅读视野。直接的生活阅历毕竟是有限的，要让学生在阅读中汲取养料，丰富写作素材。鼓励学生开展课外阅读，有意识地引导学生交流活动，深化学生对阅读的理解，使学生在阅读中感悟生活，体验人生。

（二）注重培养学生良好的写作习惯和兴趣

写作兴趣是学生写作的前提，教师具体可以从以下几方面来激发学生的写作兴趣：

第一，丰富学生写作知识，充实学生写作内容。获得有关写作的知识经验，是擎生对写作产生兴趣的基本条件。但是这些知识经验不是空洞的内容，要让学生觉得写作是丰富多彩的活动，使学生体验到写作带来的愉悦。

第二，加强师生交流，促进情感融合。兴趣是带有情感的个性意识倾向性。激发写作兴趣还得借助情感的作用，语文教师要善于营造融洽的师生关系，用充满情感的语言打动学生，增强学生对写作的情感体验。

第三，运用多种有效的写作教学方法和教学手段。语文教师要善于改进写作教学的方法和手段，培养学生的写作兴趣。根据学生的年龄特点，有针对性地运用不同的写作教学方法，使学生在写作的过程中体验到自己的成长、写作能力的不断提升。

良好的写作习惯和语文学习其他习惯一样，对学生的发展影响深远。英国教育家洛克说：“一切教育都归纳为养成儿童良好的习惯”。习惯是经过练习所养成某种自动化的行为活动，是一种心理意识上的倾向性和惯性，是自我能动性的自觉体现。写作习惯是中小学生写作素养的重要组成部分。

学生良好的写作习惯是在长期写作过程中逐渐形成的。，写作教学要注重培养学生观察、积累、审题、构思的习惯，选材、立意、表达以及书写、修改习惯等，写作教学过程的每一个环节都是一个习惯养成的过程。写作习惯的培养要目标明确，注意克服不良习惯，反复实践，加强督促检查。良好的写作一旦养成，学生就不需要意志力和外在监督，从而形成一种心理惯性。中小学生处于写作起步阶段，良好的写作习惯可以为学生终生打下扎实的写作基础。

（三）重视学生创新能力及思维培养

关于学生的思维培养，叶圣陶老先生曾主张学生作文要“先想清楚然后再写”，他强调指出的就是写作时要先“想”，即要思考，再动笔，非常注重思维的训练。

中小学生的思维能力发展特点是非常显著的。抽象思维能力迅速得到发展，思维的品质不断地提升。从小学到中学，学生思维的广阔性和深刻性、独立性和批判性、敏捷性和灵活性等思维品质快速发展，尤其是思维的独立性和批判性发展更为显著，学生逐渐学会独立思考。

写作教学要注重对学生思维的敏捷性、广阔性、灵活性、深刻性、创造性和批判性等特征的培养。首先，加强思维方法的训练，培养良好的思维品质，使学生做到全面地而不是片面地看问题，本质地而不是表面地看问题；其次，加强对学生进行言语训练，学生的思维发展总是和言语分不开的，学生掌握大量的词汇和言语运用规则，并能准确、灵活地使用口头与书面语言表达思想感情，则可使思维活动清晰、系统、有条理性；再次，既要发展“求同思维”，也要多发展求异思维，限制心理定势的消极作用，培养学生多角度思维的习惯等；最后，还要注重培养学生解决实际问题的思维品质，社会实践活动是思维发展的源泉。

在以上的写作教学理念下，当下最常见的写作教学模式就是文体训练法，即依据文章的体裁作为训练重点，不同的文体，要求不同的风格和写作方法。在高中的作文教学中，主要是培养学生记叙文、说明文、议论文和应用文的写作技能。

在培养学生各项文体写作技巧之前，首先要有最基本的教学措施。

二、各种文体写作教学的基本措施

（一）强化文体概念，给学生一个文体标签

无论教学大纲还是高考语文《说明》，都明确要求学生“掌握记叙文、说明文、议论文及常见应用文的写法”。在初中阶段学生对记叙文议论文抒情文（散文）都有一定的认识，高中时还是有必要再次强调，要给学生一个明确的认识。所谓文体，就是要正确处理好记叙议论抒情的关系，明确谁服务谁的关系。记叙文就应以记叙为主，要有中心事件，同时要点出必要的要素，议论抒情由事件引申，为记叙服务。议论文就应以议论为主，就是要谈出你的看法，要有中心论点，记叙为议论服务，议论要占主要的比重。

（二）突出文体特征，让学生抓住重点

记叙文分为写人、叙事两种，记叙文有六要素 -- 时间、地点、人物、事情的起因、经过、结果。另外，我们还要搞清楚记叙文的根本用途和本质特点，那就是故事和故事性！记叙文是用来讲故事的。记叙文的本质特征就是故事性。好的记叙文，故事性就强。抓住了故事性，就抓住了记叙文的本质。从古典到时尚，好的记叙文，故

事性都强；不好的记叙文，故事性一定很弱。不仅记叙文是这样，小品、故事片、电视连续剧等任何一个记叙性的艺术作品，也都是这样。比如电影《阿凡达》、电视剧《亮剑》那么火爆，都在于他们有强烈的故事性，从而激发了观众强烈的兴趣！议论文，是通过摆事实，讲道理直接表达作者的观点和主张的一种文体。完整的议论文要具有论点、论据、论证三个要素，在论证时，常采用例证，引证、喻证等等方法。议论文的特征就是"讲道理"。

（三）做好"文体"专项训练，让学生循序渐进

写好一种文体，不是一两次习作就能达到的。可就某一文体的写作要点，比如某一表达方式，某一写作技巧，某一结构模式等，展开专项训练。比如"记叙文"文体，可就"选用典型事件""写出人物鲜明的个性""要有描写意识""写出你的真情实感""用墨如泼与惜墨如金"等进行专项训练。"议论文"文体，可列出"让你的认识更加深刻""鲜明的观点是议论文的灵魂""为观点提供有力的支撑""叙议结合学会分析""列出分论点，让说理更令人信服"等专项。

三、记叙文的写作教学

记叙文是以记叙和描写为主要表达方式，以写人、记事、写景、状物为基本内容，以情感动人的一种文体。高中记叙文写作训练的重点是在学生初中阶段形成写作简单记叙文能力的基础上练习写作复杂记叙文。简单记叙文是通过一件事、一个生活场景表现个体对生活的观察和理解；复杂记叙文是通过多件事、多个特写镜头表现文章主题。简单记叙文要求完整地叙述事件的来龙去脉，交代清楚事件的起因、经过和结果；复杂记叙文讲究运用多种表现方法，将多个时间、地点并不连贯的材料按照一定的顺序组织起来，形成符合逻辑、完整贯通的内容。写人的复杂记叙文，要求通过几个特写，多角度表现人物一个特点，或者立体地展现人物的多元个性；叙事的复杂记叙文，要求通过多件事多侧面地展现多彩的生活，表达丰富的感情；绘景的复杂记叙文，要求通过几幅画面描绘景物的不同特点，实现借景抒情、托物言志的写作目的。

（一）典型剖析

可以选择优秀的高考记叙文，也可以选择名家散文，作为教学的典型样本。让学生们对典型文章进行深入细致阅读，并仔细感悟其中蕴含的方法技巧。我们可以从审题立意的优势、选材特点、细节描写的具体策略、情感如何抒发等多个角度去剖析典型的记叙文。为了让学生更好地吸收和接受，最好不要面面俱到地剖析，每次选择一两个重点为宜，然后进行练笔训练。可以从高中课本中寻找优秀的文本写法，比如

可以从鲁迅的《祝福》中学习鲁迅的写人技巧，鲁迅对祥林嫂的描写，尤其是眼睛的描写，可以说是相当传神。同学们可以从中学习白描手法和典型手法。

（二）具体练笔

设置一个情境，可以是一个话题或一段材料，也可以让学生进行活动体验，之后让学生根据典型剖析所学到的知识和技巧，进行写作训练。比如可以在学习写人记事后，模仿鲁迅《纪念刘和珍君》、巴金《小狗包弟》等文章学习其中的记事手法，并加以联系。可以写成一篇文章，也可是一个段落，或是一个提纲，具体根据学习的需要而定，重点是训练学生掌握某种记叙文写作的技巧，学会把握记叙文的特点，灵活应用记叙文的时间、地点、人物等六要素，能根据顺叙、插叙、倒叙、悬念等技巧写出跌宕起伏的情节，善于刻画人物形象、描绘景物和进行细节描写。

（三）比较学习

让学生之间相互学习各自的习作，通过相互评改，共同提升。围绕主要学习点，教师要对学生的习作进行迅速评价，或指出不足，或肯定表扬，选择几篇习作可以作为学生们学习的新样本。同时，要让学生再回顾典型文章，将自己的习作与之比较，找出差距，再做提升修改。

（四）拓展学习

从刚才训练的学习重点延伸开去，教师可以提供学生更多的名家作品和中学生优秀习作，让学生进一步体会该写作技巧的不同应用实例，拓展视野，引起学习兴趣，促使学生能在课后自主钻研再学习。

四、议论文写作教学

议论文是以议论为主要表达方式，以论辩说理为基本内容，晓人以道理的一种文体。在教学议论文时，引导学生表明自己的立场、观点，锻炼议论说理上的思辨性、条理性、深刻性和独特性，在指导写作的过程中对学生进行正确的人生观、世界观和方法论教育，引导学生关注人生、关心社会、热爱真理、热爱思辨，发展他们的判断、推理、分析、比较、归纳、抽象、概括等抽象思维（包括逻辑思维和辩证思维）能力。

（一）讨论梳理

可以教师提供一个话题，也可以是学生自己商定一个话题。确定话题之后，组织学生开展讨论。可以采用“头脑风暴法”来讨论，也可以组织正反方“辩论会”。讨论之后，可以引导学生对话题观点进行梳理、提炼、补充，逐步形成议论文的基本框架与大致思路。对于议论文而言，最重要的就是论点明确清晰，论据有力，因此在学习

写作议论文时可以先从口头论辩中提高自己对论点的把握和论据的积累，为自己的议论文写作打好基础。

（二）写作练习

学生可以借鉴讨论梳理阶段的集体智慧成果，结合自身的理解和认识，迅速构思这一话题作文的提纲，并马上按要求撰写成文。教师可以要求学生在课外完成，也可以在课堂上限时完成。在众多的文章中，古代的议论散文是非常值得同学学习的，比如《寡人之于国也》《师说》《过秦论》《劝学》这些古文不仅凭借着思想精华值得学习，在表达技巧和写作手法上同样值得借鉴。

（三）比较评析

教师可以预先制定评价标准，对学生的习作作“达标”和“不达标”的评价，并向学生客观分析两类文章的区别。也可以引导学生鉴别一般文与优秀文的优劣，还可以引导学生鉴赏规范议论文与不规范议论文之间的异同。通过评析，让学生明白议论文写作的基本要求和基本技巧，逐步形成个人宝贵的写作经验。

五、说明文写作教学

说明文，就是以说明为主要表达方式来解说事物、阐明事理而给人以知识的文章，它通过对实体事物的解说，或对抽象事理的阐释，使人们对事物的形态、构造、性质、种类、成因、功能、关系或对事理的概念、特点、来源、演变、异同等有所认识，从而获得有关的知识。依据说明对象与说明目的的不同，把说明文分为事物说明文和事理说明文两大类。说明文的特点是“说”，并具有一定的知识性。这种知识，或者来自有关科学研究资料，或者是亲身实践、调查、考察的所得，都具有严格的科学性。为了要把事物说明白，就必须把握事物的特征，进而揭示出事物的本质属性，即不仅要说明“是什么”，还要说明“为什么”；行文往往具有很强序列性。

（一）观察体验

说明文写作教学可以从引导学生自主地观察和体验开始。要写清楚一个物品，可以让学生看一看、摸一摸、用一用。通过观察体验，来为下步写作打好基础。要写清楚一个地方，最后去看一看，走一走，体验一下，并通过网络搜集各种相关资料。要说明一种事理，同样也要引导学生学会精心观察和资料搜集。比如说写景要亲近自然，抓住景物的主要特征。写物要仔细观察，按照一定的逻辑思维进行描写。

（二）序列写作

在对说明对象有了观察体验之后，我们可以进行写作。在写之前，要厘清说明顺序，可以根据事物内部联系来安排，也可以根据逻辑顺序陈述。不管怎么安排顺序，关键在于说明清楚，使说明对象能清晰地展示出来。在写的过程中要指导学生灵活应用各种说明方法来写好文章。

（三）交流评析

让学生读一读各自文章，相互交流一下说明文的写作经验，在交流中互相提升。也可以通过对典型文章的评析，让大家明白说明顺序是怎么合理安排的，说明方法是怎么灵活应用的，说明文的语言有什么特点，等等。

六、应用文写作教学

应用文是人类在长期的社会实践活动中形成的一种文体，是人们传递信息、处理事务、交流感情的工具，有的应用文还用来作为凭证和依据。所谓应用文是人们在生活、学习、工作中为处理实际事物而写作，有着实用性特点，并形成惯用格式的文章。

应用文的种类是很多的，可以分为以下三类：

一般性应用文，这类应用文有人认为应包括以下几种：书信、启事、会议记录、读书笔记、说明书等.

公文性应用文，这是以党和国家机关、社会团体、企事业单位的名义发出的文件类应用文.如布告、通告、批复、指示、决定、命令、请示、公函等.这类应用文往往庄重严肃，适用于特定的场合.

事务性应用文，事务性应用文一般包括请柬、调查报告、规章制度及各种鉴定等，这是在处理日常事务时所使用的一种应用文.为了统一安排本书的体例，同时根据各种日常应用文本身的特点，这里将日常应用文分为以下几类.

（一）社交礼仪类

这是一类适用于社交场合的应用文，它的存在完全是为了促进双方之间关系的发展，同时它又是人们文明交流的一种体现.人与人之间亲疏有别、长幼有序，礼仪就是在社会交往中把握好分寸，恰如其分地把握双方的关系.礼仪类应用文是人们在互相平等、相互尊重的基础上形成的一种日常应用文.

礼仪类日常应用文主要包括以下一些常用的文体：请柬、欢迎词、祝辞、欢送词、邀请信、题词、慰问信、表扬信、感谢信、贺信、贺电、赠言等.

（二）海报启事类

海报启事类日常应用文是指那些可以公开张贴在公共场合或通过媒介公开播放、刊登的广而告之的一类事务性应用文.这类应用文人们使用广泛，几乎大街小

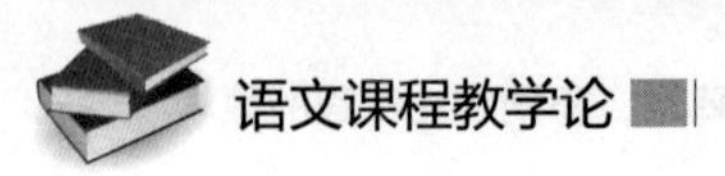

巷、工厂、学校等公开的场合，你都可以见到它们.

海报启事类日常应用文一般包括征稿启事、征婚启事、征订启事、婚姻启事、开业启事、寻人启事、寻物启事、招聘启事、招生启事、海报等一些应用文样式.

（三）便条契据类

这是由当事人双方在事务交流中出具给对方的作为凭证或说明某些问题的一种常见应用文.这类应用文短小精悍，可随时使用.

便条契据类应用文一般又可分为以下几种：借据、欠条、收条、领条、请假条、便条、托事条、催托条、馈赠条、留言条等.随着各种正轨票据的推广和使用，这类应用文形式将会逐渐减少.

（四）家书情书类

在人们的各种交往中，人们之间的书信来往应该是最频繁的交流方式.自古至今，无论朋友之间的互致问候、表达关心，或者情人之间互致相思、表达爱慕均使用书信这种形式。伟人名士的家书、情书也往往会给别人或后人许多启迪和帮助，所以这类书信为我们留下了丰富的文化遗产，有些同时堪称文学作品的典范.因此，我们就将家书情书专归为一类，以飨读者.

这类书信主要包括以下几种：写给长辈的信、写给晚辈的信、写给兄弟姐妹的信、写给亲朋的信、初恋情书、求爱情书、热恋情书等。

（五）专用书信类

专用书信类是具有书信的格式，发文的对象或者使用的目的又是特定的一类应用文.一般来讲，这类书信可以分许多种，如咨询信、介绍信、证明信、推荐信、求职信、聘书、履历、说明书、报捷书、保证书、倡议书、建议书、悔过书等。

（六）申请书类

申请书类应用文应属于专用书信类的一个分支，但由于其使用较为特殊，具有其自身非常突出的特点，即请乞性，所以这里专列为一类.

申请书类的日常应用文一般可以包括入学申请书、入党入团申请书、住房申请书、困难补助申请书、辞职申请书等几种.

（七）对联类

对联是人们在婚丧嫁娶、宴飨寿诞、季节变换时使用的一种具有较浓的文化传统气息的一种应用文样式.它有较为严格的行文要求，一般来讲，它并不适宜于平民百姓们使用。但由于每逢一些必要的场合，它又是必不可少的，所以我们也对对联类作了介绍。

对联类常见应用文包括节令联、祝寿联、婚联、喜联、挽联、名胜联等六种.

（八）讣告悼词类

这是有关以致悼死者为主的一类日常应用文.其中有些文体只适用于特殊的人物特定的场合，有些则广泛地应用于民间.了解其写作的基本格式也十分的必要.一般来讲，这类应用文可以包括讣告、唁电、追悼会仪式、治丧名单、悼词、碑文等六种。

（九）英文类

随着改革开放的深入，国际间各种交流的加强，常用英文书信也已渗透到我们的日常生活之中。因此，本书特意选取了一些最为实用的几类英文日常应用文作一下简单的介绍，虽挂一漏万，但也希望对读者稍有帮助。

这里介绍的英语应用文主要有求职信、介绍信、入学申请书、邀请信、以及作为附件的简历等共五种。

以上的应用文语文教师可以根据教学大纲和课程目标来选定重点应用文进行学习和掌握。其中训练应用文写作的基本方法可归纳如下：

（一）范文学习

在教学某种应用文时，可以先挑选代表惯用格式的范文作为教学的起点，可以让学生通过细致阅读来一起归纳这篇范文的基本格式、语言特点、写作要求等信息。可以选择一篇范文，也可以选择多篇范文，根据教学的需要来定。

（二）情境练习

设置现实生活情境，应用上一步所学知识，让学生进行应用文写作训练。比如，你前去应聘某旅游公司的导游工作，该公司招聘人员要求你根据熟悉的景点信息，马上撰写一份解说词。除此之外，也可以让学生联系书信，给自己的爸爸妈妈或者朋友同学、老师写一封信，在具体情境中提高学生的写作水平。

（三）评改提升

练习完成之后，教师可以对学生习作进行批改和点评，肯定优点，指出不足；也可以组织学生对照范文进行交流和评判；还可以对个别学生习作进行课堂剖析和评论。总之通过评改来巩固学生所学知识，提升应用文写作能力。

第五节　口语交际教学

口语交际教学是当下比较新型的教学模式，主要是指学生在教师的组织和指导下，通过具体交际情境的创设与口语交际活动的开展，规范口语表达、提高口语交际能力和提升交际素养的教学活动。口语交际能力是学生语文能力的重要体现，是现代公民必备的能力。从语言发生的角度来说，口语先于书面语，使用口语进行交际是人类最重要的交往活动。然而，我国一直到2000年的试用修订版语文教学大纲才正式提出“口语交际”这一概念，并将“听说教学”改为“口语交际教学”。可见，口语交际教学既是语言教学的一项基本内容，也是时代赋予语文教学的要求。我们应当充分认识到口语交际教学的重要性和迫切性，以切实可行的策略和方法，组织学生进行丰富多样的口语交际实践，形成良好的口语交际能力。

一、口语交际教学的理念

在教育部发行的《义务教育语文课程标准（2011年版）》在明确口语交际教学目标的基础上，提出了相应的“教学建议”，指出：“应培养学生倾听、表达和应对的能力，使学生具有文明和谐地进行人际交流的素养。”这是贯穿于口语交际教学过程的一条最基本理念，也是口语交际教学的价值追求。具体说来，口语交际教学应坚持以下的教学理念。

（一）提升文化素养，促进整体发展

口语交际的行为、态度、习惯和方式方法等，无不蕴含着文化的因素。在汉语产生和发展过程中，汉民俗文化和汉文化的外借与吸收都会积储在汉语体系中，会在汉字、语音、词汇、修辞、语体上反映出来。要使青少年继承和发扬中华传统文化，成为中华民族优秀的后代，就必须提升文化素养，了解文化特点对汉语言的发展与变化所产生的影响，文明地交际、交流，体现文明国家的公民风貌。孔子非常重视学生口语表达中文化素养的培养，强调演讲要有文采，说话要讲求技巧。他说：“言之无文，行而不远。”“质胜文则野，文胜质而史。文质彬彬，然后君子。”孔子的弟子子贡也说：“出言陈辞，身之得失，国之安危也。故辞不可不修，说不可不善。”随着社会的进步和语言的发展，人们对口语交际水平的要求也不断提高。一个人是否具有良好的语言能力、敏捷的应对能力、文明得体的言谈态度和习惯等，是现代社会衡量一个人是否具有良好个性和健全人格的重要标准，也被视为他所代表的民族甚至国家文化水平的一个重要标志。所以，在口语交际教学中既要重视学生通过口语交际习得人际交往规范，培养倾听、表达与交流等基本交往能力，同时要训练学生的思维，将人际交往的文明态度、良好习惯与民族文化、世界文化的学习紧密结合，使学生积极的情感与价值观在口语交际中得到进一步体现和提升，促进知、情、意各方面整体发展。

（二）精简知识教学，注重实践锻炼

实践是能力形成的基础，如果不和别人进行口语交际实践，讲再多的口语交际知识，买再多的口才实用手册看都无济于事。较强的口语交际能力必须通过大量的实践锻炼才能习得。语文课程标准也强调要以贴近生活的话题或情境来展开口语交际活动，重视日常生活中人际交往能力的培养，而不是单纯传授口语交际知识。因此，要精简口语交际的知识教学，尽可能与口语交际实践相结合，注重实践锻炼与提高。除了在课堂中为学生提供接近真实的交际情境之外，教师还应当清醒地意识到，课堂中的模拟情境始终无法代替现实生活里的口语交际。口语交际教学中的实践锻炼要求教师立足于课堂，拓展到课外，双线训练，创设多种多样的情景，体验生活，开展丰富多彩的口语交际实践活动。在实践训练过程中要注意三点：首先，口语交际的主体是学生。无论是在校内还是校外，始终应当让学生成为口语交际实践的主人。在口语交际中，难免会出现交际困难、交际中断，甚至交际失误等现象。此时，教师不能急于求成，而应当耐心地呵护学生的积极性，给予适当的提示，帮助他们渡过交际难关。其次，口语交际的形式、方法应当丰富多样。要使学生投入到口语交际中，就应当选择丰富的形式，灵活的方法，激发学生参与交际实践的积极性。在口语交际教学中，教师要想方设法为学生设计符合他们年龄特点、贴近他们生活的话题，创设他们感兴趣的情境，组织他们喜闻乐见的活动。尽量避免深涩难懂的话题，机械单一的形式，枯燥重复的方法。最后，口语交际应当面向全体学生。口语交际不能由教师越俎代庖，也不能成为优秀学生“独领风骚”的个人表演舞台。只有让全体学生都主动、积极地参与，才能提高口语交际实践的有效性。

（三）凸显交际功能，构建和谐关系

人类交际的本质是因为个体之间互相存在着“需要”。任何一种成功的交际，使用的是口语，获得的却是“需要”。口语是工具，交际是目的。口语交际不是简单的听和说相加，而是一个以听、说为核心的多向互动过程。口语交际与听说训练最根本的区别是，后者突出听和说的单向技能，而前者在要求听、说能力协调发展的同时强调“交际”，注重人与人之间的交流和沟通。现代和谐社会需要和谐的人际关系，而中小学阶段是人的一生中口语交际能力形成的关键时期，所以这一阶段的口语交际教学应该凸显交际功能，构建和谐人际关系，使学生适应未来社会良好人际关系的需要。为此，不仅要求学生形成倾听、表达与交流的基本交际能力，而且要具有和谐地进行人际交往和社会沟通的能力。教师和学生在口语交际教学中应当有双重的角色意识，除构成教与学的关系外，还要像日常社会的口语交际那样互为对象，构成多向交际关系，通过模拟和真实的情境进行互动交际训练，切实发展口语交际能力。教师在教学中要有意识地培养学生文明的交际意识和和谐交际的态度和习惯，如倾听时要

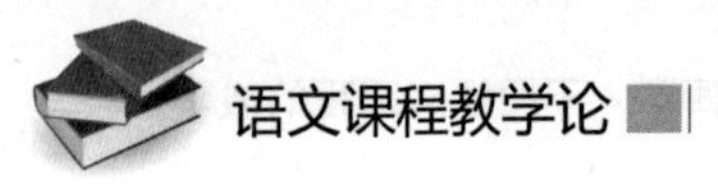

耐心专注，不要随意打断对方的谈话，注意正确理解对方所要表达的意思并努力记住要点。表达时要尊重对方，态度文明，积极肯定和鼓励对方的优点，同时鲜明地亮出自己的观点。这样，将凸显交际功能与和谐人际关系的构建渗透在口语交际教学过程的始终，就不会偏离口语交际教学的特点与所制定的目标。

（四）综合规划，实现教学最优化

教学最优化指在教学过程中，综合控制对教学效果起制约作用的各种因素，以取得最有效的教学效果。教学过程是一个由教师、学生、目的、内容、方法、环境和反馈等诸多要素组成的复杂的系统，要想取得最优化的整体效果，应努力使教学系统中的各要素按照它们之间的内在联系合理地加以配置。口语交际教学应当以学生获得口语交际基本技能和交际素养为目的，综合规划教学任务，注意阶段性。比如，同样是“听别人的话”这个口语交际任务，《语文课程标准》第一学段的要求是“能认真听别人讲话，努力了解讲话的主要内容”；第二学段的要求是“听人说话能把握主要内容，并能简要转述”；第三学段的要求是“听他人说话认真耐心，能抓住要点，并能简要转述”。口语交际的要求是循序渐进的，每个阶段都有侧重点。在教学中，要针对不同阶段的要求，科学地规划口语交际教学内容，不能违反学生的认知规律随意地拔高或降低学段要求。此外，口语交际的要求具有整合性。如课程目标中既有“怎样听”和“听什么”的要求，也有“怎样说”和“说什么”的要求，既有口语交际“听”和“说”的技能要求，也有口语交际的情感要求。因此，在教学中要整体把握，根据各学段要求和学生的学习特点，确定合适的教学目标，再选择恰当的教学内容和有效的教学方法。

二、口语交际教学的目标和特点

（一）普通高级中学阶段的目标

教育部发行的《普通高中语文课程标准（试验）》在必修课程和选修课程的目标中对“口语交际”提出了明确要求，归纳如下：

第一，增强人际交往能力，在口语交际中树立自信，尊重他人，说话文明，仪态大方，善于倾听。能根据交际的需要，选择恰当的时机和场合，提出话题，敏捷应对。

第二，注意口语的特点，能根据不同的交际场合和交际目的，恰当地进行表达。借助语调、语气、表情和手势，增强口语交际的效果。

第三，学会演讲，做到观点鲜明，材料充分、生动，有说服力和感染力，力求有个性和风度。在讨论或辩论中积极主动地发言，恰当地应对和辩驳。朗诵文学作品，能准确把握作品内容，传达作品的思想内涵和感情倾向，具有一定的感染力。学习主持集会、演出等活动。

（二）口语交际教学的特点

1. 科学性

教育部发行的《义务教育语文课程标准（2011 年版）》从现代公民必须具备的基本能力的角度，对“口语交际”教学目标进行了科学的设计。其科学性在于：一是定位准确。要求学生“具有日常口语交际的基本能力”，这是对九年义务教育阶段学生认知特点的正确把握。各学段的目标，随着年级的升高，各方面要求也呈螺旋式状态上升。这些要求充分尊重了学生身心发展水平和语言学习的客观规律，体现出循序渐进的设计原则，目标定位合理准确。二是内容全面。除了对学生的“倾听、表达”等口头表达能力提出要求外，还明确了“交流”、“沟通”与“合作”等交际双方互动的要求；既有用语文明方面的要求，也有实施方面的要求，如强调“在各种交际活动中”提高学生口语交际的能力，目标内容丰富而全面。三是具有时代气息。目标强调培养合作精神、人际沟通和社会交往，体现了现代社会对未来公民素质的基本要求，为学生将来的发展着想，具有很强的时代气息。

2. 整体性

口语交际的教学目标，整合了“知识与能力”、“过程与方法”、“情感态度与价值观”三个维度的要求，三者相互渗透，融为一体。在“知识与能力”方面，虽然“不必过多传授口语交际知识”，但知识的学习贯穿在能力形成过程中。课程标准在各个阶段都对口语交际的“倾听、表达与交流”等能力提出了具体要求，而且按年级和学段的升高而逐步提高，递进发展。口语交际重在参与交际的过程与方法，因此，课程标准非常重视学生在口语交际过程中的表现。口语交际教学目标与听说教学目标的明显不同是对“情感态度与价值观”这一维度的充分关注，强调了人际交往的文明态度和语言修养，包括自信心、勇气、诚恳、尊重、礼貌、文雅等。课程目标将多方面的要求整合交融，以整体提高学生的口语交际素养，提升人格修养和适应现代社会的综合能力。

3. 可操作性

口语交际的课程目标，以当代发展心理学和认知心理学为依据，符合学生学习语文的规律，具有较强的可操作性，为教科书的编写和口语交际教学提供了依据和方向。如根据“听故事、看音像作品，能复述大意和精彩情节”这一目标，教师在选择口语交际教学内容时，可以安排“听故事、讲故事”、“听故事、演故事”和“听童话、评童话”之类的话题。在教学方法和交际的形式上，可采用独白自述式、讨论交流式、表演评议式等。有些教学目标还为教学提出了清晰的实施策略，如“听他人说话认真耐心，能抓住要点，并能简要转述”这一目标，就是启发教师在教学时重视学

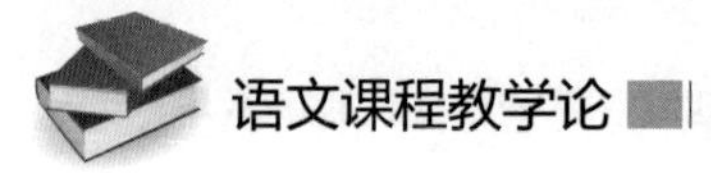

生倾听技巧的掌握，将倾听与表达二者结合以提升学生交际能力。这些目标设计，体现了基础性与发展性的统一，为实际教学提供了操作的抓手。

三、口语交际教学的主要内容和主要类型

（一）口语交际教学的主要内容

1. 口语交际中的态度和习惯

口语交际中的态度和习惯主要是从倾听和表达两方面来说的。首先，我们要学会耐心认真地聆听。在与多人交谈时，尊重他人倾听的权利，理解地、欣赏地去倾听，尊重文化与语言的多样性，尊重个体差异性和持相反观点的权利。专注，指倾听时集中注意力从稍纵即逝的声音中获取信息，不断调整自己的思维，抓住对方表述的要点，并做出自己的判断，同时为听到的信息承担责任。其次，我们要学会自信清晰地表达自我，坦诚勇敢地表达自己内心所想，不羞怯不紧张。同时能够运用正确而准确的词语表达自己的真情实感，并充分考虑对方的感受，以得到他人的反馈，从而养成自信表达的习惯。

2. 口语交际的能力

口语交际的能力包括倾听能力、表达能力和应对能力。

倾听能力

倾听是由听觉器官获取声波所负载的语言信息符号，通过大脑的思维加工而获得意义的感知、理解过程，同时也是提高思想、陶冶情感和形成技能技巧的综合实践过程。因此，倾听能力是一种综合能力，具体由语音辨识力、话语记忆力、语义理解力、话语品评力组合而成。

（1）语音辨识力。

口头语言是语音和语义的结合体。人们听话首先从听到语音的声波开始，然后才能理解对方所表达的思想内容。现代汉语有 400 多个音节，有许多近音字和同音字，它们发音相近或相同，而意思则完全不同。如果不能根据具体的语言环境听音辨调，就不能正确理解话语的思想内容和感情色彩。例如“权利”与“权力”的音素音调完全相同，在口头语言中只有根据具体的语言环境，如“公民的权利与义务”与“国家权力机关”才能加以辨别。

（2）话语记忆力。

记忆是储存信息的仓库。口语的特点是一闪而过，稍纵即逝，听话人必须迅速而准确地捕捉对方发出的每一个语音信息，并且将其储存到大脑皮层里，作为理解和品评的基本素材。它必须借助明确的目的、强烈的感情和有意注意的积极参与。特别是听那种口若悬河、滔滔不绝的长篇大论，如果没有情感态度和价值观的内在动力，

那就很可能“言者谆谆”，而“听者藐藐”。

（3）语义理解力。

听话不仅是听见，更重要的是听懂，理解和把握好语词、语句、句群以至整个话语的意义。由于汉语的同音、近音字繁多，同音节的语音常常代表着不同的词，倾听时必须依靠句法和语义，并通过具体语境把握词义。由于口语语句短小，成分易于易位，加之定语又少，因此在注重一般词义的同时，一定要尽可能迅速地抓住关键词语，只有准确地理解了关键词语，才能正确地理解整体话语的意义。除了对词句的听辨外，还要注意语音表现中的语调、语气、重音、停顿等种种因素。实际上，在快速流逝的语流中，听话人并不是在听声音，而是在听思想。要能体味话中之味、弦外之音。如在某些特殊的语言环境中，“讨厌”是喜爱的意思，“你太聪明了”则反其意用之以表示否定。语义理解力是口语交际能力的核心，是倾听水平高低的重要标志。

（4）话语品评力。

品评力是倾听能力的高层次要求。任何人说话都有一定的目的，或申明观点，或表明态度，言谈话语中往往寄寓着自己的感情，倾听时要依据场合、对象、情景的不同以及说话人语气语调的变化，品评出对方言语中的感情色彩。品评话语包含两个层次：一是评判正误真伪，即对说话人的语音、语气等进行评价判断，鉴别其内容的真伪，分析其观点的正误，听出话语的本意，也听出言外之意，从而决定倾听者应持的态度和应做的反应。二是品味话语的高下优劣，即对说话人的说话特点、表现手法、说话艺术进行品评体味，从而决定是否吸收甚至仿效。

表达能力

口语的表达是信息的输入、贮存、处理、再生、输出的过程，这一过程中的三个环节“思考—造句—表述”构成一个密不可分的有机整体。因而，口语表达能力具体由以下三种层级能力组成。

（1）内部组码能力。

内部组码就是组织内部言语，即思考为什么说，对谁说，说什么，怎么说，明确说话的意思和要点。想得好，是说得好的前提。这个过程可分为确定话题、产生“语点”、形成思路三个方面。确定话题，要灵活、恰当，有针对性，在尽可能短的时间内了解对象和具体要求，定下说话的重点内容。“语点”是压缩了的内潜的言语信息，有一定的模糊性和跳跃性。内部语言的生成、组织编排能力是构成表达能力的第一要素。

（2）语言编码能力。

语言编码指把言语信息按照语义加以扩展，同时编成一定的词语句式表述出来。这个过程非常短暂，经过扩展的言语信息本身就包含着一连串有内在联系的词语句子。在边扩展、边编码、边说话的过程中，又受到言语环境、说话人的动机、话题的潜在内容、话题与其他事理的联系以及观察听者的反应等多种因素的复杂影响，使话题不断展开，话语的内容不断丰富。

（3）定向发码能力。

定向发码指把将要释放的语义信息借助言语符号组织成有一定逻辑联系的语流，力求有序和畅达，避免说话时颠三倒四或丢三落四。这种能力主要表现在三个方面：一是快速准确地组词，即在说话的一瞬间，要恰当地选择表现力强、能揭示事物本质特点的词语。二是快速准确地造句，即要从大脑中储存的各种句式中熟练自如地选用最能达意的句式。三是联句，将句与句紧密地联系到一起，系统而完整地表达要说的内容。在这个过程中，学生的思维越敏捷，组码和编码越快，意义越明确，表达效果就越好。

应对能力

应对能力指学生在交际中根据对方的谈话内容或变化的场景，机敏地改变思维路线，及时调整自己表达的内容和方式，并作出恰当应答的能力。在应对能力培养中要特别注意提高学生的应变能力，即口语交际中对意外出现的变故的处理能力。这种能力与人的心理、思维、学识紧密联系在一起。具有较强应变能力的人，在口语交际中能临事不慌，处变不惊，沉着应付。出现意外变故的情况大致有两种：主观性变故和客观性变故。主观性变故指口语交际中表述者由于各种原因产生的表述失误，如单项口语表述中忘掉了词，说错了话，不能自圆其说。如果不及时调整，则出现张口结舌、令人难堪的场面。客观性的变故给人的应变能力造成更大的挑战，是指不按表述者愿望而转换的突然性变故，这时如不随机应变，就会措手不及，陷入困境。如演讲、报告时，某个观点听众反应强烈，议论纷纷，或拂袖而去，或当场质问，如何说服听众，使秩序正常将显示一个人的应变能力。应变能力的提高要以广博的知识作基础，以良好的心理素质作后盾。只有这样，学生遭遇交际变故时方能胸有成竹，思维敏捷，语言巧妙，应付自如。

（二）口语交际的主要类型

1. 独白型口语交际教学

所谓的独白型口语交际教学就是一人或一方在交流现场进行言语表达，而听众与说话者没有直接的言语交流，一般通过表情、气氛回应。如自述、转述、介绍、讲故事、看图说话、诵读、致辞、解说、口头作文、作报告等。独白型口语交际并不意味着说话者目中无人、自言自语，他必须时刻和听众进行心理和精神上的交流，达成情感上的默契与和谐。这是一种“隐性”对话，听众的各种反应就是在和说话者交流，他们的表情、神态等都在“说话”。从某种意义上说，这种隐性对话可能比显性对话还要难，它需要察言观色、激情诱兴。说话者要用形象、生动的语言吸引、打动听众，稍有不慎，听众就可能分散注意力，失去倾听兴趣。

2. 对话型口语交际教学

对话型口语交际教学就是由两人或多人参与的、双向或多向的、以口语为载体的信息交流活动，也是生活中使用最广泛、最简便的言语交往形式，包括问答、借（购）物、指（问）路、电话交谈、待客、访谈、讨论、辩论、面试等。这种口语交际体现了交际双方你来我往的互动过程，需要双方互相配合进行言语活动，参与对话的人既要认真倾听，还需要根据实际情况表达自己的想法，回应对方的问题，因此在口语交际过程中交际双方互为主体。

语文课程标准十分重视对话型口语交际活动，要求小学生与别人交谈时，态度自然大方，有礼貌，能"简要转述"；初中生在"讨论问题"时，不仅要积极发表自己的看法，而且要听出讨论的焦点，有针对性地发表意见。高中阶段，则要求学生"在讨论或辩论"中积极主动地发言，恰当地应对和辩驳。在教学中，比较适合学生的对话型口语交际训练有很多，如小学语文教材设计的"我是小小推销员"、"夸夸我的同学"、"成长故事会"等都是非常好的对话型口语交际教学活动。"访谈"也是一种调查了解性的双向交流，在中小学阶段都可以尝试练习。

3. 表演型口语交际教学

表演型口语交际是一种兼具独白型和对话型特点的、以语文综合实践活动为主要特征的口语交际类型，如表演童话剧、表演课本剧、当众演讲、主持节目等。语文课程标准也提出了针对性强的具体要求，如初中生能作即席讲话和有准备的主题演讲，高中生则要学会演讲，并力求有个性和风度。表演型口语交际有别于真实的日常口语交际，它除了承担"口语交际"的任务，还有提高学生综合素质的要求。

一是需要将课本内容简单地改编为可以表演的剧本形式，这对学生的写作能力有一定要求；二是需要进行简单的环境布置，这对学生的审美能力也提出了相应要求；三是在表演过程中，要运用独白叙事、对话交流等多样形式，打破了学科界限，体现了跨学科发展的大语文观，对全面提升学生的语文素养具有重要作用。因此，教师要提前布置任务，进行方法指导，然后需要学生反复排演，充分准备。

三、口语交际教学的策略

（一）确立话题策略

口语交际是基于一定的话题、以口头语言为载体而开展的交际双方互动的信息交流活动。教师要进行口语交际教学，首先要选择恰当的话题。话题的确立应考虑到其价值、难易程度等因素，话题的内涵应是多元的，形式应是开放的，贴近现实生活。口语交际教学时，可以灵活选用教材中设计的口语交际话题，引导学生围绕话题进行专项训练。如现行语文教材密切联系学生的生活世界和想象世界，选编了许多使每个学生都有话可说，有话要说的教学模块内容。比如“演讲”、“体态语”、“讨论”等模块组合。教师还可以跳出教材，从生活中或社会中直接选择话题，引导学生展开讨论，有利于扩大学生的知识视野，全面提高语文素养。

（二）创设情境策略

口语交际的产生离不开情境，因此教师在确立好话题后，腰精心设定交际情境，在具体的情境中带领学生进行口语交际训练。

教师在口语教学活动中创设情境的方式有很多，比如：

第一，可以用生动的语言描绘情境。教师用富有感染力的语言为学生创设生动的情境，能使他们积极主动地融入角色，找到情感共鸣点，产生情感回应，调动表现欲。

第二，教师也可以在课堂上联系学生的日常生活和经验进行场景的布置，利用影像、录音机、多媒体、网络等各种现代化教学设备创设具体直观的交际情境，使学生兴趣倍增，情绪高涨。

第三，通过让学生进行角色表演，进入交际情境。爱表现是学生的天性，在真实的表演中，学生的情感能自然流露，交际的欲望十分强烈。因此，教师可以将课文内容改编成情景剧，将静态的口语交际内容变为以交际为目的的动态内容，让学生边表演边进行口语交际。

第四，教师还可以在课堂中模拟家庭生活、社会生活等，再现真实情景，激发学生的好奇心和兴趣。

（三）多元化的互动策略

“互动”是口语交际中的重要特征。参与交际的人，不仅要认真倾听，掌握对方说话要点，而且要适时表达自己的意见和想法，随机应对。正是在双向或多向互动中，口语交际的双方实现语言信息的顺畅沟通与交流。一旦某一方停止发送信息，交际也就中断，“互动”是口语交际教学区别于听说教学的最大特征。即使像报告、演讲等独白式交际，也需要互动，听者和说话者也要有表情和气氛的回应。口语交际教学的互动方式有很多，常见的有三种：一是师生互动。这要求教师转换传统的权威角色，与学生平等交流，鼓励学生表达的欲望和思想的火花。二是生生互动。这是同桌之间、前后同学之间、小组成员之间相互合作、交流沟通的方式，在编排组合时要考虑学生之间的合理搭配。三是群体互动。这是班级小组与小组之间或全班学生共同参与的活动方式，也可以拓展到班级与班级之间，班级与学校、家庭之间更广阔的口语交际方式。无论是哪一种互动的方式，学生与其他互动的成员之间都不是互不相干、彼此独立的，而是相互协调、有机组合的。这种师生之间、生生之间、群体之间的互动关系也不是为了完成口语交际某一阶段的话题暂时维系的，而是为了培养学生口语交际能力而稳固构筑的，贯穿于课堂教学的全过程。多元互动策略要遵循以人为本的理念，关注每一位学生的发展，让每一个学生都成为交际的主体。

（四）示范指导策略

在口语交际活动中，教师的师范和指导起着非常重要的作用。首先，教师要身体力行，以自身规范的言语行为做学生的表率。在课堂教学中，教师优雅得体的手势表情、敏锐准确的倾听水平、简洁明快的教学语言以及丰富多彩的表达风格与习惯，都是学生口语交际训练的直接示范。因此，教师要加强自身的口语交际素养，处理好教学中的口语交际与平时口语交际的关系，使课堂教学语言既有教师语言的共同美感，又具有个人风范，从而真正成为学生学习口语表达的对象和楷模。此外，教师在生活中的口语行为也应规范得体，不能课堂普通话，下课本地话，课堂文明话，下课粗俗话，这样会对学生的口语交际行为产生误导，不利于学生文明得体的口语交际习惯的形成。

（五）反馈评价策略

评价和反馈是任何一种教学都不可或缺的环节，口语交际教学也不例外。语文课程标准在评价建议中指出："评价宜在具体的交际情境中进行，让学生承担有实际意义的交际任务，并结合学生在日常生活和学习活动中的表现，综合考察学生真实的口语交际水平。"这是口语交际教学进行评价反馈的指导思想，也提出了口语交际教学评价的策略和方法。不仅如此，语文课程标准还针对不同学习阶段的特点，从学生的参与意识、情意态度和表达能力等方面来规定评价的标准。如第一学段主要评价学生口语交际的态度与习惯，重在鼓励学生自信地表达；第二、第三学段主要评价学生日常口语交际的基本能力，学会倾听、表达与交流；第四学段要通过多种评价方式，促进学生根据不同的对象和内容，文明地进行人际沟通和社会交往。这就要求教师认真掌握各学段的口语交际教学要求，及时调整教学策略，灵活采用诊断性评价、形成性评价和总结性评价等多种评价方式。

除此之外，应该值得注意的地方就是评价多元化，可以是教师评价，可以是学生评价，也可以是学生互评或家长评价。评价十要多以鼓励为主，提供一些实质性的改进意见。这样，在每一次口语交际教学中学生都能得到具体而富有建设性的反馈意见，以便改正自己的不足，提高自己的交际能力。

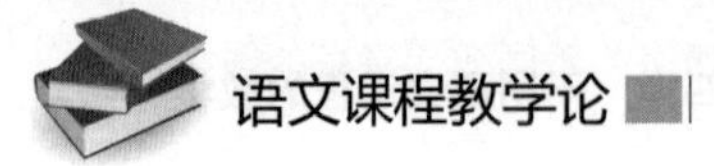

第六节　诵读教学

诵读自古以来就是我国语文教育的一种重要教学方式和方法。在每个学段，课程目标都会涉及到朗读，要求和目标也会越来越高。《全日制义务教育语文课程标准》中要求朗读教学的目标最终要达到“能用普通话正确、流利、有感情的朗读。”“诵读古代诗词，有意识地在积累、感悟和运用中，提高自己的欣赏品位和审美情趣。”《新课标》必修课课程目标指出：“能用普通话流畅的朗读，恰当地表达文本的思想感情和自己的阅读感受。”“诵读古代诗词和文言文，背诵一定数量的名篇。”“朗诵文学作品，能准确把握作品内容，传达作品的思想内涵和感情倾向，具有一定的感染力。”选修课课程目标指出：“朗诵小说或表演剧本的精彩片断，品味语言，深入领会作品内涵，体验人物的命运遭遇和内心世界，把握人物的性格特征。”教学实施建议中指出：“教师应激发学生诵读的兴趣，培养学生诵读的习惯”，使学生“在诵读中感受和体验作品的意境和形象，得到精神陶冶和审美愉悦”。评价建议中提出：“可通过举行朗诵表演等具体成果考察学生的诗歌散文鉴赏水平”。

从两个学段对于朗读教学目标的要求我们可以看到，随着年级的增高，对朗读教学的要求也越来越高。高中阶段的朗读教学目标从普通话的掌握到文本情感的把握都要比义务教育阶段更进一步，对学生的要求更高一层。而且，高中阶段朗读教学还要求应注重学生个性化的阅读感受，这在义务教育阶段是没有的。由此说明，朗读教学在高中语文教学中依然很重要，教师要给予重视。

一、诵读教学的理论基础

（一）传统诵读教学理论

诵读教学法是我国传统语文教育中最主要的阅读教学方法。在古代无论是蒙学教育还是经学教育都非常重视诵读教学法。古代的一些教育大家不仅要求学生反复诵读，整体地感受、分析、品味文章；还对诵读的数量、内容、难易程度等都有相应的规定，同时对诵读教学还做了精辟的论述，为今天的诵读教学法的应用积累了宝贵的经验。

1. 重视诵读

诵读诞生于先秦时期，到两汉魏晋南北朝时期有了很大的发展，但正式把诵读列入为一种语文教学方法的是宋代的朱熹。朱熹不仅对诵读教学法做了全面而深刻的研究，而且确定了诵读在我国语文教学中的地位，并在其后的教学论集中将诵读教学法写进教学规范中。之后，明代中叶思想家、教育家王守仁在《训蒙大意示教读刘伯颂等》也指出“栽培涵养之方”，认为“诵经习典，可以使儿童的智力得到开发”。

他主张“凡授书，不在徒多，但贵精熟……”。清代的曾国藩在其《家书》里，也强调“凡精读的书，要高声诵读，要‘密咏恬吟’……重李杜韩苏之诗，韩欧王之文，非高声朗诵则不能得其雄伟之概，非密咏恬吟则不能探其深远之韵。”由此可见，古人非常重视诵读。

2. 传统的诵读教学理论

早在两汉魏晋南北朝时期古人就明确了诵读的基本要素，即诵读法包括朗读、吟唱和背诵。其次，古人对学生诵读的内容也做了要求，即学生诵读的内容数量要大、质量要高。对此，韩愈提出：“读书要反复诵读，反复玩索，深入理解词语和思想内容，汲取精华”，“沉潜于义训，反复乎句读”。朱熹也指出：“诵数已足，而未成诵，必欲成诵。遍数未足，虽已成诵，必满遍数”。再次，古人对诵读的方法做了详尽的阐释：朱熹明确指出：诵读的内容是“熟读精思”，其步骤是首先“必须成诵”。王守仁还概要地说明了教学的内容和步骤，特别强调了诵读的环节。清代学者崔学古在《幼训》里，也提出自己对诵读的要求：“毋增、毋减、毋高、毋低、毋疾、毋迟”，高低快慢要与文章的情境相符合，反对教师一味口头传讲，要求儿童自己反复诵读琢磨。口诵心惟，不仅用“口耳”，还要用“心目”。此外，古人已经注意到了诵读时学生的心理规律及分散记忆规律和遗忘规律，要求分散记忆，多次复习；同时也要注意与其他方法的相互配合，如熟读与精思结合、抄写与诵读结合等。清朝的陆世仪还特别指出学生应“终身诵读”。由此，诵读教学法是古人实践和探究的智慧结晶，为今天的诵读教学提供了丰富的理论依据。

（二）诵读教学法的教育学基础

1. 诵读教学法符合建构主义学习理论

建构主义学习理论认为人对世界的经验是各不相同的，因此对于世界的看法也必然各不相同。而知识是个体与外部环境交互作用的结果，人们对事物的理解与个体的先前经验有关，进而人们对知识正误的判断也只能是相对的，也就是说仅仅通过教师的传授就获得知识是不可能的，而是要通过学生在与情景交往相互作用过程中自行建构才能获得，因而在课堂学习中学生应该处于中心地位，而教师只是学生学习的引导者和帮助者。

从建构理论上看，学习的主体是学生，而要想提高学生对语文学习的兴趣，教师一方面要通过自身的努力来吸引学生，另一方面也是更为重要的一方面就是改进教学方法，即课堂上要少讲精讲，努力使多数学生都参与到教学活动中来。教师可以借助诵读，给学生提供多种参与的机会，从而让学生在朗读中感知作品，分析作品，积极地与作品互动。

2. 诵读教学法符合教学认识论

教学认识论认为，教学过程在本质上是一种特殊的认识过程。而人的认识要经历感性认识和理性认识两个阶段，主体通过对客体的感知获得直观、具体、形象的材料，从而进入理性认识的概念、判断与推理阶段，即达到对客体（文本）的深入认识。学生的学习过程是一个独特的认识过程，离不开认识过程基本规律的支配，尤其是离不开“实践”这个基点。诵读正是这样的一种实践行为，它是深入语文学习的重要一环。诵读教学本身就是一个由浅入深，由简单到复杂的循序渐进的过程。这样的过程可以使认识不断走向深入，体现了认识由低级阶段向高级阶段不断推移的过程，也正体现了认识的阶段性。

（三）诵读教学法的心理学基础

1. 诵读法符合心理学中有关识记的理论

心理学上采用信息加工理论说明识记的过程，认为：识记的过程就是编码的过程，对同一识记材料，用不同方式进行编码，识记效果就不一样。也就是说在识记的过程中，如果尽可能利用多种分析器官，把看、读、写、听结合起来，会收到更好的学习效果，完成识记的任务。语文学科的诵读法正是能够调动多种感官的一种学习方法。诵读的过程，既是用声音准确表达读物意义的过程，也是反复体验读物感情从而准确表达读物情感的过程。正如叶圣陶所说：“语文学科不该只用心和眼来学习，须在心和眼之外，加用口和耳才好，吟诵就是心、眼、口、耳并用的一种学习方法。”[张定远:《阅读教学论集》，天津：新蕾出版社，1983年版，第9页。]认知心理学认为诵读是一个信息加工和记忆的过程，是有意识的识记过程。诵读法强调诵读，要熟读成诵，在读中理解，在读中记忆，符合心理学中的识记原理。

2. 诵读法符合心理学中有关言语的理论

心理学研究表明，声音信息比文字符号更具可感性，学生在诵读课文时，口耳眼三种器官协同参与活动，有助于增强语感。诵读可使平面、静态的文字变成立体、动态的言语，符合语文教学规律，也符合言语习惯的心理规律。。诵读是一种多功能的言语活动，其中有视觉感官的活动，有发音器官的活动，有听觉器官的活动，于是，诵读这一种言语活动通过眼、口、耳三条神经通道同大脑之间构成一种网状信号传递，所以诵读形成的信号刺激的强烈程度要远远超过交谈和默读，使书面语系统“内化”的速度和牢固程度也要超过默读。

3. 诵读教学法的语言学基础

《语文课程标准》在实施语文教学时明确指出“语文教学应注意汉语言文字的特点”。汉语言文字有许多特点。首先，汉字具有音美。表现为汉语中的每个音节都有声调——平上去入。如果把声调不同的音节有机的配置就能生成波澜起伏、跌宕有致、韵律和谐的语音流，使之读起来抑扬顿挫、优美动听；同时，汉字还可以通过语音修辞，如“响字”、“重字”、“叠音”、“同韵呼应”、“同声或同韵字复叠”等，产生对偶、回文、顶真等修辞形式，使汉语充满了音乐的律动和节奏的灵性。其次，在汉语中，语素表现为单音节化的特点。汉语语素的单音节化就是一个语素、一个音节，作为一个个的个体符号的汉字，与单音节的语素有更完美的结合。汉语中大量形声的存在，使汉语文的诵读非常有利于对内容的理解。形声字兼有表言文字和表音文字的特点，诵读活动中，眼观其形，口诵其声，耳闻其音，心通其意，手书其体，各种感觉器官协调活动，相互促进，出现了感觉器官“连通”“互动”现象，使理解逐渐深化。因此，在反复诵读中常常会产生新的理解、感悟，甚至会产生认识上的飞跃。

二、在诵读教学中加强学生诵读能力的训练方法

基本朗读技能的训练一般包括重音、停顿的训练，节奏、语气的训练。这些基本的训练在小学、初中就有所涉及，但由于在教学中对朗读的忽视，高中学生在朗读中对这些基本技能的掌握并不佳，所以，在朗读训练中，这些基本的训练也是必不可少的。

（一）重音、停顿训练

在朗读中，指导学生读好重音所在的词语，也是发挥朗读作用的重要步骤。重音的确定，要以文章主题为指针，以词句在文章中的地位和作用为根据。读好重音，目的在于加强听者的印象，显示文章的感人力量。准确地识别重音，正确地读出重音，是朗读教学中的一项重要要求，一般来说，凡属于具有对比作用的词语和用作比喻的词语都应该读成重音。

停顿，是朗读教学中的又一环节，它能显示文章的节奏感，渲染气氛，烘托感情，吸引听众。恰到好处的停顿，还可使文章意旨分明，便于听者领会接受，从而唤起读、听双方感情的共鸣。学生在朗读过程中往往不注意停顿，导致朗读效果不佳，影响朗读目的的实现。因此，教师在朗读训练中，应把朗读中的停顿和文章内容的指导结合在一起进行，是学生理解文章的中心意思，从而作出正确的停顿。停顿分语法停顿和心理停顿。语法停顿，一般是由段落到句号，再到分号、冒号、逗号、顿号；心理停顿，是由心理情绪决定的，在表示激动的感情时，可以延长或缩短语法停顿的时间。

（二）节奏和语气的转换

朗读文学作品要注意节奏的把握和语气的变换，把文学作品读的有声有色，有滋有味。

如徐志摩的《再别康桥》共七节，几乎每一节都包含一幅色彩绚丽的画面。但是这首诗光看不读就感受不到诗歌的音乐美。从这个角度来说，这首诗就像萧邦的小夜曲，每四行一节，每节押韵，逐节换韵，追求音节的波动和旋律感。只有诵读才能体会到诗歌优美的旋律。朗读时的语气也要根据文章的主题来确定，比如朗诵徐志摩的《再别康桥》语气应该是舒缓的优美的，而朗诵苏轼的《念奴娇赤壁怀古》则应该是慷慨的激昂的，语气高亢。

三、诵读教学的重要性

抓好朗读教学，对学生学好语文有着极其重要的意义。

首先，朗读有助于培养语感，提高学生运用语言文字的能力。

“语感是一种文学修养，是在长期的规范的语言运用和语言训练中养成的一种带有浓重经验色彩的比较直接、迅速地感悟、领会语言文字的能力。”“语文教学的首要任务，就是培养学生各方面的语感能力，让他记住某些事实是次要的。一个学生的语感强了，他在理解方面和表达方面都会不断前进。”叶圣陶曾经指出：“文字语言的训练，最重要的是训练语感。”在语文课堂上，必须用准确、规范的语言进行朗读，那么，在反复的朗读中，学生就很自然的增加了语言积累，教师就不用专门利用课时来解决生字词问题，这比专项训练要有用的多，对提高学生的语文基础知识水平有积极的意义。另外，多读多记规范的、精当的书面语言，朗读准确、生动、典型的精彩诗文，把这些语言材料消化成为自己的语言，可以用规范汉语进行思维和表达的习惯，带动说写能力。朗读所获得的语言积累、句法习惯，能提高学生运用语言文字的能力并矫正语病。所以朗读是提高语文素养的最有效方法。

其次，朗读可激发学生的兴趣，加深对课文的理解，使教学富于感情。

虽然在欣赏文学作品时，理解作品的内容、篇章结构、乃至字词，教师的讲解、点拨是很重要的，但不能因此而忽视让学生在朗读过程中自己去揣摩去领悟。古人常说：“书读百遍，其义自见。”学生在朗读中对文章字词的确切含义，文章的气势脉络和声音节奏等的理解才有可能是更深切、更丰富的。学生在朗读中揣摩作品的内容、体悟作者的感情，沉醉在作者所创设的情境中，跟作者产生强烈的共鸣，才能领会作品更深层次的意蕴，享受到作品带来的乐趣，这样就大大激发了学生学语文的乐趣。《荷塘月色》是散文大师朱自清的代表作品。“微风过处，送来缕缕清香，仿佛远处高楼上渺茫的歌声似的”。作者把“荷香”比喻成“歌声’，由嗅觉形象转化成听觉形象，朗读教学的时侯可以启迪学生去想象和联想，去体会荷香时断时续、似有似无的特点。“热闹的是他们，我什么也没有”，把作者内心的伤感与无奈、苦闷与彷徨写得淋漓尽致。引导学生朗读这些段落就不难理解作者在朦胧清幽的月下荷塘产生的哀愁情怀，这正是那个黑暗时代作者内心的反映。朗读能让学生沉浸在作品中，释放自己的感情去感受作品的魅力，这样的课堂也会是充满感情的课堂，学生不会感到枯燥无味。

再次，朗读是培养学生创造性阅读能力，张扬学生个性的重要途径。

朗读就是将书面文字变为有声语言的二度创作过程。在这个过程中，学生可以根据作品的思想内容、风格特征等，发挥自己有声语言驾驭能力，充分利用二度创作的广阔空间创造性地把作品展现出来，在朗读中激发自我创造意识，把对语言和思想的认识、理解、感悟、欣赏和评价，有创意地表达出来。所以说朗读的过程就是学生审美创造的过程，朗读对培养学生创造性阅读能力起着很重要的作用。

第五章

语文教学设计和实施

第一节　别出心裁研读课文

教材研读是一切阅读教学设计的开始和基础，素材研读的深度和广度影响着教学设计的质量。

教学研读有很多方法，如拆分法、提取法、反复阅读法、发现式阅读法等，本节主要介绍一些课文研读的特别精致的方法和角度，做到别出心裁地研读课文。

一、章法的审美

章法是我们在阅读课文时对文章结构的总体把握，主要是指文章的谋篇布局的技巧和方法，其品析欣赏的视点丰富而深刻。如：起承转合，重章叠句，开合有度，抑扬有致，虚实相映，先疏后密，轻波微澜，一波三折，悬念层叠，前伏后应，一线串珠，一词经纬，反复穿插，首尾呼应，叙议结合，夹叙夹议，倒叙顺叙，插叙补叙，先总后分，横式结构，纵式结构等，其细节性的技巧奥妙无穷，不胜枚举。总的来看，几乎都与“精深美妙”四个字有关。

于是可以说，语文教师关于文章章法的阅读分析与鉴别欣赏的能力，可能是其阅读分析能力的核心组成部分。

即便不说“章法”二字，只把视点放到比较单一的“文章结构”上，也能看到，许多常规的与非常规的表达方式几乎每天都会出现在我们的面前，出现在我们的教学中。如：

记叙文的要素：时间，地点，人物，事情的起因、经过、结果。

新闻的结构：标题、导语、主体、背景、结语。

说明文的时间顺序、空间顺序、逻辑顺序，以及在此基础上的更为复杂的顺序。

论说文的引论、本论、结论及其展开的技巧。

小说的起因、发展、高潮与结局以及细部上的构思技巧。

诗歌、散文的结构层次；文言诗词的章法结构。

文章表达方面各种常规的或变式的细节技巧。

不同文体文章的创新结构的分析与欣赏。

……

这些基础的教学内容，足以让我们知道语文教师在此方面的阅读分析能力的重要性。

首先，对文章章法的审美，能够从谋篇布局技法的角度去欣赏作品。通过对章法的梳理，做到文脉清晰，思路明朗。其次，章法的审美，能够让我们提炼文章的表达规律。比如，文章中常用的总分结构，总分总结构等，通过对章法的把握，能够有利于学生进一步理解作者的写作手法和意图。最后，章法的审美，能够有效地提高我们的文学素养。

以下通过李白的《蜀道难》、杜甫的《登高》和李商隐的《锦瑟》具体来分析章法审美的重要性。

李白的《蜀道难》分为四段，第一段诗人先连用两个惊叹句渲染气氛，接着发出“蜀道之难，难于上青天”的感慨，紧扣主题。再从历史传说和神话故事的角度铺叙“蜀道之难”，有正有侧，有实有虚，更有映衬，展现出一幅非常原始的蜀地山川I的图景。最后以黄鹤难飞，猿猱愁攀等极度的夸张，给人以山川I险峻，难以逾越的真实感受。第二段诗人进一步把蜀地山川I的险恶，描绘得惊心动魄，并对友人西游入蜀表示惋惜之意。第三段在前两段的基础上，指出在这样险要的地方，如果“所守匪亲”，就会造成严重的后果。诗人把自己的隐忧告诉给读者。末段诗人预示蜀地将发生动乱，希望入蜀的友人不要留恋锦城之乐，再次叹息“蜀道之难，难于上青天”，同前呼应，收束全诗，“起承转合”的章法十分明显。

《登高》系杜甫名作。前四句写登高所见（点题，属律诗的明起式），气象雄浑阔大。后四句抒发感慨（感叹式），交织着诗人对国运艰难的关注，对沦落他乡的无尽感伤。诗的前半部分一写闻一写见，一模山一范水，两相间隔，毫无板滞之病。后半部分悲秋与登高分写，落脚点是诗人自己的穷途潦倒，因为久客，所以艰苦备尝；因为多病，所以潦倒日甚，所以白发日添，所以酒杯难举，逻辑严密，于曲折中见层次，于文字的锤炼中见动力。由此可以看出诗人造句之法的高妙。这首诗在形式上也十分有特色。它通篇对仗，而首联又是当句对，“风急”对“天高”，“渚清”对“沙白”。其次是句法交错而又相接。前四句是一、三句相接，都是写所闻；二、四句相接，都是写所见。在意义上是互相联系的，因“风急”而闻落叶萧萧；因“渚清”而放眼滚滚长江{因“悲秋”而勾起“哭恨”；因“多病”而引起“停杯”。再次是不仅写景具有巨大的艺术概括力，而且融情于景，浑然一体，有着较强的感染力量。如此这般的分析结构层次，寻觅内在逻辑，归纳艺术特色。教师在此基础上稍加引导，学生就不难理解如下分析，如罗大经所析：“‘万里’，地之远也；秋，时之凄惨也：作客，羁旅也；常作客，久旅也；百年，暮齿也；多病，衰疾也；台，高迥也；独登台，无京朋也。”

《锦瑟》是李商隐晚年回顾过去、自述感伤的名作。本篇以锦瑟起兴，不无深意。“无端五十弦”的感叹，与诗人年近五十而功业无成的身世紧密联系着，所以才有下句“一弦一柱思华年”的联想，“追忆”与首联“思华年”呼应，激起自己对一生经历的回忆。颔联是说抱负不得施展，往日追求建功立业的壮志已成梦幻，伤感的情怀只有托杜鹃来倾诉了。颈联更是用怀才见弃，理想破灭的切身感受来抒发诗人难言的隐痛。尾联慨叹一生遭遇，怅惘失意，心痛难平。“惘然”与首联“无端”相映衬。全诗在比喻和象征中，熔铸了诗人一生的遭遇，情意含蓄，感慨深长。

通过对以上三首中国古典诗歌章法的剖析，学生就会由章法进而把握诗歌的思想内容和艺术技巧，对诗歌的鉴赏就有了真切的感受和理解。久而久之，他们的诗歌鉴赏的能力就形成了，鉴赏课外的诗歌也就变得容易多了。

二、语言的品味

语文的教学，实际上是语言的教学，是语言的运用、品味和赏析的教学。

品词析句是语文教师解读文本的最重要的能力之一，没有这样的能力是无法做一个称职的语文教师的。

（一）品味语言的情感美

语言是作者与读者沟通的一座桥梁。作者在文章中让自己丰富的情感充分流露，自然而然地感染了学生。其中是亲切、自然，充满爱意的言语是最让学生产生共鸣的。例如《沁园春·长沙》中的字词欣赏。

“独立寒秋．湘江北去，橘子洲头”。起句“独立”二字辟空而来，见其笔力的道劲，而以“寒秋”“橘子洲”点明时、地。独立的形象，北去的江流，又有“寒秋”着色，便有了无限的涵泳之味和沉郁豪迈之气。

“独立”，不仅表明是一个人，而且显示了诗人砥柱中流的气概。寒秋季节望着日夜不息的江水，诗人陷入了沉思，表达了对祖国和民族前途的忧思之情。

“遍”写枫色之广，“层”写枫林之茂，“染”写树色之奇，“漫”写江水之溢，“透”写湘水之清，“争”写行船之奋，“击”写雄鹰之健，“翔”写鱼儿之乐。锤炼之妙，令人叫绝。

“万山红遍，层林尽染”，既是四周枫林如火的写照，又寄寓着诗人火热的革命情怀。红色象征革命，象征烈火，象征光明，“万山红遍”正是作者“星火燎原”思想的形象化表现，是对革命与祖国前途的乐观主义的憧憬。

“红遍”、“碧透”写不同色彩；“层林”、“漫江”写不同景物，“争流”、“击”、“翔”写不同形态，描写了湘江秋色多姿多彩的画面。

“百舸争流”，“争”增加了昂扬奋进的气氛，活现出千帆竞发、争先恐后的热烈场面。

“鹰击长空”、“鱼翔浅底”，“击”透出猛、劲的飞鹰雄姿，矫健有力，更觉天空秋高气爽；“翔”突出轻、快，游鱼从容，轻快自如，更显江水清澈见底。“击”、“翔”准确而生动地刻画出了在万里长空中鹰飞的矫健和在清澈见底的江水中鱼游的欢畅自在。

“万类霜天竞自由”，“竞”字有力地突出了在寒秋严霜下的万物蓬勃旺盏的生命力，让人感受到诗人对大自然的无限热爱和由衷赞美。

一“怅”一“问”，把人们的思绪带入了对国家命运的深沉思考之中。旋律格调由扬而抑，由起而伏，由雄而沉，节奏语气由急而缓，由张而弛。

“问苍茫大地，谁主沉浮”，慷慨激昂的情绪喷涌而出，虽为问句，实际上是作者肯定的回答。这一问，排空而下，没有万钧笔力难作此等豪迈慷慨之语。词人虽未作答，但言外之意却已昭然。

“忆往昔峥嵘岁月稠”，以峥嵘形容岁月，新颖，形象，将无形的不平凡的岁月，化为一座座有形的峥嵘的山峰，让人感到巍峨奇丽的崇高美。

一个“忆”字，引出往昔峥嵘岁月。

“恰同学少年，风华正茂；书生意气，挥斥方遒”，四个排句，激昂顿挫，节奏鲜明，描绘出一群青年革命家的英姿俊采。

“指点江山，激扬文字，粪土当年万户侯”，艺术地概括了这群青年革命家的实践活动。“粪土”二字，用得恰当，用得生动，用得简炼。

“万山”、“万类”、“百舸”表现了毛诗在数词运用上的一大特色。毛诗并不满足于意象本身之大，还乐于运用大数目的数词，以夸张的手法，追求更大更强的气势。

一句“曾记否”，把人们的思绪拉回到了现实，庄严思考自己的历史责任。情绪出现小小低沉。接着，用“到中流击水，浪遏飞舟”这一在惊涛骇浪之中英勇搏击的生动意象，再现突峰。

“中流击水，浪遏飞舟”，一幅奋勇进击、劈波斩浪的宏伟画面。

“遏”字乃传神之笔，掷地可作金石声，使我们仿佛看到了他们激昂的情态，好似听到了他们自豪的壮语。“中流击水”，并不仅仅写青年人玩水的兴致，此中还表现出大风暴里海燕们的慷慨意气。全词就此收住，言已尽而意无穷。

整首词昂扬激越的风格在结尾有更加充分的表现，寓意深刻，含蓄隽永。一“击”一“遏”，其力至强，其神至壮，刻画出诗人的激昂情态和英武精神。

诵读是品味语言感情美的重要方法。所谓“诗缘情”、“情动而辞发”。文章表达的是豪放之情、悲愤之情，还是绵绵的思乡之情、淡雅的闲适之情，都可以通过诵读的训练来提高感知能力。通过诵读，课文内容入于眼，出于口，闻于耳，记于心，多方感知，对文章感受极为深刻。

（二）品味语言的形式美

《文化的结晶——词义》一书中曾举了一个例子：广州有一种牙膏的牌子叫“洁银”，它的本意是“清洁牙龈”，但使用了“银”而非“龈”，就是为了不让消费者联想起糜烂溃疡的牙龈情景。因而，不同的语言在视觉上、听觉上都能起不同的作用。文章语言的形式美体现在 3 方面。1. 语言的节奏美。如停顿、跳跃等。2. 句子的整齐美或错落美。如偶句、奇句、排比句、长句、短句、骈句、散句等的运用。3. 语言表达方式的美。如叙述、描写结合，议论、抒情、叙述融于一炉。

（三）品味语言的意境美

学生必须通过文章的语言，领会读者的意图，以及其言外之意。有不少的文章都很讲究意境美，讲究借景抒情，学生就要懂得领悟语言表述所透露的信息。例如学生在学习戴望舒的《雨巷》时，教师就要启发他们品味词的语言的意境美。

打开诗篇，我们首先看到诗人给人们描绘了一幅梅雨季节江南小巷的阴沉图景。诗人自己就是在雨巷中彳亍彷徨的抒情主人公。他很孤独，也很寂寞，在绵绵的细雨中，“撑着油纸伞，独自彷徨在悠长、悠长又寂寥的雨巷”。在这样阴郁而孤寂的环境，他心里怀着一点朦胧而痛苦的希望：“希望逢着一个丁香一样结着愁怨的姑娘”。这个姑娘被诗人赋予了美丽而又愁苦的色彩。她虽然有着“丁香一样的颜色，丁香一样的芬芳”，但是也“丁香一样的忧愁”。她的内心充满了冷漠、凄清和惆怅。和诗人一样，在寂寥的雨巷中，“哀怨又彷徨”。而且，她竟是默默无言，“像梦一般地”从自己身边飘过去了，走尽了这寂寥的雨巷。

这是一个富于浓重的象征色彩的抒情意境。在这里，诗人把当时的黑暗而沉闷的社会现实暗喻为悠长狭窄而寂寥的“雨巷”。这里没有声音，没有欢乐，没有阳光。而诗人自己，就是这样的雨巷中彳亍彷徨的孤独者。他在孤寂中怀着一个美好希望。希望有一种美好的理想出现在自己面前。诗人笔下的“丁香一样的”姑娘，就是这种美好理想的象征。然而诗人知道，这美好的理想是很难出现的。她和自己一样充满了愁苦和惆怅，而且又是倏忽即逝，像梦一样从身边飘过去了。留下来的，只有诗人自己依然在黑暗的现实中彷徨，和那无法实现的梦一般飘然而逝的希望！

在此作者以传神之笔泼情于画面，可谓“一切景语皆情语”。这类课文在教学中，教师应该引导学生认真阅读教材，然后让学生根据教材提供的画面充分展开联想和想象，形成立体思维，多方面感知教材，通过理解和感受把无声的文字化成栩栩如生的形象，从而产生如临其境、如见其景的美感，让学生情不自禁地进入悠然神往，遐想不已的境界，充分领略课文的图画美。综上所言，学会品味语言的美，就是让学生在主动积极的思维和情感活动中，有所感悟，受到情感的熏陶，享受审美的乐趣，从而达到提高语文素养和文化品位的目的。

三、把握重点段式和句式

（一）段式赏析

段式是组成文章的基本单位之一，是文章段落的写作和展开形式。在目前的语文教学中，段式赏析被很多老师所忽略，这是当下语文教育所存在的缺陷。

所谓“段式分析”，是对文章的“段”进行思路、结构、层次、脉络乃至手法的分析与提炼，它着眼于“段”的形式之美研究、“段”的展开方式之研究，从而让我们从“段落教学”的角度发现大量有用的课堂教学资源。

“段式分析”的作用主要有：

就教师而言，提高自己深读教材、精读教材、美读教材的能力，学会用“提炼”的眼光与手法去发现并分析语言表达的现象或规律，也帮助自己积累有用的读写训练材料。从更高的层次来说，还可以激发教师个人的“小专题”研究的兴趣。

从教学的角度而言，可以利用教师提炼出来的精致的语言表达形式，对学生进行层次划分能力训练，进行内容概括能力训练，进行思路分析能力训练，进行段式仿写能力训练，进行有序表达的口语训练与思维能力训练；更可以组织起读写结合、段式学用的课堂活动。

“段式分析”是语文教师教材阅读中的一处“冷门”。语文教师一般不研究“段式”，这无论对于教师的阅读分析能力的训练，还是教师教学资源的积累，都是一种损失。

段式研究的主要目的是为了教学中的运用。

每一位语文教师，都应该享受一下段式分析的乐趣。

比如我们可以通过对朱自清《荷塘月色》的段落分析来探究段式分析的重要性。

文章的第四段描写先写了茂密的荷叶，次写多姿多态的荷花一以及阵阵传来的

荷香，最后写叶子和花的一丝颤动和脉脉的流水。概括地说，这段描写中依次写了荷叶|、荷花、荷香、荷波、荷韵。并且我们可以知道作者是按照驻足观察的顺序，视线由近及远、由上而下来写的。具体到景物描写上，他又是怎样去描写的呢？我们来看！作者写荷叶是说它“像舞女的裙”，静中写动，写出了动态美，写荷花“袅娜”、“羞涩”，像人一样娇美，写出了静态美；像“明珠”、“星星”则写出了花在月光下的光华；写荷香用“仿佛远处高楼上渺茫的歌声”，激活了读者的美好想象；写荷波是“有一丝的颤动”，化为“一道凝碧的波痕”写出了微风过处叶花颤动的情状，既有视觉形象，又有听觉形象，即风吹花叶的颤动声；写荷韵是通过流水的“脉脉”含情来体现的，真正做到了言有尽而意无穷。作者在这里通过荷叶、荷花、荷香、荷波、荷韵五个方面展示了月下荷塘的清幽淡雅。当然，一切景物的描写总需要一些表达手段才能完成，具体说来，一段生动、优美的景物描写总要通过一定的修辞手法来生成。

（二）句式赏析

句式就是有着一定的表达形态和结构特点的句子，比如排比句、对称句等。通过对特殊句式的分析，可以看出文章细节处的精美与精妙。

比如郁达夫《故国的秋》中“比起北国的秋来，正像是黄酒之与白干，稀饭之与馍馍，鲈鱼之与大蟹，黄犬之与骆驼。”在这句话中连用四组比喻性对比，目的是形象的说明南国之秋色彩不浓，回味不永的特点．具体的来说，黄酒之与白干比喻南国秋味平淡，北国秋味浓烈．稀饭之与馍馍，比喻南国之秋味稀薄，北国之秋味厚实．鲈鱼之与大蟹比喻南国之秋味柔软，北国之秋味刚强．黄犬之与骆驼，比喻南国之秋范围狭小，北国之秋范围广大。

关于句式的赏析，除了要分析语句结构之外，也应该根据某一语句在整篇文章中的位置来体察作者的意图。

如朱自清的《荷塘月色》中有一句话：“——这样想着，猛一抬头，不觉已是自己的门前；轻轻地推门进去，什么声息也没有，妻已睡熟好久了。”

这段文字中有两个词语特别需要关注：“猛”和“不觉”。“猛”有“忽然”“突然”的意思，“不觉”表明“没有意识到”，这两个词语表明作者从“荷塘”回到“家”是一个不知不觉的过程。“荷塘”令人沉醉，以至于“我”在回“家”的整个过程中都在联想与之相关的情境；而“家”则更为强大，在自己不知不觉之中就习惯性地回到“家”中。理解这两个词语有助于理解该文两个核心意象“家”与“荷塘”的内涵。

理解此处文字还需要关注引文中的分号。作者用分号而不用句号，给读者的感觉是这两句话的语意连接更紧凑，前后关联更紧密。如果用句号，不觉回到家门口的行为与进门看到家中的景象就成了各自独立的语意，彼此有一定的独立性。“我”是

“不知不觉”回到家，并且“轻轻推门进去”，可家中却是“什么声息也没有，妻已睡熟好久了”，“我”对“家”的本能情感与“家”对“我”的无视对比意味更强烈，带给读者的震撼与思考也就更强烈更深入了。

四、表达技艺的欣赏

表达技艺是小说中非常重要的一个环节，因此此处主要讨论表达技法的重要性。

就一般的读者而言，小说的表达技法永远是深不见底的谜。这是因为一般的读者并不是小说创作研究的专家。

但如果是语文教师，从教学的需要来看，从教师的素养来看，倒是非常需要用一些时间来潜心地研究、体味、欣赏小说的表达技法的。它们是真正文学的、高雅的内容。如果一位语文教师，在小说的教学中只能给学生指导“小说的要素”等基本常识，那就很难说得上具有一定的教学素养。

可以说，能够懂得小说的技法或笔法，就能够懂得其他所有文体的文章技法与笔法。

也可以说，教师能够比较深入地欣赏小说作品，才可能是真正拥有了阅读欣赏能力。

所以，语文教师如果要练就文学欣赏的功夫，就首先要关注对小说的欣赏，提高自己欣赏小说表达技巧的水平与能力。

欣赏小说的技法，最好运用积累的方法，在对每一篇小说课文的研读中积累右关知识 . 然而“由一篇而推知一类”。久而久之，知识就丰富起来，眼光就敏锐起来。

如研读小说《祝福》，我们可以积累这样一些知识：

故事背景

《祝福》写于 1924 年，反映的是在半封建半殖民地旧中国农村妇女的悲惨命运。1911 年的辛亥革命，虽然推翻了清王朝的封建专制统治，并没有从根本上摧毁封建制度的经济基础，所以中国仍旧在帝国主义和封建主义压迫之下，依然处于半封建半殖民地的地位，政权还是掌握在地主阶级和官僚买办的手里。封建宗法的思想和制度向来是束缚中国人民特别是农民的绳索，而农村的劳动妇女所受的压迫最深，痛苦最大。她们不仅没有地位，而且没有人身自由；如果是再嫁寡妇，就更受人歧视，甚至连劳动和生活的权利也被剥夺了。

《祝福》通过祥林嫂一生的悲惨遭遇，反映了辛亥革命以后中国的社会矛盾，深刻地反映出旧社会中千千万万劳动妇女共同的悲惨命运：肉体遭受压榨、蹂躏，精神也受到摧残和毒害。鲁迅通过祥林嫂的故事所显示出的摧残和杀害劳动人民的有形和无形的刀子，有些也正属于鲁迅所要探索和要改造的“国民性”，其实所谓“国民性”正是长期封建统治造成的。作者怀着对劳动人民不幸遭遇的深切同情，揭露吃人的社会制度和旧礼教的罪恶，以唤醒人们来“扫荡这些食人者，掀掉这筵席，毁坏这厨房”。

主要人物

小说的主要人物是祥林嫂，祥林嫂是旧中国劳动妇女的典型，她勤劳，善良，朴实，温顺，安分的人，但在封建礼教和封建思想占统治地位的旧社会，她被践踏、被迫害、被摧残，以至被旧社会所吞噬。除了祥林嫂之外，还应该重点把握四叔和“我”的形象。

场景安排

小说将人物的主要活动安排在鲁四老爷家，虽然中间有其他的个别场景，但是故事的主要走向都跟鲁镇的鲁四老爷家具有千丝万缕的联系。这个环境主要有两个特征，首先是它的等级性。其次是置身其中的人们的人格与道德准则的迂腐性、残忍性和麻木性。小说主要讲祥林嫂在鲁四老爷家里两次当女仆的经历，推进了故事发展。

叙述视角

《祝福》采取的是旁观者的视角，小说中的“我”并不是鲁迅本人。“我”一方面通过其他人了解祥林嫂的一生，另一方面又在了解祥林嫂的故事时看到了大众态度。但最为奇妙的是，“我”和祥林嫂的对话，将“我”由一个旁观者纳入到了参与者的视角。我不仅仅是一个看客，同时也是一个被看者。

人物特征

祥林嫂最让人深刻的特征就是沦为乞丐之后间或一轮的眼珠，暗示了祥林嫂被封建社会所摧残的暗淡无光行将就木的生命悲剧。鲁四老爷的人物塑造，最为典型的就是对其书房的陈设的描写，揭露了他的丑恶本质，从而揭示出他成为杀害祥林嫂的刽子手的深刻的阶级根源和思想根源。厅堂的布置，几案的摆设，处处显示出令人窒息的死气。鲁四老爷是一个“讲理学的老监生”，中国的宋明理学对于处在封建等级制最底层的劳动妇女来说，是最残暴最苛虐的一种思想体系。

情节设置

小说围绕主题，总共描写了三次祝福。

①第一次是描写镇上各家准备“祝福”的情景。第一处（第1、2段）：小说在开头就渲染了鲁镇年终祝福的热闹忙碌的气氛：晚云的闪光，爆竹的钝响，幽微的火药和人们忙碌的景象，调动了读者的视觉、听觉和嗅觉，使人如见其景，如闻其声。“沉重”、“阴暗”、“乱成一团糟”等词透露出了作者对这种气氛的压抑和反感。祝福是“鲁镇年终的大典”，富人们要在这一天“迎接福神，拜求来年一年的好

运气”，以便继续他们贪得无厌的“幸福生活”，而制作“福礼”却要像祥林嫂一样的女人“臂膊在水里浸得通红”，没日没夜地付出自己的艰辛，可见富人们所祈求的幸福，是建立在榨取这些廉价奴隶的血汗之上的。这样通过环境描写就揭露了人与人之间的矛盾冲突，预示了祥林嫂悲剧的社会性。同时，通过“年年如此，,,, 今年自然也如此”的描写，也点出了辛亥革命后农村的状况：阶级关系依旧，风俗习惯依旧，封建思想依旧，而破折号后插入的部分又反映出，在贫富悬殊的社会里，穷人无福可言。这些语句，勾勒了当时的社会环境，揭示了祥悲剧的社会基础。注：风俗习惯依旧，封建思想依旧

②第二次是对祥林嫂死后鲁镇旧历的年底雪天的描写。第二处（第 32 段）：鲁镇旧历的年底雪天渲染了悲凉沉寂的气氛，烘托祥林嫂死后的凄凉和我的“沉痛”心情。中间的议论是反语，表现了我对这个黑暗社会的憎恨，最后一句的“舒畅”是愤激和沉痛之语。注：渲染了悲凉沉寂的气氛特定的环境描写，推动了情节的发展，同时也增加了人物形象的真实感与感染力。

③第三次是结尾通过“我”的感受对祝福景象的描写。第三处（最后一段）：这段景物描写是由回忆到现实。第一句是过渡，与前面转入回忆的句子相照应，渲染了热闹气氛，同时反衬出祥林嫂惨死的悲凉。最后一句故意虚写，那些“醉醺醺”蹒跚着的“天地圣众”哪里会赐福给穷人呢？买不起爆竹的穷人们，得到的只是无穷的痛苦和悲哀。祥林嫂死的惨象和天地圣众“预备给鲁镇的人们以无限的幸福”的气氛，形成鲜明的对照，深化了对旧社会杀人本质的揭露，同时在布局上也起到了首尾呼应，使小说结构更臻完善的作用。

结构构思

小说采用了倒叙的手法，将祥林嫂的悲惨结局在开始就呈现在读者面前，为读者设置了一系列悬念：祥林嫂过去是什么人？为什么会落到这个地步？为什么又会在死前提出那样奇怪的问题呢？这一切都使读者急于追根溯源探求原委。同时，造成了浓厚的悲剧气氛，揭示了祥林嫂与鲁四老爷之间尖锐的矛盾，突出了小说反封建的主题。

通过以上对于鲁迅《祝福》的研读，我们从中可以学习到人物的外貌描写中的白描手法，故事的倒叙手法，叙述人的视角问题，情节的重复设置等技巧。想要读好小说，深刻地理解文章，就必须对小说最基本的表达技艺有所了解。

第二节　教学创意的美妙角度

教学创意是一个非常具有张力的词语，包涵性很强，构思教案，取舍角度，勾勒

思路，优化细节，斟酌手法，教师在教学之前的这些策划，都可以称为“教学剑意”。

教学剑意，表现在教学设计上，体现出来的是教师的教学素养和教学智慧。

优秀教学剑意的产生不指望、不追求灵机一动。它的产生需要三个方面的条件：

一是教师对课文文本的精细研读和深刻体会。

二是反复认真地斟酌、思考、提炼与修改的构思过程。

三是有带有时代特点的教学理念的支撑和与课文教学有关的丰厚参考资料的支撑。

创新的教学设计追求五十关键词的境界：新颖、简明、实用、灵话、雅致。

创新的教学设计需要回避五个方面的粗俗手法：教程死板、课前预演、课中展示、浅表阅读、高调清谈。

在“教学创意”上多下力乞，对于教师特别是年轻教师业务能力的提高极有好处。

本节主要是选取教学创意的几个点来进行总体探讨。

一、教学创意之新

所谓的创意必然包含着创新，此处的“新”主要是从角度上来说的，比如新的教案，新的教学设计，新的活动方式等都是教学创意。

《高中语文新课程标准》指出：“高中语文课程应联系学生生活，加强语文实践，沟通古今中外，面向未来世界，应以专门性和综合性、边缘性相结合的学习内容，向学生展示层次多样的语文课程图景，提供丰富的语文营养和多向度发展的途径，也给语文课程自身增添生长活力。”时下一些电视节目，一些广告宣传，往往创意十足，我们可以采取“拿来主义”，借鉴那些富有新意和雅趣的创意内容。比如每到岁末年初，人们总喜欢用一个汉字来形容这一年中，曾经的感动或感慨，曾经的悲哀或者悲痛，曾经的幸福或者幸运，把自己的记忆自己的情绪自己的期待浓缩在这这一个“汉字”中。年年国家语言资源监测和研究中心、商务印书馆、媒体等都会盘点年度汉字。据此，笔者在年末最后一节语文课的时候，设计了一堂语文主题活动课，主题是：“我的年度汉字”。让学生先了解本年度的国家汉字及入选理由，然后再选自己的年度汉字，并谈谈选择它的理由。教师把同学的年度汉字设计成笑脸的板书，引导学生看到一年来的成长与蜕变，看到对未来的祝福与期盼，给予学生“正能量”。本节课设计的作业题就是写一篇作文《我的年度汉字》。这样的一堂创意活动课，不仅引导学生关注当代文化生活，学习对文化现象的剖析，积极参与先进文化的传播和交流；在语文应用中开阔视野”，而且“拓展语文学习的范围，通过广泛的实践，提高语文综合应用能力。

二、教学创意之简

简化语文课堂教学程序，简化课程教学内容，是极重要的教学要求。好的“创意”能够让人一眼看出它简洁明晰的思路和简洁的内容，于是它就“可用”、“有用”。“创意”离开了“有用”二字，用褒义词来评价，可能只是“畅想”。

几乎所有的教师都能够胜任简化了头绪的教学。

而“简化”则并不意味着学生学不到知识，练不出能力。

教学创意讲究“简”，其实质在于：让教师的课堂活动精练起来，让学生的训练活动充实起来。

教学创意讲究“简”，其教学的奥妙在于：教学过程看似简单，教学内容却丰厚——简中求丰。

下面是笔者的《林教头风雪山神庙》的教学创意。它首先是求“新”的，然后是求“简”的，它的教学过程与内容简洁明了，但对学生的训练却十分扎实；可以从中看出教师研读课文的深度与广度，又可以看出对学生进行训练的力度与厚度。

《林教头风雪山神庙》教学设想

教学创意

1. 设法将学生引入课文之中。

2. 用逐层深入、逐渐细化的教学步骤引导学生既从整体上把握文章内容，又注重对文章细节的品评欣赏。

3. 运用“话题讨论”的方式引导学生分析文章层次和欣赏文中细节。

预习要求

1. 读课文，给生字注音；读注释，理解部分词语的含义。

2. 读课文，试对每段课文的大意进行概括。

课时安排

在预习的基础上，用两节课完成此课的教学。

第一课时

教学铺垫（一）

与本课有关的背景、情节介绍。

教学铺垫（二）

认字识词：赍发　亲眷　玷辱　恁地　浑家　酒馔　尴尬　防噎　髭须
　　　　　朔风　仓廒　反拽　迤逦　搠　剜

教学铺垫（三）

对《林教头风雪山神庙》的若干学术评价。

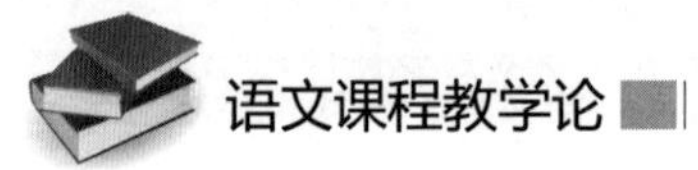

（以上约 8 分钟左右）

教学活动一：从比较租的线条入手组织阅读活动

概说活动——用巧妙设计“抓手”的方法，让学生进入课文，初步把握文意。

活动“抓手”：请同学们根据课文内容，说说对课文标题“林教头风雪山神庙”的理解。

活动方式：同学们自由叙说，教师对学生的理解进行评说。

发言的内容可能有：

这个标题点出了故事的人物、地点、环境。

这个标题表现的是林教头风雪之中夜宿山神庙的故事。

这个标题表现出人物生活的一种凄凉的环境。

这个标题有着类似于“悬念”的作用，让读者急于知道故事的内容。

这个标题突现了故事的高潮。

这个标题可以让我们去品味环境描写对故事情节与人物的烘托作用。

从故事内容看，这个标题表现了林冲人生道路的又一次重大的转折。

老师顺势插入人们对这个标题的种种评说。

（以上约 15 分钟左右）

教学活动设计二：从稍细的线条入手组织阅读活动

分析活动——运用“一石多鸟”的方法，既让学生深深进入课文，又训练学生的分析、概括能力，还间接地提高多角度认识事物的能力。

活动内容：

1. 教师介绍对课文内容层次的一般划分与概括，即，这篇课文分为四个部分。

第一部分（第 1 段）：沧州遇旧。（林教头巧遇李小二）（林教头沧州遇旧知）

第二部分（第 2–5 段），买刀寻敌。（林教头买刀寻仇人）（林冲怒买刀去寻敌）

第三部分（第 6–9 段），到草料场。（林教头接管草料场）

第四部分（第 10–12 段），雪夜报仇。（林教头怒杀陆虞侯）（风雪夜山神庙复仇）

2. 老师提出讨论的话题：

对这篇课文内容层次的划分，也有人提出可以分为三个层次，也有人提出可以划分为五个层次，请同学们各自选一种说法，证明这种说法也是言之有理的。

同学们活动，课堂交流，表达看法，教师进行评点。

（教师对“三个层次”、“五个层次”的划分方法应有充分的准备，以便和同学对话。对话之中，顺势插入多角度分层划段的观点。）

（以上约 20 分钟左右）第二课时

教学活动设计三：从更细的角度入干组织阅读活动

欣赏活动——运用"读写结合"的方法，既引导学生深入课文，又训练学生的欣赏、表达能力。

活动要求：

请同学们从老师提供的话题中自选一个话题，写二三百字的欣赏短文。

请同学们自己拟定话题，写二三百字的欣赏短文。

老师提供的话题：

1. 课文中的一字之妙
2. 课文中的一物之妙
3. 课文中的一景之妙
4. 课文中的悬念之妙
5. 课文中的伏应之妙
6. 课文中的巧合之妙
7. 课文中的细节描写之妙
8. 课文中的语言精粹之妙
9. "山神庙"描写欣赏
10. "偷听"描写欣赏
11. 三"喝"描写欣赏
12. "风雪"描写欣赏
13. 对话描写欣赏
14. 故事"高潮"部分欣赏
15. 林冲性格欣赏

创意地处理教学内容要求教师必须从文本出发，实实在在研究文本，而不是搞花架子，成功的教学创意产生的基础一是深入扎实的课文研读；二是求美求实的教学思想。在此基础上要求教师优化教学内容，简化教学头绪，强化学生主体的思想，来进行设计，使得学生的语文能力得到锻炼，思维能力得以拓展，学习兴趣得以提高。比如可以将《记梁任公先生的一次演讲》时，设计了几个教学环节：海报宣传——口头介绍——现场观感，这样就把零散的内容巧妙地凝聚在一起，化繁为简。

三、教学创意之趣

教学创意之趣就是要使得语文课堂充满趣味，不仅仅是教案内容的有趣，更应该是教学活动、教学设计的有趣。在具体的教学活动中，教师可以从以下几个方面促进教学的有趣性：

（一）有趣的教学模式

教师所设计的有趣的教学模式，可以让学生在学习中体会到很多快乐。

以语文老师引导学生学习《祝福》这一切课为例，教师可引导学生用角色扮演的方式学习这切课的知识、老师可引导学生根据时间顺序，把《祝福》这篇文本改编为幕话剧。一个学习小组负责演一幕话剧。这种教学方法能让学生感受到他们不必一直伏在桌案上学习语文知识，他们可以“动起来”，玩喜欢的角色扮演游戏。有一名教师曾用这种教学方法引导学生学习，学生们研究了这篇小说的文本，将文本的内容进行核理，将《祝福》的话剧整理为《初到鲁镇》、《被卖改嫁》、《再到鲁镇》这三幕，由三个学习小组完成话剧扮演任务。学生在学习小组完成话剧扮演任务。学生在学习的过程中，感觉到了把语文文本艺术表演出来的乐趣。

高中语文教师在开展教学时，不能一味的应用某一种教学模式开展教学活动，而要根据教学的内容选择有趣的教学模式，让学生在学习中感受到乐趣。

（二）提出趣味的学习问题

部分语文教师在开展教学活动时，不了解提问的艺术，他们提出的问题不能让学生感受到学习的愉悦，只觉得学习语文知识像完成单调的学习任务。语文教如果不能让语文提问变得有趣，学生就不会愿意接受教师的引导，教师就很难完成引导学生学习的任务。为了让学生愿意围绕老师的问题思考，老师要让自己的提问变得有趣。

依然以语文教师引导学生学习《祝福》这一节课为例，如果语文教师直接引导学生阅读《祝福》这篇文章，他们会觉得这篇文章的措辞“不文不白”，读起来好艰涩；有一些学生对这篇课文有一定程度的了解，由于他们找不到挖掘文本的必要性，因此也不愿意主动的学习这篇课文。如果教师向学生提出一个问题：“请学生带着问题阅读课文，阅读完课文以后，说明祥林嫂是个怎样的人？”以上两类学生都不会对这个问题感兴趣。有一名语文教师是这样提问的：“我们身边有这样一种人，他们老是唠唠叨叨同一件事，遇到这种人，有时别人会说你能不能虽像个‘祥林嫂’啊，你啰嗦够了没？你们身边有没有这种人呢？”学生加快起教师提出的问题，觉得身边确实有这种人，教师又问：“你们觉得这样的人最大的物质是什么呢？”学生经过思考以后，表示这样的人既可怜，又可嫌，他们总是觉得自己的遭遇非常惨，但是听完他们遭遇的人非但不会产生同情心，还会产生厌烦感，于是学生内心就会思考，原来这样的人就是“祥林嫂”啊。

高中语文教师要了解语文提问的艺术，应用创意的方法提问、应用让学生惊喜的方法提问、用层层铺垫的方法提问，艺术的提问方法能让学生感觉到语文课堂学习的趣味性。

（三）开展趣味的交流活动

依然以语文教师引导学生学习《祝福》这一节课为例，那一名语文教师在引导学生完成戏剧表演以后，让学生拟定评估戏剧表演的指标。学生经过思考，拟订出文本改编、情感投入、演员演技、综合创意这四项指标。在评估的过程，学生充分的感受到交流语文知识的乐趣。当学生评估完毕以后，学生发现一个问题，就是《祝福》这一篇课文有些特别，似乎即使赏的演技不够好，它的文本表现力还是很强，学生依旧能把这幕戏据表演看下去。于是学生们开始交流讨论这个问题，那一名教师引导学生以这个问题为切入点，学生经过教师的引导，找到深入语文文本的学习方向。

高语文教师在课堂上需要给予学生学习评估，如果教师应用个人评估的方法，会让学生感觉到自己只是一个被评估的对象。教师要应用多元评估法、趣味评估法引导学生学习，让学生感觉到学习语文知识的乐趣。

四、教学创意之活

所谓的“活”，实际上主要针对的就是传统死板的模式化的教学。其主要作用是让课堂活起来，让学生能够真切地认识到自己是课堂教学的主体，从而进行踊跃发言，完整地表达自身的看法。在苏教版九年级的语文教材中有很多文言文篇章，学生在学习文言文的时候，很容易陷入到对语法使用的枯燥分析的怪圈。但是，如果运用创新性的教学方式，则会完全取得不一样的教学效果。

例如，在讲述《归去来兮辞》这篇文章的时候，首先需要教师给学生阐述的就是这篇文章的时代背景，并详细介绍陶渊明的人生经历。这样学生就能够理解这篇文章所要讲述的是一位在官场不得志继而想要隐居田园的内容。其次，在具体文字解读过程中，教师不需要一字一句的进行解读，而是要将这篇文章的白话文翻译带给学生。教师需要引导学生通过自己的努力，将白话文和文言文进行有效的对照分析，从而彻底明白这篇文章的用词习惯。再次，教师在讲述过程中，应该随机性的给学生提出相关问题，学生根据这些问题，就能够对于整篇文章的结构有一个大概的划分，从而对于文本内容拥有更深刻的了解。在处理完以上的内容之后，教师还可以让学生进行自主讨论，找出自己对于文章内容及词汇上尚不明确的地方，并由代表进行发言，最后教师给予相应的解答。

五、教学创意之实

在当前的语文教学中，很多教师热衷于“面子工程”，他们为学生准备了大量的展示活动。虽然这从表面上来看学生的能力得到了很大的展现，但是从实际效果上看，学生的整体语文综合素质的提升却和其所花费的时间不成正比。所以，在具体的创意性语文教学过程中，教师所需要做的就是减少那些花架子，从实实在在的内容出发，最大限度的夯实学生的学习基础。

简单来说，需要改正的包括以下几个方面：

第一，教师在课堂教学中，要明确教学时间的宝贵性，尽可能的减少那些为了提问而产生的问题，减少自身的语言总量，尽可能的赋予学生多的时间进行文章的解读。

第二，在具体的教学训练的过程中，教师要摒弃传统教学中的一刀切的模式，而是要根据班级内同学的不同学习水准，制定不同的训练内容，从而使所有学生都能够得到相应的提升。

第三，教师还需要在课堂教学中紧密结合文本进行阐述，尽可能的减少那些不依托于文本所产生的漫无边际的感受性内容，使得文本教学真真正正的落到实处。

六、高中语文课堂教学创意策略

（一）“大语文”教学策略

新课标理念认为：“各地区都蕴藏着自然、社会、人文等多种语文课程资源。要有强烈的资源意识，去努力开发、积极利用”，“语文教师应高度重视课程资源的开发和利用，创造性地开展各项活动，增强学生在各种场合学语文、用语文的意识、多方面提高学生的语文能力”。这些理念充分体现了大语文的观念：生活是语文教学的大课堂，语文学习的外延和生活的外延相等。因此，在教学实践过程中，引导学生观察自然、体验生活、关注社会、思考人生，从中学到知识和体会到语文的乐趣，是每一个语文教师不应忽略的一个教学方向。

（二）创造性运用教材策略

语文课程标准规定：语文课程应该是开放而富有创新活力的，应尽可能满足不同地区、不同学校、不同学生的需求，并能根据社会的需要不断自我调节，更新发展。对新课标的规定，我们更可以创造性地理解为：课程资源取之不尽、用之不竭，它应包括教材和教材之外一切鲜活的语文资源以及教师自行创编的教材。

无论是哪一种版本的教材，它的编定都有其理念。对于我们教师来说，教材只是一种材料，是供给我们“用”的，而不是要作它的奴隶。对这一理念，我们甚至可以理解得更为宽泛一点，可以适当地删去和补充一些教材内容，以适应当地学生的需要，因为语文就在生活中。

创造性运用教材方法的应用范畴是非常广泛的，只要我们语文教师找准恰当的角度，巧妙处理，就一定能达到高效的教学目标。

（三）课堂生成教学策略

沿着教学之河回溯，不难发现，曾经博得大家赞赏的公开课大多是教师的预设课，甚至是彩排课。公开课的课堂轨迹无论怎样延伸，最后的结果还是圆规—从哪里出发，又回到哪里，不管怎样都无法跳出教师预设的圈套。新课程标准颁布后，生成理念在广大教师中深入人心，因为生成理念下的课堂教学，更加注重学生的个性，尊重学生学习过程的独特体验，使他们创造性思维的火花不断绽放。

课堂生成的教学策略，不是指放羊式的教学。一般情况下，教师都要有自己预设的大方向目标，再在课堂上用灵活的方法让学生的个性和创造性得到充分的发挥。当然，如果课堂教学中出现了精彩的转折点。我们教师甚至可以改变原来的教学目标，沿着学生正确的兴奋目标，让课堂不断地生成精彩。

掌握这种方法后，我让学生进行迁移训练，对《拨动我心弦的是你》这道作文题进行审题，学生非常活跃，对题目中的 X（你）有无数个精彩的解答，这一环节后，课堂出现了无法预设的精彩，不少同学互相提出此类作文题进行热烈讨论、归纳。这一节课可以说既达到了预设的大方向的目标，让学生掌握了象征类作文的审题的方法和技巧，也达到了生成的精彩：学生的学习热情不断高涨，创意不断得到发挥。

（四）激发潜能策略

在传统的课堂教学中，教师往往就某一课程资源提出教学目标。如学习一篇文言文，教师想让学生达到理解后背诵的目标就直接对学生提出这样的目标。如学习某一篇散文，教师希望在课堂中达到有感情朗读、品味的目标，就一字不改地在自己的教案上写上这些目标。然而，新课标的出现让不少教师的理念出现了前所末有的改变，更新目标、提高目标要求的理念已让不少教师体会到实践的快乐。而且，这种理念的创意更有意思的是：假设我们的教学目标是 A，但我们围绕一个更高的目标 A ＋ 1 进行课堂教学时，即使 A+1 的目标没有实现，但 A 的目标却在不知不觉中实现了。

为了证明这种方法的可行，我首先让学生当堂给我出一道作文题，我用了 25 分钟完成了 800 字的作文，面对这个事实，学生们不再对 45 分钟写 700 字的作文怨声载道了。于是，我开始了训练，首先，我让学生们准备了一天，然后要求他们在 20 分钟里写 500 字的文章，结果只有几个人做到，但是，我没有降低要求，而是继续训练，三个月后，40 分钟完成 1000 字这个 A+1 的目标没有实现，但 40 分钟完成 700 字的这个真正的 A 目标每一个同学都达到了。学生们尝到了快速作文的喜悦，我也体验到创造的快乐！

语文教学的最大趣味在于不断探索中。在新课标实验园地里，新的理念不断提出，教法不断创新。只要我们每一位教师不断地吸取国内外教育理论的精华，创造性地理解新课标理念，合理使用地方课程资源，结合学生的实际，大胆实践，小心求证，合作提升，我们的课堂教学策略必将呈现花繁果硕的局面。

第三节　教材处理的生动手法

教材处理，就是我们平时所说的“教什么”、“选什么教”、“教什么最好”。教材处理的基本理念是，简化头绪，突出重点，加强整合，优化教学内容。

教材处理研究的着眼点，是科学地对教学内容进行精选，进行整合，充分有效地运用课文文本。

教材处理研究的着力点，是“尽可能‘实’地运用教材，尽可能‘话’地运用教材，尽可能‘巧’地运用教材”。

教材处理研究的制高点，是如何利用教材增加学生知识、训练学生能力。

教材处理的艺术就是科学地、艺术地、机智地组织教学内容的艺术，就是提炼与组合教学内容的艺术。

教师的课文研读，是“教材处理”的关键前提；没有教师对课文的精细化美的研读，就没有优美得当的教材处理。

教材处理的能力，是语文教师普遍亟待提高的能力。本章详实地介绍了教材处理的多种手法、多个角度。

一、整体理解，多角度品析

整体理解和多角度品析文章，是最为基础简单的课文处理方式，也是最适合教师运用的一种教学设计思路和教学设计手法。

整体理解就是使得文章以全文的面目出现，从不同角度由浅到深多次组织阅读品析活动。在整体理解和多角度分析中，可以从粗放和细致两种角度来引导学生反复多角度地整体理解课文。

粗放地整体理解课文。

比如朱自清的《荷塘月色》，首先，我们可以一起认识课文，引导同学进入课文，对课文所讲述的内容有一个大致的了解。其次，可以对课文进行概括，总结其段落大意和结构划分，将课文进行分层次阅读。最后，可以一起来探究荷塘月色都是从哪些方面来写的，如何描写荷塘，描写了荷花的什么？

细致地引导学生理解课文。

再以《荷塘月色》为例，可以说一说作者在散步过程中的心境变化；品一品作者对荷叶的描写；探一探文章的结构与情绪之间的关联；欣赏朱自清凝练清丽，工整考究的语言……以上的每一个角度都有牵动全文的力量。

因此在理解课文时，教师应当引导学生有层次地理解文章，从多个角度来分析，争取学生能够吃透文章。

二、把握文意，选点突破

这种教材处理的方式是，对一篇课文的阅读教学，第一步是把握文意，这是“面”；然后选取课文中一两个、两三个着重用力的部位，进行精段品读，这是“点”。此称为“文意把握，选点突破”。也就是，在整体理解课文的前提下，选取课文的关键处、精美处、深刻处等“有嚼头”的地方进行细腻深入的品读教学，以达到利用精段品析训练学生能力或者深透理解课文某一方面特点的目的。

“文意把握，选点突破”着眼于优化课文内容，着眼于精练课文内容，着眼于整合课文内容，也是一种适用于一线教师进行教材处理的基本手法。

运用“选点突破”的手法进行教学，有如下一些“讲究”：

（1）讲究教师对课文有精细的阅读，有深刻的理解，有独到的见解。

（2）讲究在整体理解课文之上的选点切入，即教学中的“选点”是以整体理解为背景的。就一篇课文的教学而言，教学的过程大致上是“整体理解，选点切人，深化突破，照应全篇”。

（3）讲究教学内容的选取，教学的视点往往集中在“精美的片段”之上，于反复的阅读品析之中表现出浓郁的“语文教学”的气息。

（4）讲究从不同的角度、调动各种手段，对所选之“点”进行足够的充分与品味，使之作为语言学习的范例，在学生的心目中打下深深的烙印。

在语文教学的实践中引导学生学会从整体上把握教材。从局部选择突破点，从而以这个点带面，带动全局。可收到事半功倍的效果。

选点突破，首先要从选点入手。不同的文章特色不同，重点不同，方法也不同。因此不同的文章选点的角度也不同。但不管是哪类文章选出突破的点应当是拉起整篇文章的中心之点，或要害之点，这个是相同的。这个点选出后，应设法架起来，让其清晰地展示于学生的面前，并帮助学生选择适当的突破方位。学生在明确的目标前，大多数同学都会跃跃欲试了。在教学的设计中，选点是一个关键，有的文章可以把点选在题目上，引导学生从题目上突破。如：鲁迅先生的《中国人失去了自信心了吗》，这篇驳论性的文章，作者究竟驳得是哪一种言论呢 % 让学生带着这个点进入阅读、思考、讨论、明确后，对整篇文章的内容心中就有数了，接着让学生继续分析批驳的方法，就容易得多了。这种选点法运用与不运用，效果大不一样，从教的角度看，轻松得多了，从学的角度看接受起来也容易得多了。

而有的文章教学，可以从体载上突破。如沈括的《梦溪笔谈》的教学。《采草药》与《雁荡山》两则都属阐述事理的说明文。一则说明"采草药不可限以时月"一则说明"雁荡山"为何长期不为人知的原因，这两则文章如果从体载上选点突破，让学生首先认识其是说明文体，可以避免学生走进弯路。接着分析其中阐释的事理，就显得顺理成章。

可有的文章教学，可以从背景的了解中，设点突破。如：《鸿门宴》这篇课文，如果学生不了解这个历史事件产生的特殊背景，就很难让学生了解这场惊心动魄、充满杀机的宴会意义所在。因此，我在这课的教学设计中，很注重背景材料的处理，从中设计突破点。例如：项羽军方为何要设如此之宴？刘邦一方是处在怎样的处境赴此宴会的？先让学生了解这场斗争的前因。秦二世元年，陈胜吴广在大泽乡起义，各地纷纷响应，楚国的贵族项梁也率侄子项羽于会稽起义，当时的四水亭长刘邦也在项梁的领导下，在沛县起义。后项梁因恃胜而骄，被秦将击杀……而项羽军打败了秦的主力部队后战功赫赫，刘邦也在黄河以西攻武关，破咸阳，擒拿秦王子婴后，收买人心与当地父老约法三章，申明军纪，得到了广大百姓的支持，于是派兵守关，想做关中王，驻军霸上。项羽得到这个消息后，十分恼怒，挥师西进……而邦军当时只有人马十万，而项羽军的人马却有四十万……因此，才有后面的"鸿门宴"。当学生了解了有关的背景后，就基本上能了解设这席宴会的动机和目的了。这个点突破后，学生再进入作品中的情节分析、人物性格的分析，效果就好得多了。

有文章还可以从关键的语句突破。如《琐忆》这篇课文，作者一开关就以鲁迅的两句诗"横眉冷对千夫指，俯首甘为孺子牛"为纲，抓"俯首甘为孺子牛"可带起 1. 初会鲁迅，2. 批评自夸国大者，3. 鼓励自惭浅薄者，替青年补靴四件事。抓"横眉冷对千夫指"，可带起 1. 讽刺攀附国老者，2. 抨击男女同泳，3. 建议出"官批集"。一个中心，两面内容，七件小事。文章的整体脉络，便一目了然，易学难忘。

总之，不同的文章的教学，都有不同的突破口，有的可以从人物写作特征突破，有的可以从事物的意义突破，有的可以从写作的手法突破，有的可以从巧妙的构思突破。在教学中选点突破的运用，可以使教学的目地准确而集中。使复杂的知识网明朗化，能收到牵一发而动全身的效果。

三、朗读感受，分层品析

《新课程标准》明确指出："阅读教学要重视朗读，要让学生充分地读，在读中整体感知，在读中培养语感，在读中受到情感的熏陶。朗读，顾名思义就是用响亮的声音把语言文字念出来，它是一种言志传神、负载思想感情的口语表达艺术。一篇课文，通过朗读会更深刻地体味文章的精义妙理，体味作者的深思妙笔„„”。其实，也只有朗读才能实现语言的两种转换——书面语向口头语的转换，作者语言向读者语言的转换。在这两个转换的过程中，学生的语言感悟和语言表达能力才能同时获得提高。

如何学好语文？这是很值得我们每一位中学语文教师思考的问题。积累是基础，训练是技巧，朗读是手段。中学课本中所选的课文都是典范性的文质兼美的文章，各种精妙的词语，生动活泼的句式，精彩的语段，文体形式等等，都可以激发学生最求语言美的情趣。所以，只有通过有效的朗读，揣摩、领悟，才能在潜移默化中吸收经典课文中典范的语言材料。从而转化成自己的语文文学素养。

首先，教师应该转变教学模式，由过多过细的讲解、分析课文转化为学生熟读成诵的课文学习为前提。在学习的过程中，要求学生能用普通话正确、流利、有感情地朗读课文。做到语音、语调、语速和感情的全面结合。这就要求我们教会学生一定的朗读技巧和要领。字音、语调要力求准确，注意不读错字、不添字、不漏字、不拖腔，做到咬字吐词清楚明白。句读清楚。要把标点符号准确地读出来，要正确地划分音组，掌握好停顿的处所和停顿时间的长短，特别要注意读好中间没有标点的长句子。语句流利。朗读要熟练，语势要流畅贯通，不打盹，能准确地读出陈述句、祈使句、疑问句、感叹句等不同句式的语气。感情要鲜明。要正确地表达文章的感情基调，掌握文章的喜怒哀乐情绪的变化，表达出文章的爱憎分明的感情来。

其次，教师要大胆实践，探索朗读教学的教学设计。朗读教学的设计，就在那个“读”字，所谓“教学千法读为本”，这是古代圣贤总结的最佳认知诗书的真理。我们还有何理由不去搞好语文课程的朗读教学呢？要实施好朗读课堂，有两个重要的要求：一是教师应指导有方，教师自己要有较高的朗读水平和技能，这就给很大一部分教师提出了素质要求；二是应组织得法，要充分利用好课堂教学的时空，运用上述介绍的手段和方法，对学生进行扎实的训练，从而为语文教学效率的整体提高做准备。

经过多年的教学实践，以及相关专家的理论，觉得朗读教学的教学思路可以采取下列几种模式来操作：⑴教读——教给学生的朗读方法；⑵析读——通过“朗读”对课文进行文意、文理的分析；⑶品读——就是赏析地读，是朗读教学中的一种美读的方式；⑷研读——就是要研究、体会为什么要这样朗读；⑸辨读——在辨析之中朗读，这种主要用于文言文字词教学；⑹评读——对课文进行评点，边评点边朗读；⑺说读——说说读读，边说边读，边读边说；⑻写读——朗读中学写，写中有朗读；⑼听读——重点突出配乐诵读；⑽背读——怎样指导学生读好、背好；⑾赛读——用“赛”的方式组织课堂朗读教学；⑿复读——用“反复式多角度”的方式组织好朗读教学；⒀演读——用组织表演的方式进行朗读教学；⒁想读——在朗读教学中激发学生想像，训练想像能力和朗读能力；⒂联读——将主题相近的课内外文章合在一起进行朗读教学；⒃、比读——将能够进行比较的文学作品放在一起进行朗读教学。

最后，教师自身朗读教学指导水平的提高。朗读，是以理解文学作品的意义为目的的一种出声的阅读方法，是一种综合性的阅读活动。作为中学语文教师，应该对朗读教学具有丰富的知识和较为厚实的素养。《教学大纲》规定：用普通话正确、流利、有感情地朗读。教师必须做到以下两点：

第一、要知晓关于朗读教学方面的基本知识。如能够深入理解原作、准确把握作品基调、正确读清语音、恰当使用语气、适当运用语调、妥善处理重音、合理掌握速度、科学安排停顿等等。

第二、要熟悉朗读教学的基本技巧方法。如停顿的方式主要是结构停顿、逻辑停顿、感情停顿等；重读为语法重读、逻辑重读、感情重读等；语调用来表达不同感情：表示提问、激动、命令、惊异等语气用升调；表示感叹、肯定、祈使等用降调；表示复杂的感情用曲调；分量较重的语句用平调。一篇课文的朗读教学训练可分阶段进行：疏通文意的读法；推理文理的读法；品味意境的读法；当然，要结合现代科技手段进行朗读教学，如专家的配乐朗读；多媒体朗读教学的运用，能够以其文、图、声并茂的特点，给“读”注入全新的活力。

我们面对激烈的高考竞争，不能局限“讲——练——讲”的语文教学模式，若能结合且重视语文的朗读教学，让学生熟读成诵，日积月累，就一定能很好地提高语文教学效率，从而走出语文教学的困境。

四、对比教学，精细研读

所谓的对比教学就是高中语文中有很多文章在仔细研读之后可以采用对比教学的方式，找出文章之间的可比性，以便设计“课中设比”式教学。

常见的对比教学有如下几种方法：

（一）单项比较

单项比较，是指就某一知识点进行单一的比较，或字、或词、或句、或语法、或修辞、或表达方式、或说明顺序、或论证方法、或主题思想，等等。这种比较由于简单明了，学生对比较的内容易于掌握，其教学效果十分显著。以高中第一册第一单元为例。写景状物的观察点是本单元的教学要点之一，若单篇分开来讲，既拖沓重复，又零散破碎。如果运用比较教学法，其不同点就一清二楚了四篇课文，雨中登泰山、长江三峡、难老泉都是用的“移步换景”的方法，即立足点移动、观察描写的对象也跟着变化。我的空中楼阁则是“定景换点”，写的对象始终是小屋及周围的环境，但立足点时而在山下，时而在山上观察的角度时而是仰望，时而是俯看。稍作比较，即一目了然，径渭分明，这就是单项比较的优势。

（二）综合比较

综合比较，是指把几个知识点放在一起，进行多层次多侧面的比较。这种比较容量大，综合性强，有助于学生从整体上把握住不同课文的特点。下面以荷塘月色和绿为例来说明。从体裁上看前者是抒情散文，后者是游记散文从线索上看，前者以情为线索，后者以“绿”为线索从主题看，前者反映作者在严酷现实下希望在一个幽静环境中寻求精神上的解脱而又无法解脱的矛盾心情，后者表现的是热爱生活、热爱自然的情怀以及对美好境界的追求从景物特点看，前者朦胧、静美、素雅，后者奇异、温润、柔和。从抒情基调上看，前者的喜悦和哀怨都是淡淡的，后者却清凉、明快从文眼来看，前者是篇首的“心里颇不宁静”，后者是首尾均出现的“惊诧”从语言来看，两篇都多用比喻、叠词。通过这种高屋建瓴的综合比较，两篇文章从整体到局部的主要异同点，就条分缕析、简洁明了地展现在学生面前了。综合比较在单元教学中有着重要意义，它不仅能使学生概括地掌握一至几篇课文的知识要点，还能在比较阅读中培养起学生的整体意识，从而提高整体阅读水平

（三）单篇内部比较

比较一篇课文就是一个有机的整体。这个整体内包涵着若干个多侧面多层次的知识点与能力点。在单篇内部进行比较教学，不仅能使学生弄清课文的内部结构，很多时候还能从突破一点来挚带全篇，收到事半功倍的效果。例如《长江三峡》一文，作者以“江津号”的航程为顺序，依次描绘了瞿塘峡、巫峡、西陵峡的景色，三峡特点不同，作者的表现手法亦各异。若用比较教学法，就简洁而又明了。瞿塘峡以雄奇见长，作者就绘形绘势绘声绘色巫峡以秀美引人注目，作者就大量运用比喻，以尽其妙西陵峡以凶险著称，作者就着力描写轮船航行的艰难与人坐船的感受。这样一对比，文章的结构及行文特点就清楚了。

（四）单元整体比较

单元整体比较实际上也是一种综合比较。但是，单元是比课文高一级的教学单位，且每单元都有必须完成的单元教学要点、单元知识和训练，因此，运用单元整体比较，可以使学生鸟瞰似地掌握整个单元的知识点，弄清单元内每篇课文的共同点与不同点。以高中第一册第四单元为例。说明的顺序、说明的方法和说明的语言，是本单元的知识要点，其单元整体比较就是：从说明的顺序看，《景泰蓝的制作》一文以制作的先后为序，《南州六月荔枝丹》则先主后次、由表及里、从实到虚，《一个好树种——泡桐》从品种分布说到用途、作用，《蝉》从幼虫说到成虫，又从产卵说到幼虫；

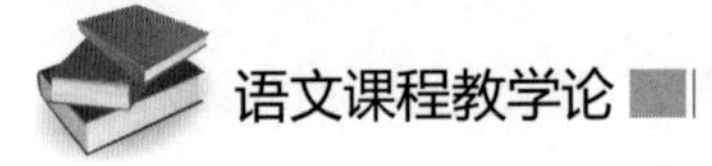

从说明方法看,《景泰蓝的制作》以举例、比较、比喻、说明为主,《蝉》一文以拟人、比喻说明为主;从说明的语言看,《景泰蓝的制作》和《一个好树种——泡桐》两文准确、平实,《南州六月荔枝丹》一文旁征博引,生动活泼,《蝉》一文则准确而又生动活泼。通过这种整体比较,学生对本单元的知识点就了然于胸了。

(五)纵式比较

纵式比较是与横式比较相对而言的。它是把若干个知识点,或者一个知识点的若干个层次,作纵向的比较,或穷本溯源,弄清来龙去脉;或纵深探求,以便提纲挈领。在高中语文教学中,纵式比较大致有以下两种形式:①把同一个作家不同时期的作品作纵向比较,归纳出其形式或内容上的特点。如,把鲁迅的小说《一件小事》、《社戏》、《孔乙己》、《药》、《祝福》、《阿Q正传》作纵向比较。就可以看出鲁迅小说的基本主题和表现手法;再如,把鲁迅的杂文《论雷峰塔的倒掉》、《"友邦惊诧"论》、《拿来主义》、《〈呐喊〉自序》、《文学和出汗》、《中国人失掉了自信力吗?》进行纵向比较,就可以探寻出鲁迅思想发展的轨迹及其杂文的战斗风格。同样,高中教材中李白、杜甫、白居易等人的诗歌、韩愈、柳宗元、朱自清、吴伯萧等人的散文,等等,都可以进行纵向比较。②在教材中属不同篇目但出自同一部作品的课文的纵向比较。如,《廉颇蔺相如列传》、《信陵君窃符救赵》、《鸿门宴》、《屈原列传》、《毛遂自荐》同出于《史记》,若进行纵向比较,可以使学生更好地领悟《史记》的艺术特色。又如,《战国策》、《孟子》、《左传》、《水浒传》、《三国演义》、《红楼梦》选入教材的若干篇目,在教学中都可以进行类似的纵向比较。

(六)求同比较

顾名思义,求同比较就是找出几个知识点中的共同点。这是培养学生综合归纳能力、学会认识事物规律性的一种重要手段。以《察今》和《察传》为例。这两文同出于《吕氏春秋》,从内容到形式都有许多共同之处,运用求同比较教学,可以使学生掌握《吕氏春秋》艺术上的一些特点。从思想内容上看,两文都强调实事求是精神:《察今》是说制订法令制度要实事求是,《察传》是说对待传言要实事求是;从论证方法看,两文都运用寓言故事阐述主旨:《察今》有了"循表夜涉"、"刻舟求剑"、"引婴抽江"三个故事,《察传》用了"夔一足"、"丁氏穿井得一人"、"晋师三豕涉河"三个故事;从语言上看,两文都生动形象,深入浅出。求同之妙,可以使学生从归纳比较中,掌握同类知识的规律性,从而完成由特殊到一般的认识过程,提高学生的逻辑思维能力。

(七)求异比较

求异思维具有不拘泥于常俗见、追求新颖独到的特点,是创造性思维的核心。

因此，运用求异比较教学，对中学语文教学有重要意义。如，《柳敬亭传》和《马伶传》两篇课文都同写艺人生活，但其在内容和形式上都存在着许多相异之处：①从内容上看，前者概括了主人公一生的主要精力，而后者只写了两次比赛片断。②从表现手法上看，前者运用正面描写，按顺序叙述；后者是正面描写与侧面烘托相结合，运用插叙。③从主旨上看，前者重在表现柳敬亭丰富的生活阅历对其说书技艺的影响，后者重在表现马伶不甘人后、刻苦自强的精神。这样一比较，两文的相异之处就昭然于目的。

在教学实际中，求同比较和求异比较的运用可能因具体情况不同而各有偏重，但在许多的时候，两者深深是并用的，以便同中求异或异中求同。

第六章

语文教学评价

第一节　从考试走向评价

传统的语文教学主要是以考试的形式进行评价，这个源头可以追溯到封建社会时期的科举制度，距今已有千年历史。自近代以来，普通学校的语文教学也都把质量评价落在升学考试上。然而这种考试方式并不能真正地代表学生的语文能力，同样也不是完善的语文教学评价方法，并且存在很多问题和不足。

一、考试作为语文教学评价的方式所存在的不足

（一）评价范围过于狭窄

语文教学是工具性和人文性的统一，但是考试作文评价标准，所侧重的大部分是工具性的方面，强调知识和技能取向。现在新课程目标是按照知识与能力、过程与方法、情感态度与价值观三个维度建构的，因此评价也必须紧紧抓住三个维度进行，而不能只有对“知识与能力”的评价。语文学习是一个长期积累的过程，不可能一蹴而就；同时，语文学习的效果与学习方法也直接相关，所以我们评价学生的语文学习不能像以往那样，只看学习的结果而不关注学习的过程和方法，而要把学生语文学习的“过程和方法”作为评价的一个重要方面加以考虑，以尽可能反映学生语文学习的真实面貌。在语文新课程的实施过程中，有人认为对“知识与能力”的评价是“实”的，而对“情感态度与价值观”的评价是“虚”的，这也是一种似是而非的观点。学生学习语文的情感、态度、价值观不是外加的，而是语文考试评价的题中应有之义。因为语文学习的过程，不仅是语文知识和能力的形成过程，而且也是情感、态度、价值观的形成过程。

（二）评价的目的太片面

学生的学业成绩固然是衡量学生学习状况的重要体现，但是并不是唯一衡量标

准。同时，学生学习语文的目的也不仅仅是为了考试和升学率，因此说把考试和评价等同起来是十分错误的。我国多年的考试评价方法强调评价的甄别和选拔功能。这与多年来形成的“片面追求升学率”的倾向是分不开的。在学校的工作紧紧围绕着“升学”这个指挥棒的氛围下，就自然地会出现这种以考试代替评价的倾向。并且这种旧观念在人们的头脑中根深蒂固地存在着，人们往往会自觉不自觉地用这样一种方式来看待评价，并选择与之相适应的方法来进行评价。然而这种片面的单一的评价方法，在某种程度上不仅会影响语文教学评价的准确性，甚至会影响学生的健康和全面发展。

（三）评价手段过于单一

过多地强调定量化的评价手段，而忽视定性的研究，认为只有定量化研究、量化的数据才是科学的，才能得出客观可信的结论。在课程评价上运用量化的方法固然重要，但并不是说只有量化的方法才可以反映课程的实质。事实恰恰相反，如果过分地强调量化方法，而排斥其他方法，甚至把定性的方法说成是简单化、不科学的方法，势必会造成评价者选择的方式越来越少，而所能得到评价的内容也就越来越少，最终使评价走进死胡同。

（四）评价主体一元化

如果只是以考试作为评价方法的话，无疑会导致评价主体的一元化，因为在考试中只有教师是评价主体。作为学习主体的学生，他们只能充当被评价的对象，而无法参与评价过程。例如在以往的考试评价中，只有教师进行试题设计、阅卷评分和试卷分析，致使评价过程变成只有教师参与的单向评价活动。这样就使评价的结果带有很大的局限性。而任何一种缺少全面的、客观的评价结果，都会对学生的学习产生负面的影响。这种状况严重违背了以主体性培养为特征的现代教育思想，也不符合世界课程评价发展的大趋势。因此，这种评价手法局限了评价主体。

二、新型的考试评价策略

纸笔考试仍然是现代教学评价中不可缺少的重要评价方式。尤其是关乎学生的学业评价的考试，对学生的发展起着重要作用。纸笔考试不只是在我们国家的教学中受到重视，一些发达国家对学生也并不避讳组织统一的纸笔考试。因为纸笔测试的保密性强，操作起来容易，结果量化容易，对人才的选拔可以提供一个相对公平的依据。纸笔测试是短时间内无法替代的重要评价方式。新课程的引进，改变了以往惟一进行闭卷考试的形式，出现了许多新颖的考试评价方式。

（一）口头型考试评价

听、说、读、写是语文的重要组成部分，以往的教学评价只注重读和写能力的评价，忽视了听、说能力的评价。当学生离开校园走向社会时，就会发现自己的口才不够流利，无法正确表达自己的想法，与他人总是无法自由沟通等问题。这就时传统语文教学评价带来的弊端。

口头考试评价可以弥补传统考试的缺陷，引起教育者和学生对语文口语交际能力的重视。口头型考试评价试对学生思维能力、表达能力、思辨能力、思辨能力以及考试心态的评价。例如：听一段材料，然后回答教师提出的问题。教师可以根据被试者的回答能否抓住要点，语句是否通顺、表达是否有调理以及问题是否得到具体完整的回答，打出考试分数。

（二）开放型考试评价

开放性考试评价就是给予学生充足的时间，让学生走出考场，在一个命题的引导下，学生自行选择一个环境进行思考问题、搜集资料、解决问题等。教师可以对学生的研究成果进行评价，也可以对学生的交谈、答辩中所体现的情感、态度、表现出来的能力、才华等进行评价。由于受分数和升学的影响，很多学生走进考场，面临考卷时总会产生紧张情绪，这样无法对学生的探究问题水平、能力和创造性思维进行正确客观的评价。

开放型评价可以弥补封闭式闭卷考试无法对学生进行的形成性评价的缺憾。开放型考试评价对学生的学习方式具有导向的作用，更利于人才的可持续发展。例如：学校根据学生的兴趣、最新科学成果以及社会热点等问题拟定一张试卷，给学生一周的时间进行资料的搜集和整理及作答，然后教师量分和评定。

（三）合作型考试评价

合作型考试评价是最具创新性的考试评价方法。在新课程背景下这种评价方式倡导学生通过自主，合作，探究的方法进行学习。它需要几个学生合作，共同去完成一件作品或一个项目。学习开始以前，教师要根据学生提供的作品或项目进行等级评定；其次，由学生自己对其在合作过程中所参与的程度来表达合作的情感，并对其项目或作品进行自我等级评定；最后，由教师对学生在合作探究学习中所表达的情感和呈现的结果，决定其量化的评比结果或等级的划分。合作型考试评价不但可以培养学生责任感和团队精神，比较而言它也更加重视学生的自主，合作，探究或完成任务的能力。合作型考试评价可以全面的检查和评价学生的知识和技能，并能发现学生在学习过程中不断变化的方法，情感，态度和价值观。

例如：谈谈你在鲁迅的作品的学习中得到的文化精神，以小组的方式进行探究学习。教师根据该组学生的表现评定分数，也要根据学生的作品评分，小组内的同学也可以根据该同学的表现进行评分，这三组的评分的平均分就可以作为这个学生的最终考试得分。

（四）考试后反思型评价

受考试制度和升学压力的影响，许多学生无法正确的面对分数。笔者在调查问卷中对黑河市第三中学进行了“你怎样看待分数”的客观题调查，很多同学会误认为语文考试分数和自身的能力没有关系，只是父母和老师比较在意，为了得到他们的认可，让自己好过些，不得不强迫自己得高分罢了，对试卷很少做分析，这正式考试评价体系的一个弊端。所以笔者认为，学生的总成绩应该包括考试后自我反思能力的判断。考试后，将试卷分析落实于笔头，对各个部分的失分进行主管和客观的分析，只有这样，学生才能正确地看待考试和分数，能够明确现阶段学习的不足，哪些知识点还没有掌握，进而对自己的学习计划做出调整和制定，下一阶段可以有的放矢地学习，在学习成果上可以达到事半功倍的效果。

例如：学生可以有调理地分析自己的失分原因，意识到自己语文知识掌握、学习方法、学习态度、试卷难易程度等做出主客观的分析，并且为以后的语文学习制定相应的计划。教师对其试卷的分析为 90 分，学生试卷的得分为 80 分，那么学生最终的语文成绩就是二者的平均分 85 分。试后反思评价对学生的学习方式和学习习惯也具有良好的导向作用，并且有利于教师对学生学习态度以及知识点掌握的把握，教师针对个别情况可以有针对性地进行差异教学。

三、从考试走向多元评价

虽然考试作为当下非常重要且主要的课程评价方法，但是教师应该在教学实践活动中落实新的课程评价思想，促进评价多元化。这一点在教育部发行的《全日制九年义务教育语文课程标准（实验稿）》为例，评价改革的思想集中体现在“评价建议”中。“评价建议”由两部分组成：第一部分是原则性的总建议，第二部分为五项分建议。原则性的总建议主要表述了几个重要的评价思想和规定了若干评价原则；五项分建议则分别从“识字与写字、阅读、写作、口语交际和综合性学习”五个方面，交代了评价的实施要点及注意事项等。它在评价的目的、评价的价值取向、评价的具体方式以及评价的主体等方面与传统的评价方式有着明显的区别。

第一，评价的目的不仅是为了考查学生实现课程目标的程度，更是为了改进师生的教与学，改善课程设计，从而有效地促进学生的发展。这是对传统评价思想的改革，体现了改革的核心理念是一切为了促进学生的发展。

第二，在课程评价的取向上摒弃片面的评价观念，尽可能全面真实地反映课程的全貌。课程实施过程是一个十分复杂的研究领域，它包含了许多相关的因素，必须从不同的角度，用不同的方法来认识和评价具体的课程实施。从近年来课程评价方法的发展来看，大多是针对以往的评价方法过分重视“科学”的定量分析，从而使评价的范围狭窄，造成一种片面的评价，从这一端提出新的评价方法。因此，课程标准坚持全面评价的取向，突出了语文课程评价的整体性。所谓整体性，主要包括两个方面：从内容看，语文课程是一个整体，评价语文课程的内容应该包括识字与写字、阅读、写作（包括写话、习作）、口语交际和综合性学习，而不能像以往那样只重视阅读与写作的评价；从评价领域而言，它的范围不能仅限于知识与能力，即认知领域，还要从过程与方法、情感态度和价值观方面进行全面评价。也就是说，评价既要对产生这一学习的结果进行描述和判断，又要对产生这一结果的多种因素和动态过程进行描述和判断；既要看到学生学习的智力发展的一面，也要看到他们的动机、兴趣、情感、态度、意志、性格等非智力因素作用的一面。

第三，在课程评价手段上，注重多样化和灵活性。全面的课程评价要有与之相适应的手段来配合。对课程的不同层次和不同侧面的评价，需要采用不同的评价手段。从国内外的课程评价改革来看，为了真实地了解课程实施的各个方面，在评价上都比较重视将多种评价手段相结合，从不同的角度、不同的层面进行评价。所以，“评价建议”强调综合运用多种评价方式，注意将形成性评价与终结性评价、定量评价与定性评价相结合。其中，“加强形成性评价”和“更应重视定性评价”被置于非常突出的地位。而这些评价中的诸如“成长记录的方式”、“语文学习的档案资料”等评价手段，正是以往的传统评价中所没有的。

考试是与评价密切相关的一个重要概念。我们的语文教学长期没有根本性的变革，与语文考试的内容和方法几十年一贯制有关，所以改革语文考试是实施课程评价改革的一个重要方面。“评价建议”特别强调“考试只是评价的方式之一”，这对遏制语文教学中片面强化考试的甄别和选拔功能无疑有积极的作用。事实上，课程评价手段除了考试测验以外，还有访谈、观察、文献研究、范例考察、个人经历记录、档案资料分析等多种方法。这里既有量的测量与分析，也有质的研究方法。.定性的方法与定量的方法并不是对立的，在同一个评价过程中可以将这两类方法结合起来运用。

第四，在课程评价主体上，注意将教师的评价与学生的自我评价和相互评价以及家长评价相结合，加强学生的自我评价和相互评价。这就改变了以往的评价只有教师参与的倾向，确立了学生也是课程评价主体的地位。这种评价的实质，从一个侧面反映了学生是学习主体的现代教学观。换言之，如果不能确立学生在语文学习过程中的评价主体地位，那他们也就无法真正成为学习的主体。

这里的道理很简单，因为评价的功能不仅是对课程实施结果的考查，而且还有对课程进行诊断、比较、修订、完善等多项功能。事实上，完整的课程实施是由教师的“教”与学生的“学”共同构成的。作为教学双方的主体，教师与学生理应都是课程评价的主体。而任何一项新的课程方案的实施，如果能受到绝大多数师生的欢迎，得到他们的支持和参与，那么成功的可能性就会大大增加。

此外，课程标准的评价建议中有关“应以鼓励、表扬等积极的评价为主，采用激励性的评语，尽量从正面加以引导”等原则、方法，与重视定性评价、加强形成性评价的改革趋势相适应。

第二节　语文教学评价及理念

教学评价是教育研究领域里的一个全新概念。所谓评价就是指对教学目标、教学过程、教学结果等全方位的导向、调控、检测和评定。语文教学评价是语文教师根据教育目的和教学评价标准，对课堂教学中教与学的活动和效果进行价值上的判断，是发现教学中存在的问题、改进教学、提供决策服务的过程。

一、语文教学评价的基本功能

语文教学评价的功能是指语文教学活动本身所具有能引起评价对象变化的作用和能力。通过评价系统对教师的教和学生的学做出评定，进而作用于整个语文教学系统，对其产生有力的功效。这种功效贯穿在整个教学活动中，与教学活动中的各个环节相互作用，相互配合，促进教学活动有效的进行。

语文教学评价主要具有以下几个功能：

（一）导向功能

语文教学评价的导向功能是指语文教育评价本身所具有的引导评价对象朝着理想目标前进的功效和能力，主要来自语文教学评价目标的导向机制。教师和学生在评价目标的引导下，明确教学的目标，继而明确教育改革的方向。语文教学目标选择得当与否决定着语文教学评价的导向功能能否得到正确发挥。语文教学评价的导向功能是否得到正确发挥，关键是语文教学评价目标的选择、语文教学评价体系的设计、评价标准的制定以及指标权重的分配是否得当。

在语文教学活动中，语文教师和学生想要获得一个较好的教学效果，就一定会按照语文教学评价的标准去组织教学活动，所以我们说，教学评价实质也是一个指挥棒，对我们的语文教学起着导向的作用。在应试教育中，语文考试着重考试知识的积累，所以语文课堂上就出现了满堂灌的现象，教师主要负责讲授知识点，学生课堂上把这些知识点死记硬背下来就可以应付考试。再比如说，考试内容多是必讲篇目，那

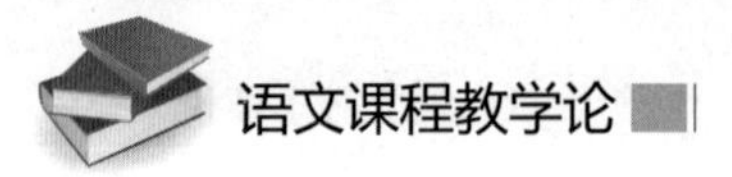

么我们的教师就会把这篇课文分析得清晰透彻，其它相关课文也就不会提及。在新课程标准对教学评价要求的指引下，语文教师要在教学活动中，培养学生的综合能力，全面提高学生的语文素养，让学生有一个受益终生的学习习惯，这就是语文教学评价导向功能的体现。

总之，语文教学评价的导向功能在教学活动中对人才的培养是有利弊之分的，教育者在教学活动中要利用好评价的正确导向功能避免和克服错误的导向。

（二）诊断功能

语文教学评价的诊断是指语文教学评价对语文教学的成效、矛盾和问题做出判断的功能。诊断功能是语文教学评价最重要的一个功能。诊断功能的发挥需要大量地收集评价所获得的相关信息，然后对其进行反复分析，从中发现学生在学习过程中的优势与不足并对其进行及时反馈，这样教学活动双方就可以针对这些问题采取相应措施进行优化改进。

语文教学评价的诊断功能包括四个方面，一是：可以帮助语文教师确认自己的教学目标是否得当，教学内容和过程安排是否合理，教学思路是否流畅，教学重点、难点是否突出，教学方法是否恰当等。二是：教师通过教学评价对学生学习成果的诊断了解学生的学习情况，继而改变教学进度和内容等。三是：语文教学评价的诊断功能可以让学生清楚地了解到自己当下的学习状况，帮助学生审视自己哪部分的语文知识点欠缺，做的不够好，以便调整自己的学习策略和方法。四是：学校的管理者、家长也可以通过语文教学评价诊断功能的结果对教师的教和学生的学提出宝贵建议，提高教育教学的效率。诊断功能也有错诊和误诊的时候，例如在许多大型考试中学生作文的评价，仍然是按语言、结构、表达、内容等几个方面去打分，这样操作起来费时费力外也不一定就能准确评价出学生真正的作文水平。

总之，诊断的过程就像是看病的过程一样，正确科学的诊断结果才有助于我们对症下药。语文教师一定要结合语文自身的学科特点对诊断的结果进行分析，对学生和教学做出正确的评价。

（三）激励功能

语文教育评价的激励功能是指合理有效运用语文教育评价，激发学生学习语文的内在动力，开发学生的学习语文的潜力，提高学生学习语文的积极性和主动性。

教学评价激励功能的发挥就是通过主客体的互动得到的。被评价者首先对自己有个预期值，被评价者通过语文教学评价的诊断功能后看到自身的优势和不足，以及设想自己的下一个学习目标，明确自己努力的方向，这就激发了被评价者向理想目标前进的内在动力。比如，一个班级的语文课代表，在一次语文测评时，发挥得不好，他会为了自己在下次测评中得到教师和同学的认可，在一段时间内鞭策自己好好学习。再比如说，初中生大部分都不爱写作文，可是如果语文教师认真看完作文后，写下几行赏识鼓励性的文字，学生就会认为自己可以写好作文，写作文就会积极得多，这就是语文教学评价的激励功能在起作用。

总之，激励功能的发挥是需要诊断功能给予一定的刺激，然后通过被评价者自身的内在审视和需求发挥激励作用。在语文教学评价活动中语文教师一定要多给予正面的鼓励和肯定，让每个学生相信自己有能力、有信心去学好语文。

（四）预测功能

语文教学的预测功能就是通过各种教学评价，对教学活动双方的发展倾向进行预测。教师和学生可以根据各种教学评价的结果预测自身的潜力和优势，然后采取相应的策略进行自我调节和完善。语文学科作为一个主干学科，教学活动具有很强的计划性，是需要很长的时间里才能获得全面发展的学科。语文学科的教学难度很大，要求语文教师具有很好文化素养外，还需要具备良好的教学态度和教学方法，在教学中通过教学评价的预测功能来关注学生的发展。

语文教师通过预测功能了解学生近期的语文学习情况，有针对性地采取积极的方式促进学生的语文学习。教师也可以通过预测功能对学生日后学习语文的努力方向和取得成就做出预测。例如，一名学生，他写的记叙文总是平淡无奇，没有情感的宣泄，可是他写起议论文来却有理有据、慷慨激昂。语文教师通过对他的两种文体进行评价，可以预测出该学生理性思维要比感性思维强，在以后的教学中要着重培养他情感的细腻化。

语文教学评价的预测功能是在导向功能、诊断功能、激励功能的正确发挥基础上产生。语文教师在对学生的学习方向和成果进行预测时，手里必须有切实可行预测目标以及实现目标的步骤和时间，掌握教学活动的全过程。

（五）交流功能

语文教学评价的交流功能是指在评价的实施过程中或者是评价结果产生之 10
后，评价者与评价者之间，被评价者与被评价者之间，评价者与被评价者之间双边通过交流沟通，互相促进学习，达到共同的进步和提高。交流功能与导向功能、诊断功能、激励功能和预测功能都相互联系的，尤其是评价中的诊断功能，可以看出诊断是交流的前提基础或者诊断与交流交互进行。

比如，作文课上教师对学生作文的讲评，学生与学生之间的点评，也能充分地实现交流的作用，这样无论是师生之间或是生生之间，双方得到的启发触动都会很多，学生们可以相互借鉴，促进个体全面提高。

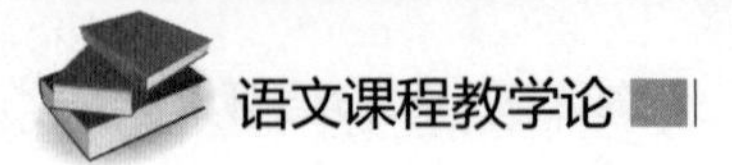

总之，语文教学评价的交流功能是一种新型的、民主的教学功能。评价交流的过程中，学生可以更明确自己的学习目标和努力方向，教师也可以通过各种评价的交流对学生有更客观、更全面的认识。

二、语文教学评价的理念

根据教育部颁发的语文课程标准，语文课程评价应该遵循以下的理念：

（一）发挥语文教学评价的多重功能

以往的语文课程评价重在以量化的方法来对语文课程进行评价，新课程标准对语文教学评价的第一个建议则是充分发挥语文教学评价的多重功能。语文教学评价首先具有检查、诊断学习的功能，通过这种功能还带来评价的另一个功能，那就是对教师的教学具有反馈作用，对学生的学习具有激励作用。这其中最核心的目的，是为了考查学生实现课程目标的程度，检验和改进学生的学习和教师的教学，改善课程设计，完善教学过程。应发挥语文学业评价的多种功能，尤其应注意发挥其诊断、反馈和激励的功能，有效地促进学生的发展。对教师的评价，要重视教学过程和教学结果，不要以学生的考试分数作为惟一的评价依据。

（二）突出语文教学评价的整体性和综合性

在语文教学评价活动中，所谓的整体性原则是指在进行评价时，要对组成教学活动的各方面做多角度、全方位的评价，而不能片面而论。由于教学系统的复杂性教学任务的多样化，使得教学质量往往从不同的侧面反映出来，表现为一个由多因素组成的综合体。语文学业评价的范围不能仅局限于知识和能力，即认知领域，还要从过程与方法、情感态度和价值观等方面进行全面评价；既要对语文学习的结果进行描述和判断，又要对产生这一学习结果的多种因素和动态过程进行描述和判断。要全面考查学生的语文素养。要兼顾到识字与写字、阅读、写作、口语交际和综合性学习五方面的评价，注意知识与能力、过程与方法、情感态度与价值观的交融整合，避免只从知识、技能方面进行评价。比如在综合性活动学习课中，应强调学生在学习过程中的态度、创意、责任心、意志力、合作精神，重视学生的体验，不能简单地以知识能力的结果作为评价依据。还要根据不同年龄学生的学习特点，按照不同学段的课程目标，抓住关键，突出重点，采用合适方式，提高评价效率。

（三）实现评价方法的多样性

语文教学评价有很多种方法，每一种方法都有其优点和缺点。语文教学评价要把各种方法综合起来，这样既可以充分发挥各种评价方法的优势和特长，又可以促进评价方法之间的互补，使评价结果更加客观。各种评价方法都有其一定的适应性，在评价的客观性和深刻性上也各有差别，因此，评价设计要注重可行性和有效性，力戒烦琐，防止片面追求形式。例如，形成性评价和终结性评价就各有各的功能。形成性评价主要关注学生的学习过程，有利于及时揭示问题、及时反馈、及时改进教学。终结性评价关注学习结果，有利于对教学活动作出总结性的结论。形成性评价和终结性评价都是必要的。应加强形成性评价，注意收集、积累能够反映学生语文学习与发展的资料。比如学生在成长记录袋中收存有代表性的课内外有价值的作文典型案例，以反映学生写作的实际情况和发展过程。在语文学习中，我们要特别注意情感、态度、感悟是很难通过纸笔测验来反映的，所以，应该重视评价方法的合理性和有效性，要努力探寻适合于不同目的的评价手段和方法，提高评价效率。如书面的语文测验考试较适合于评价知识能力的评价，日常情境性评价比较适合于评价学生的情意态度和学习方法，成长记录能较全面地评价学生的实践能力等。在评价过程中，可以通过一系列的问卷和纸笔测验、成长记录袋等结合，通过多种评价方式的组合去发现问题。

（四）需要注意评价主体的多元化和互动性

语文教学评价要注重评价主体的多元性和互动性，就是要把教师的评价、学生的自我评价，以及学生之间的相互评价结合起来，通过评价来加强学生的自我评价、相互评价，促进学生主动地学习。要转变学生总是处于消极、被评价地位的现象，努力形成教师、家长、学生、管理者等多主体共同参与，交互作用的评价模式，特别是要充分调动学生的积极性、主动性，最终促进学生的自主发展。在评价中要理解和尊重学生的自我评价和相互评价。比如在语文阅读课堂上，教师可以引导学生先讨论、研制出一个朗读评价表，然后使用这个朗读评价表在课堂上开展同学之间的相互评价。在这个评价的过程中，学生不仅进一步明确了朗读的要求，而且提高了仔细听同学朗读的意识。此外，评价结果所呈现的对象不仅是学生，还包括学校、教师和家长；所呈现的评价结果不仅仅是量化的分数信息，还可以是具有代表性的事实。评价结果客观描述学生语文学习的进步，并提出建议。在这个过程中，我们不仅要让学生了解自己知识和能力的获得情况，还会让学生及时认识和反省自己语文学习的过程方法等。同时，呈现评价结果时要体现出对评价对象的尊重与关怀，无论是书面语言还是口头语言都要充满激励，充满人文关怀。强调通过评价去激励学生，引导学生。

（五）尊重评价对象的个体差异

语文教学评价要尊重被评价者的个体差异，促进被评价者的发展。学生不同的生活经历，不同的经验背景，对他们的言语学习、语文能力的发展、语文习惯的养成、语文素质的提升，都有重要的影响。因此，评价学生时不应忽视学生的个性差异对学生语文学习的影响。应注意在不同情境下依据学生的不同背景和特点，正确判断

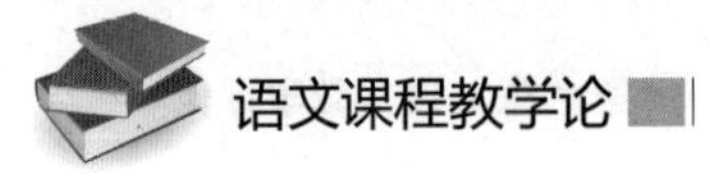

每个学生的发展潜力，采用有针对性的语文教育措施。比如在阅读教学中，要尊重学生对文章的多元理解，不能一刀切；要将学生原来的语文学习情况和现在的语文学习情况进行比较，以考察其进步的幅度；还可以把学生的写作能力和阅读能力进行比较，找出其语文学习中的优势和不足，以改进和提高其语文学习的效果等。同时应注意学生不同年龄阶段的心理、学习特征，不能用同样的标准来评价学生。同时，评价应注意必修课和选修课的联系与区别。原则上，必修课的评价应立足于“共同基础”，而选修课的评价应着眼于“差异性”和“多样性”。要注意各类选修课本身的特点和要求，因课制宜地制订评价方案，密切联系社会实践活动和语文的实际运用，使评价更富成效。

第三节 语文课程教学评价概览

语文教学评价，又称语文课堂教学评价。它是语文课程的重要内容。语文教学评价既要关注学生对知识的掌握和能力的运用，又要关注他们情感与态度的形成和发展，同时也要关注学生在学习过程中的变化和发展。

在语文教学评价中不仅要关注结果，更要关注过程；不仅要关注共性，更要关注个性；不仅要关注学生成就，更要关注学生在学习过程中情感、态度和价值观的形成，真正达到《新课标》评价的境界，带动学生认识自我，建立自信。

一、语文教学评价的类型

（一）书面交流评价

老师与学生书面交流的机会，如借助学生的作文、日记、周记等了解学生的思想动态，学习过程中遇到的困难，学习的信心、努力程度，同学间的人际关系，学习方法、习惯等，从而在评语中对学生作出恰如其分的激励性评价，提出善意的批评，诚恳的建议，殷切的期望，引导和帮助学生对自己有正确的认识。

（二）自我总结式评价

是学生对自己在各学科学习过程的评价方式之一。语文学习到一定的阶段后，要组织学生对自己的语文学习状况和学习水平进行诊断。诊断要以阶段测试成绩、自己的学习计划和教师的语文学习要求为依据，认真检查自己的预习、上课、作业、复习、课外学习等各个学习环节。在学生上完成自我诊断之后，再引导学会进行自我比较反思，将自己现在的学习水平和状况与前一阶段进行比较，看一看自己哪些方面有了进步，哪些方面较差，自己应如何改进，从而达到自我提高。

二、语文课程教学评价中的需要注意的层面

（一）“三个维度”的评价

语文新课程评价要有“三个维度”和“五个方面”，并将“三个维度”渗透于“五个方面”之中，通过“五个方面”的评价体现“三个维度”。新课程评价的三个维度是指：知识与能力，它是语文学习的基础；过程与方法，它是语文学习的重点；情感态度与价值观，它是语文学习的动力

1.“知识与能力”评价

知识与能力是习得的，语文素质教育不能离开语文知识的积累，也不能离开语文能力的培养，只能寓语文素质教育于语文能力培养中，语文知识包括语言知识积累和文章知识、文学知识。语文能力包括一般能力，即听、说、读、写；发展能力，即认识能力、自学能力、开发能力。因此，语文学习的“知识与能力”应该有下列要素：（1）语言知识评价，即借助拼音和字典认读汉字，区别字形、字音、字义，理解词义、句义、文义；（2）文章知识评价，即了解表达方式；（3）文学知识评价，即了解问题样式、背诵古今诗文；（4）一般能力评价，即会听、说、读、写；（5）发展性能力评价，即独立思考并提出问题，学会讨论并分析问题，敢于创新并解决问题。

2.“过程与方法”评价

过程与方法是实践的，所以，语文学习的过程与方法应该有下列要素：（1）课堂参与，例如注意听讲、主动参与、发表见解、质疑讨论；（2）阅读习惯，例如天天朗读，做到正确、流利、有感情；学会默读，边读边想、边批注；（3）表达习惯，比如，会用心观察生活、想象生活，用口语和书面表达；（4）学习方法，例如会熟练运用字典、词典，学会预习、复习、查找资料；（5）课外学习，例如有摘录、剪贴、笔记，天天有阅读量，周周有练笔。

3.“情感态度与价值观”评价

情感态度与价值观是养成的。在语文教学中，教师应帮助学生确立健康的情感、积极的态度、正确的价值观。因此，“情感态度与价值观”应该有下列要素：（1）热爱语文，热爱生活；（2）参与实践，学会交流；（3）学会合作，共同探究；（4）认识自我，珍爱人生。

以上是“知识与能力”、“过程与方法”、“情感态度与价值观”三个维度评价的要素分析，只有明确了，才能在识字、阅读、写作、口语交际、综合性学习这五方面的学习中真正地作到评价的具体性和有效性。

（二）提倡发展型教师评价

《课标》中明确提出：“建立促进教师不断发展的评价体系，强调教师对自己教

学行为的分析与反思，建立以教师自评为主，校长、教师、学生、家长共同参与的评价制度，使教师从多方面获得信息，不断提高教学水平。”可见，新一轮基础教育课程改革所提倡的教师评价是发展性评价。近年来，人们已逐步认识到发挥教师评价的激励改进和导向功能的重要，使得在学生评价的过程中，帮助学生矫正学习方向，点拨学习方法，启迪学习思维，化解学习矛盾，从而促进学生的主动发展，让学生掌握学习的本领。

（三）如何评价一堂语文课

评价一堂课可以从以下几个方面思考：

1. 首先看这堂课体现新的教学理念的情况。

（1）正确把握语文的学科特点。（2）全面提高学生的语文素养。（3）积极倡导自主、合作、探究的学习方式。（4）遵循三维评价原则。

2. 其次看对教材的把握情况；

3. 再次看对学习情况的了解；

4. 最后看教师的素质和教学手段、教学方法的运用，包括现代化教学手段的运用。

三、新课标下语文教学评价的实施策略

新课程标准已经提出了教学评价的最新理念，问卷调查也发现了过去教学评价中存在的种种问题。要解决这些问题，必须以新课程标准为理论依据，有针对性地采取多方面有效的实践和探索。

（一）阅读教学评价策略

阅读教学评价对学生的知识积累，阅读兴趣的激发以及学生心灵的成长等有着不容忽视的作用。在阅读教学评价过程中，要明确师生双方在阅读教学中的定位，注重培养学生的个性化阅读，珍视学生独特的感受和体会，同时教师要采用合理的方式对学生的阅读进行指导和启发。

1. 课内阅读教学评价策略

语文教学评价对语文教学有很强的导向作用。囿于升学和考试的压力，语文课内阅读教学评价强调对文本的理性分析，忽略学生对文本的阅读。语文课堂没有学生的朗朗读书声、没有学生的积极参与，没有学生独特的见解、语文课内阅读教学走入了灰色地带。课内的语文教学评价必须摆脱升学压力的影响，发挥好指挥棒的作用。

（1）朗读能力水平教学评价

朗读是将无声的文字转化为有声的语言的阅读活动。能用普通话正确、流利、

有感情地朗读。从语文课程标准中可以看出，朗读的核心目标要求是“正确、流利、有感情”。朗读是有声的阅读，它明显的观测性使其容易被检测到。语文教师应该积极培养学生的朗读能力，对学生的朗读质量，教师要从正确、流利、有感情三方面做出正确的评价。朗读评价最好具有针对性，常采用的评价方式是个别评价方式。要求学生声音响亮，抑扬顿挫，做到“以声解义”“以声传情”。教师可以借助一定标准和检核表来准确记录和评价学生的朗读水平。例如：普通话水平测试中作品朗读的基本要求和评分标准，美国著名阅读教育专家哈里斯（A.J.Harris）的《学生朗读检核表》等。

朗读教学评价中，教师一定要有鼓励赏识的态度，切忌用严厉的评价打消学生朗读的自信心，评价过后教师一定要根据不同学生的不同情况进行面谈，引导学生有针对性的勤加练习。例如，有些学生先天有语言的障碍，说话常会伴有卡壳、吞字、重复等现象，教师一定要照顾到学生的情绪，尊重学生的自尊心，对其采取鼓励赏识的态度，同时也告诉其他同学他取得了很大的进步，避免其他同学笑话。

（2）阅读速度和质量的评价

培养中学生养成良好的阅读速度和阅读质量是每位初中语文教师义不容辞的责任。对于初中生的阅读速度，《义务教育语文课程标准（2011 年版）》规定的默读目标是“养成默读习惯，有一定速度，阅读一般的现代文，每分钟不少于 500 字”。良好的阅读习惯和方法会伴随学生一生的成长，对学生以后人生的发展起着事半功倍的作用。初中生常用的阅读速度评价方法一般采用限时法和计时法，就是在规定的时间内计算学生阅读的字数。学生在被测时可以选择略读，粗知文章大意，也可以选择浏览的阅读方式，搜集主要信息，但这两种评价方法无法保证学生对阅读内容的理解，很难确定学生是否达到有效阅读。笔者倡导对初中生采用消字法的阅读评价方式。消字法就是在阅读材料中添加一些多余的字，让被试者在阅读的过程中勾去，并以此来计算阅读速度。这种评价方法即可以确定学生在用心去读，保证了阅读质量，实施起来也比较简便，可信度比较高。学生的阅读速度是逐步提高的，不能急于一时，如果评价过程中发现一些学生没办法达到一般水平，教师必须主动提供帮助，对其阅读方法、阅读习惯进行引导，比如，改正指读的毛病，扩大阅读时的视野范围、克服阅读时紧张和注意力无法集中的毛病。

（3）个性化阅读

个性化阅读就是读者根据自身的阅历和独特的体验，把握文本所反映的客观意义，对文本进行个性、创造性地解读的阅读活动。《义务教育语文课程标准（2011 年版）》中这样要求：“阅读的评价，要综合考察学生阅读过程中的感受、体验理解，要关注其阅读兴趣与价值取向、阅读方法与习惯，也要关注其阅读面和阅读量，以及选择阅读材料的能力，重视对学生多角度、有创意的阅读评价。”阅读是学生的个性化行为，阅读教学评价也应该尊重学生的个性化阅读成果，珍视学生独特的感受、理解和体验。提到个性化阅读评价，人们常想到是对课外阅读的评价，其实不然，课内文本更需要个性化阅读。教材文本都是经过反复筛选才纳入课本，对学生阅读、写作情感的培养以及阅读、写作方法的指导具有很大帮助，更需要学生个性化的理解。教师不应该代替学生体验和思考，应该尊重学生的个性化阅读体验，给予学生正确的阅读评价方式，鼓励学生自我评价，提倡生生之间的互相评价，赏识学生发表的阅读体验和独特见解，培养学生的批判思维和创造性思维。个性化阅读评价一定要秉承理性阅读和感性阅读相结合的理念，“文本的规定也严格制约着接受活动，以使其不至于脱离文本的意向和文本的结构，而对文本的意义作随意的理解和解释”。

作为基础教育，语文个性化阅读评价既要让学生清楚，阅读作为一种阅读活动，每个人可以有不同的理解，可同时也要承认教材中对文本应有的解读，那种离开文本的规定性，对某句话过深分析或者远离文本过度发挥，都是要不得的，应该及时给予制止。

2. 课外阅读评价

阅读是人们获取知识的主要方式，也是一个人心灵和精神成长的重要渠道。如果说教材突出是规范性和典范性，那么课外阅读突出的就是丰富性和多样性。其实，只要我们留心，我们会发现古今中外的很多知名人士走向成功的秘诀之一就是大量的课外阅读，课外阅读在语文阅读教学中占有举足轻重的地位。

在课外阅读评价中，教师可以采用报告、交流评价法。

课外阅读的报告交流评价就是通过口头或书面的形式把阅读成果提供给对方。初中这个阶段的学生自我意识逐渐增强，喜欢表现自己的才能和成就，希望获得他人的认可。教师就可以充分利用学生这一心理特点，组织一个报告交流阅读成果活动。在课外阅读进行一段时间后，教师可以利用每天语文课的前十分钟安排学生进行课外阅读成果报告，有计划地开展一个类似“读书报告十分钟”的活动，以小组的形式进行组内报告和交流。或者每个月开展一堂读书交流会，轮流报告读书情况或交流心得，也可以期中或期末开展一次大型的读书展示会，学生把他们的读书成果展示出来，供教师、同学及家长的参观和学习。通过这样读书报告交流活动，学生之间以及师生之间可以相互借鉴阅读成果，扩大自己的阅读面和阅读量。报告、交流评价，要求语文教师要有良好的耐心和精力，认真聆听每一位学生的阅读成果，进而对学生的阅读方法和阅读能力作出正确判断。在阅读报告交流评价过程中，学生通过报告交流活动可以共同分享读书的乐趣，交流读书的经验和心得，获得家长的理解和认可，发现自身存在的问题，明确目标，获得更好的发展空间。

（二）写作教学评价策略

写作不但是一种表达和交流的方式，也是认识世界、认识自我的过程。在应试教育大背景的影响下，教师和学生过于追求升学、关注分数，许多学生将过多的时间花在题海上，从而导致学生缺乏生活经验积累，自我认识不清，缺乏独立思考、独立创作的能力。要想扭转当下的写作现状，写作教学评价必须发挥好指挥棒的作用。写作评价不再是对遣词造句、布局某篇的技术性评价，而是促进学生写作能力的提高和全面协调的发展，因此写作教学评价必须多元化。

1. 自我评价

教学评价中，学生是才是创作的主体，学生的自我评价占有重要的地位，只有重视学生的自我评价，才能更好地在作文教学中发挥主体性功能。写作教学中的自我评价包括学生写作前的自我评价和写作后的自我评价。写作前的自我评价，主要包括学生对自己的写作兴趣、材料积累、写作方法、写作文体的倾向、掌握程度以及自己写作发展方向的评价。通过这样的评价学生可以了解到自己在写作方面的优势和不足，进而在学习过程中有针对性地加强自身的写作能力。写作后的自我评价，主要是学生对自己审题立意的评价、遣词造句的评价、谋篇布局的评价以及修改加工的评价。

比如说，自己是否掌握了一定的审题技巧，能够迅速确立主题，明确中心；自己能否灵活运用修辞手法，使自己的语句生动形象；自己的文章能否写作教学的自我评价是指学生对自己的整体写作水平做出的自我判断。在写作教学中达到层次分明，脉络清晰；自己是否有主动修改的习惯等。学生写作能力自我评价的过程就是学生对自己写作能力的反思过程，通过这样的过程，学生对自己写作过程中产生的困难了如指掌，对学习目标的确定就会更准确，教师在教学过程中好有的放矢。

2. 多元化评价

写作教学中的多元化评价主要指两个部分，一个是评价主体的多元化，另一个是评价方式的多元化。评价主体的多元化主要包括学生的评价，教师的评价以及家长的评价。教师的评价仍然是重要的评价方式，评价方式也要求是多元化的，比如说全面批改讲评、部分批改讲评、重点批改讲评和当面批改讲评等等。在作文教学的形成性评价中，评语是提高学生写作能力非常重要的方法和手段，好的评语可以起到对话、启发、激励作用，促使学生写作进入一个良性循环中。评语不但教师可以写，家长、学生在评论作文时也可以写。以往的教学中，多是教师在写评语，而且评语过于理论说教，不能与学生进行平等地交流和沟通，学生很难接受。所以评价主体在写评语时，要灵活掌握评价标准，重视内容的同时也要关注人，评语要多采取赏识、鼓励等积极的评语。从正面对学生进行引导，评语不能只限于主题突出、结构严谨、思想

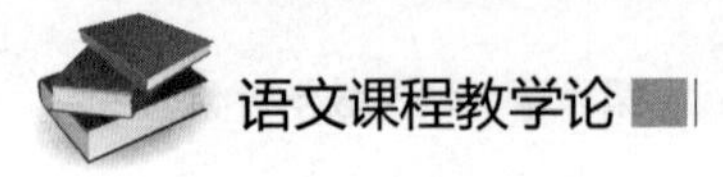

深刻等抽象词语，评语要多体现对评价者的人文关怀，与作者进行情感上的沟通，用优美的文字表达对学生的期望，学生看到后，除了感动外还会以教师为榜样，努力写好作文。

作文教学中，教师无法做到面面俱到，需要家长的积极配合和参与。家长只需给自己的孩子做出评价，评价一定是认真的、详细的、面面俱到的。学生通过家长的评价得到认可和激励，会更有信心地写好作文。但是家长和孩子总是存在代沟，心理体验也不一样，看待问题的方式也多不一样，评价难免会收到学生的质疑，这个时候学生就要结合其他学生给予的评价和教师给予的评价与家长沟通交流，促进双方认识的提高。例如，教师有计划地组织小组评价，组内学生进行互评，组内推荐出一篇优秀作文进行朗读。期中或学期末时，邀请家长参与学生优秀作文的展示等。因为学生的个性差异，作文教学评价必须多元化，学生自我评价、教师评价、家长评价以及生生评价的结合才能对学生的作文水平作出最客观、最科学的评价。只有将评价主体的多元化与评价方式多元化的结合才能够激发学生写作的兴趣、掌握正确的写作方法、养成良好的写作习惯。

（三）口语交际评价策略

经过几轮课程改革，重新定位了口语交际的教学形式、内容、目标等，教师要帮助学生形成正确、流畅、文明的语言习惯。良好的口语交际能力也是建设我国公民良好素质的需要，也是学生终身发展的需要。受升学和考试压力的影响，口语交际能力得不到学校的重视，因此，口语交际的教学评价要发挥其导向作用，促进口语教学活动的开展。

1. 情境性评价

情境性评价就是将被评价者放入具体的情景中，对其口语能力进行评价。提高学生口语能力的最佳途径就是多交流、多沟通，可以根据学生学习生活或者日常生活中的的交流和谈话设计一些表演的情景，这样将评价与学生的生活结合起来，既可以达到评价的效果，也可以激发学生对口语交际的情趣和热情。

教师们可以根据学生的生活，组织一个表演情景，比如说，一个好朋友过生日，要请你去参加他的生日派对，可是这个时候，你发现妈妈生病了，需要人照顾，你如何的拒绝却不伤害到友谊？教师可以组织自愿分成小组，一个学生扮演好朋友，一学生扮演妈妈，一个学生扮演劝说者，两个学生对其中表演学生的交流沟通进行判断评价，教师也要根据其表演者的表现对其做出评价，这样将学生的评价与教师的评价相结合，既可使评价公平客观化，知识点明确化，还可以激发学生参与口语学习的积极性。

2. 现场评价

现场评价是指对学生具有较大意义的口语交际活动当场做出评价，藉以提高语文素养。口语的现场评价主要是考查学生理论转化实践的能力，也是提高学生素养的有效途径。主要是将知道如何说话、听话、交谈”转变为“会说、会听、会谈。这样学生在掌握口语评价基本标准后，在现场评价的过程中，学生对自己的口语交际能力就会有信心，表达起来的效果就比较好。现场评价过程中，也会出现少数口语交际退缩的学生，教师现场要对其做出正确的分析，是由于过于紧张抑或知识点没掌握好，对其做出正确的引导和启发。

例如：演讲题目是：有一种美丽叫信任。这个题目是中学生比较感兴趣的话题，给他们足够的时间准备，就可以完成一个很好的演讲稿。可是有些中学生，性格过于内敛，缺乏自信心，自尊心又强，演讲起来未免会紧张，甚至出现退缩的情况，这个时候教师一定与学生进行单独谈话，消除学生演讲的心理障碍，鼓励学生完成演讲。

3. 辩论性评价

辩论性思维是创新型人才必备的思维素质，也是我们语文教学中重点培养学生的一种思维习惯。口语表达则是其表现的主要形式，其对学生口语能力的提高也起着总要的作用，它可以避免学生对问题思考的单一化，摆脱教学中思维定式的弊端。辩论性评价主要是对某一论题，部分同学持有肯定的意见，部分同学持有否定的意见，该论题进行交流、讨论和辩论，以驳倒对方观点或者观点达成一致为目的。辩论题目一般都要贴近学生的生活，比如，针对口头作业和书面作业哪种更适合学生的发展而开展的辩论活动。活动中，教师要尊重学生的主体性，不要给学生价值观做出质性判断，要给予学生足够的话语权，让学生在紧张、激烈的氛围中表现自己的观点和看法。教师通过学生在活动中的语言表现，对其口语能力做出正确客观的评价。

4. 学生口语的作品分析评价

作品分析主要是利用录音机、录像机等多媒体教学工具把学生口语交际的全过程录下来，选出部分或全部，在课堂上再次播放并对其做出点评，指出其表达过程中的优缺点。比如，学生作品是否表现学生积极、正确地参与态度，口语表达是否准确、流利，表达内容是否突出重点，做到有理有据的阐述等。在初中生表现心理的驱使下，学生一定会认真录制自己的每次作品，以获得学生和教师的认可。作品分析评价是一种高质量的口语交际评价，其操作起来需要相应的教学设备以及学生和教师之间的配合。学生通过再次播放自己的语言，可以对自己的口语表达进行反思，找到自己口语交际出现的问题，进而确定自己口语发展的目标和策略。这样学生对教师给予自己的评价会比较认同，对自己的努力方向也比较明确。

例如：播放一段学生准备的课内阅读作品朱自清的《春》，学生在录音时往往关注语言的准确性，做到吐字清楚，可是节奏轻重缓急的变化，或者作者情感的抑扬顿挫却很难把握，通过自己作品的播放，教师的评价很容易被其认可和接受。

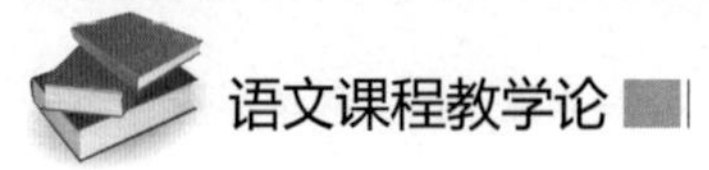

第四节　语文学业评价通论

一、语文学业评价的基本功能

语文学业评价是指以国家的教育教学目标为依据，运用恰当的、有效的工具和途径，系统地收集学生在语文学科教学和自学的影响下认知行为上的变化信息和证据，并对学生的知识和能力水平进行价值判断的过程。语文学业评价具有诊断、导向、反馈、激励、甄别和选拔等多种功能，其目的是为了考察学生实现课程目标的程度，检验和改进学生的学习和教师的教学，改善课程设计，完善教学过程。应发挥语文学业评价的多种功能，尤其应注意发挥其诊断、反馈和激励的功能，有效地促进学生的发展。

（一）诊断功能

对学生语文学业进行评价，可以了解教学各方面的情况，从而判断它的质量和水平、成效和缺陷。全面客观的评价工作不仅能估计学生的成绩在多大程度上实现了教学目标，而且能发现、解释成绩不良的原因，如学生语文学习态度、学习方法、学习能力、爱好特长等。还能了解和确定学生已有的语文学业水平和状态，便于教学目标、内容、方法的确立，以实现因材施教。

（二）导向功能

导向功能是指教学评价对教学活动或教学过程中学生的思维、感情、认知等有定向引导的作用。教师对学生的评价在课堂教学中有重要意义，发挥着引导作用。课堂上对学生的行为的表扬、批评、鼓励，都在告诉学生某些标准，对学生的语文学习的爱好、态度、方法、能力等起着引导作用。比如教师在作文讲评时所读的学生范文，对全班的作文就有导向作用，其他同学在下一次写作中就会模仿范文的这种写法或风格。当然，不恰当的评价会起到负导向作用。例如，一位老师上《从百草园到三味书屋》一课讲到美女蛇时，一位同学提问："老师，有没有美男蛇呢？"教师即兴说："你这个问题提得太无聊了。"从此这个同学上课再也不提问了。

（三）发展功能

语文学业评价不只是教育教学过程结束时鉴别和筛选学生和教师的手段，它更应该是促进学生发展的有效手段。语文课程标准强调：语文学业评价的根本目的是为了促进学生学习，改善教师教学。经验和研究都表明，在一定的限度内，经常进行记录成绩的测验对学生的学习动机具有很大的激发作用，可以有效地推动学生学习。在语文教学中，如果能经常性地准确评价和反映学生的学习水平和学习状况，那么，学生的知识、技能将获得长进，智力和品德也有发展。比如学生在每一次完成一篇作文后，若能及时全面地进行评价，那么学生就会认识到自己作文方面的问题是审题出了错，还是文章的立意不够深刻，或者是语言不够生动等，从而及时加以调整和改进。

关于语文学业评价的基本功能，语文教师应该注意一些问题，一方面要强调评价对学科教师教学的激励作用、诊断作用和促进作用。另一方面要注意弱化评价的选拔与甄别功能。评价结果要有利于激发学生的内在学习动机，帮助学生明确自己的不足和努力方向，促进学生进一步的发展。要尽量弱化评价对学生的选拔与甄别功能，减轻评价对学生造成的压力。教师也要根据评价的反馈结果，反思教学过程，改进教学方法，提高教学能力。逐步地形成评价与教学的相互促进作用。

二、语文学业评价的方法

（一）语文学业评价的几种常见方法分类

语文学业评价的方式是多种多样的，根据不同的分类标准，人们所分出的评价方式就有不同。如泰勒认为，除了纸笔测验的评价方法以外，观察法、晤谈法、问卷法、收集学生作品法，以及调查学生的就餐习惯和阅读习惯的方法都可以成为判断课程实施效果的依据；梶田睿一的分类是：标准测验、教师的测验、问卷法、问答法、观察法、报告法、小制作物法；国内学者李雁冰的分类是：社会测量图示、兴趣调查表、等级量表、非干扰技术、语义分化、论文测验、档案袋评定、苏格拉底研讨式评定；丁朝蓬的分类：表现评定、档案袋评定、论文题评定、动态评定、概念图评定；黄光扬的分类：客观题与主观题评价法、表现性测验评价法、评定量表评价法、档案袋评价法、动态评价法。如按照量化程度的高低，可以分为定量评价和定性评价；按照评价的作用，可以分为诊断性评价、形成性评价和终结性评价；按照评价的参照，可以分为相对评价与绝对评价；按照参与评价的主体，可以分为自我评价和他人评价等等。这里着重介绍根据量化程度和评价的作用进行分类的一些方法。

1. 档案袋评价方法

档案袋评价方法旨在通过收集、记录与展示学生的成长进步，激发学生的学习热情，能很好地发挥评价促进学生发展的功能，它有助于在以后给学生进行自我对比，显示其成长的轨迹，可以放进作文草稿、笔记、分类读后感、各种成功或失败的记录，并且要兼顾体现数量和质量的记录。总的来说，它是一种记录过程的原始资料，档案袋中究竟选择那些内容，并没有硬性的标准。

2. 过程性评价方法

过程性评价方法不是对微观意义上的学习过程的评价，也不是只注重过程而不注重结果的评价，而是对课程实施意义上的学习动机、过程和效果的三位一体的评价，或者说是人的生命意义上的学习评价。就学习评价来说，这就要求评价主体和评价客体相融合，评价学生学习的主体不仅是教师、校长、家长，也包括作为评价的客体同时也是评价的价值主体的学生。评价的过程不仅包括学校外部和教师的评价，还包括学生相互之间和学生自己对自己的评价。过程性评价强调在“过程中”完成教育教学目标，在“过程中”养成语文能力及其情感、态度，强调评价方式的多元化，它始终把学生与教师的活动看成是一个互动的过程，始终把学生视为独立的生命个体，而不是抽象层面上的“学生”。

3. 测验考试与日常考查相结合

测验考试可以检查学生语文知识的深度、广度和语文学习能力掌握的熟练程度；常考查则是对测验考试的一种补充。我们应在语文教学和有关语文学科的课外活动中，有目的、有计划地对学生学习语文的表现进行细心观察，了解学生的实际情况，并对观察结果及时记录，做出评价。善于利用课堂提问，以此来检查学生掌握知识的质量，了解他们分析问题、解决问题的能力和口头表达能力。设立课前两分钟说话，可将教材中每篇课文的课后作业作为说话的主题，或将学生自己在日常生活、学习中的所闻所想所感作为说话的内容。教学口语交际内容后，让学生在掌握要点的基础上，说一段话录在磁带上，交给老师检查。要多与学生进行个别谈话，在交谈巾有意识地注意学生说话时语言是否流畅，内容是否丰富，条理是否清楚，词句是否确切，作为衡量学生语文能力的参考。学生完成的课堂练习和回家作业也可作为平时考查的内容。对于平时上课思想集中，积极动脑，踊跃发言的学生予以鼓励。

4. 项目评价方法

考查学生综合运用所学知识和技能完成一项具体任务的能力，这实际上也是考查学生的实践能力的一种方式。这种评价方式旨在设置真实的任务情景，在学生完成具体任务的过程中或任务结束时实施评价。比如要求进行一项社会调查、完成一个小制作（展板）、小发明，或是自行收集资料，完成对某个人物的述评等。

5. 随机评价方法

这是教师在课堂上对学生在知识和技能、过程与方法以及情感态度价值观方面的修习情况所作的一种即时的、随机的、口头的评价，它不像正式的评价那么按时、准点、正规，但对学生的课堂学习是一种很好的调节与激励，也是对学生实施过程性评价的一种有效手段。

6. 学生的自我评价

（1）自评。①学习情况的自我描述，包括书面和口头；②初中语文模块评价表；③表现式：评价的内容方式，主要考查学生的自我表现能力，过程与方法方面的修习情况以及情感态度、价值观念的变化。评价的方式，如演讲、辩论、报告、书面作品展示等，这种评价方式可以较为灵活的进行，学生可以选择自己喜爱的擅长的某种方式参与评价。（2）互评。①以学习小组为单位评价；②以同宿舍为单位评价；③以班委会与团委会为单位评价。

（二）两种常用的语文学业评价方法

下面重点介绍两种常用的学业评价方法：

1. 测试

（1）概念

测试俗称纸笔测试或考试。这是传统的却又是最常用的学生语文学业评价的方法。学业评价不等于考试，考试只是评价的方式之一，它们是两个既有联系又有区别的不同概念。纸笔测试或考试是学业评价的重要组成部分；纸笔测试或考试作为一种测量的结果，只是学业评价中的一个依据；而学业评价则是对学生学业的整体性评价。“任何考试都不能完全真实地反映学生学业成就的整体面貌，过于迷信分数和简单追求分数，容易导致分数主义，甚至出现以分数取代教学目的和目标的现象，从而对正常教学形成冲击。”语文测试是评定语文教学水平和学生学习效果的重要手段，语文课程改革并不排斥纸笔测试和考试，关键是测试内容和方式的改革要符合课程的要求，应该正确认识其评价作用。

（2）语文测试卷编制的步骤。

测试是对被评价者的语文成效所进行的数量化评价，包括三个相继环节：试卷编制、施测、评分。按照语文课程标准的要求，编制试卷的基本步骤大致如下：

第一，进行总体构思，确定命题计划。

总体构思包括明确考试的目的性质：是学期前预备性（摸底、预测、分组）的，或是学期中形成性（诊断、激励）的，还是学期末总结性（评定）的；确定考试的内容、范围和要求。命题计划是编制试题的依据，是科学设计试题、周密安排考试内容、便于命题有章可循的蓝图。首先要依据课题标准、考试大纲确定范围、考点。命题计划包括两项内容：一是编制试题的原则和要求，说明考试的内容范围、方法目标、试题类型、编制试题和组配试卷的要求；二是规定试卷中试题的分布，即具体考试内容中各部分试题的数量分布和所占比例。使考试内容难、中、易比例适当，既考虑大部分学生考试成绩要达标，又考虑各档次学生考试成绩要拉开距离。

第二，选择题型，实施编制。

试题是组成试卷的基本单位，这些试题有考查知识与能力的、有考查过程与方法的、有考查情感态度与价值观的，目标不同试题的要求不同。试题的题型可分为两大类：一类是客观题（又称封闭式题），题量大，覆盖面广，答案唯一，评分客观、正确；要考查学生的记忆、理解能力，试题编制时间较多而阅卷时间较少者，可多选客观题，如填空、判断与选择题等；其局限是难以考核表达能力、发散思维能力，难以反映解题的思维过程。另一类是主观题（又称开放式题），这类试题利于诊断性考试和进行整体性的综合考试。能提高考查的深度，能反映出学生的观点和语言表达能力，考核学生的分析问题、解决问题的能力。当前语文试题编制要力求改革和创新，如考试的内容逐渐注意了加强社会实际和学生生活经验的联系，重视考查分析问题和解决问题的能力。在阅读和写作题方面，要摒弃强调答案唯一性的要求，给学生较大的自由作答和个性思维的空间。例如，让学生自读一篇短文后，让他说说喜欢或最不喜欢的地方（或词或句或段或人物或事件），并说出一定的理由；在作文方面，注重学生的真实感悟和创意想象，如"________的课外阅读生活"，学生可以根据自己课外阅读的经历、感受，写出富有个性和真情实感的文章。

一套试题究竟要用哪几种题型，每种题型要出多少道题，要根据测量目标、各种题型的特点和功能、测量内容的特点、学生的情况、测验的时间等各方面的因素，灵活确定。但应体现以下要求：题型多样，分值合理；要有难度区分；表述严密，没有知识性错误；有明确的评分标准。

（3）语文试卷的分析与讲评。

试卷分析是考试结束以后，教师对试卷结构、学生考试状况的一种综合分析。试卷分析与讲评的目的是反馈信息，寻找教与学中存在的问题，探讨今后学习的思路和应考的技能，帮助学生强化巩固已有的知识并不断构建新的知识体系，从而增强继续学习的信心。

试卷分析包括试卷评价、成绩统计及分析、存在的主要问题、今后教学的改进措施等。语文试卷的讲评应在测试之后，没上新课之前。这个时候，教师刚刚阅完卷，做完试卷分析，对学生存在的问题了如指掌；而学生对测试的知识点还比较熟悉，且急于知道分数和准确答案，求知欲正强。试卷讲评的内容主要有以下几个方面：总体测试情况，错误典型与错误原因，审题与答题思路，方法与技巧，改进方法。

2. 日常的情境性评价

（1）概念。

情境性评价是指在日常学习和真实情境中对学生进行的随机的评价。情境性评价是一种主体多元、内容丰富、过程开放、手段灵活、载体多样、适用于语文学习的任何情境的评价方式。它具有即时性、针对性的特点，能够将自评、互评、师评有效地结合起来，实现评价主体多元化。情境性评价能够及时发现问题、解决问题，调节学习气氛，调整学习策略，优化学习过程，激发学生的学习动机，培养学生良好的语文学习习惯，提高学习效益。另一方面，教师可以利用在情境性评价中获取的信息，及时了解学生的学习状况，发现自己在教学中存在的问题，调整教学方法、思路、策略，从而确保教学活动正常进行。

（2）情境性评价的特点和要求。

第一，评价的即时性。情境性评价可以使用于学生语文学习过程的任何环节，可以用任何形式来表现学生语文学习过程的每个具体环节，朗读、提问、答问、活动等，都可以用情境性评价即时进行。这种即时评价更具有针对性（针对学生个体差异、针对学生学习成果等），更具有实效性（能及时调控、组织、指导学生学习）。因此，情境性评价具有其他延时评价（阶段评价）所没有的优势。所以，在教学中应结合具体情境，及时对学生的学习状态进行评价。如学生在朗读、提问、回答问题等活动之后，教师不能对学生的表现不置可否，而是要及时进行明确到位的评价，提出改进的建议等。

第二，评价的综合性。情境性评价能全面综合地描述学生学习过程的知识、能力、情感、价值观等所具有综合性特征。在语文学习中，时常会出现不确定因素，按照教师事先设计的模式去评价，显然不可能正确地评价学生的课堂学习。而情境性评价则可以发挥其具有的随机性和质性评价的特点，对学生在学习过程中的表现进行全面的评价。如在课堂上听写生字，可以评价学生知识技能的掌握情况；课堂讨论可以及时评价学生的参与度和合作精神；可以从学生朗读课文的表情来评价他对课文的情感体验等。

第三，评价的激励性。因为情境性评价是在真实情境中进行，所以可以对学生个体学习和发展能力进行激励，既鼓励和保护了学生已有的主动性、积极性，还激发了学生进一步思考、探索、表现的学习主动性和积极性，使学生长时间地保持学习热情，并进而形成荣誉感。语文课程标准强调应以鼓励、表扬等积极的评价为主，采用激励性的评语，尽量从正面对学生加以引导。教师的评语应充满期待与关怀，让学生能通过教师的鼓励性的话语树立自信，获得前进的动力和勇气。只有这样，评语才具有可接受性，才能对学生产生积极作用。所以，各种形式的情境评价都应发挥激励的作用。比如语文课堂教学中的即时口头评语评价，作为语文学业评价中最直接、最快捷、对学生影响最大的一种过程性评价方法，就应该以激励性为主。

三、高中语文课程的评价标准

高中语文课程主要分为必修课和选修课两部分，因此针对高中语文课程的评价应该从这两方面入手。对语文课程的评价既要主要到必修课与选修课之间的联系，又要注意到它们的不同特点。

（一）对于必修课的评价标准

1. 阅读与鉴赏的评价

高中语文课程的阅读分为实用类文本阅读和文学类文本阅读。关于实用类文本阅读，应该着重考察学生对文本内容的准确解读，以及对文本信息的处理能力。实用类文本阅读的评价，着重考查学生对文本内容的准确解读，以及对文本信息的筛选和处理能力。实用文体的语言风格、格式等特征，学生只需作基本的了解。对理论类文本阅读的评价，着重考查学生的抽象思维能力，如能否概括和提炼文本的思想观点、发现观点阐述与实证材料之间的逻辑联系，能否运用正确的观点和科学的思想方法研读文本、评述作者的思想。对有些学生的独特见解，应在评价中予以鼓励。

对文学类文本阅读的评价，是阅读与鉴赏评价的重点。要重视评价学生对作品的整体把握，特别是对艺术形象的感悟和文本价值的独到理解，鼓励学生的个体体验和创造性的解读。要重视评价学生结合不同文体特征进行阅读与鉴赏的能力，以及动用有关资料阐发作品的能力。文学类文本阅读着重考查学生对作品的整体把握，对不同文体作品的阅读与鉴赏的能力，以及借助有关资料评价作品的能力；强调“学习探究性阅读和创造性阅读，发展想象能力、思辨能力和批判能力”。

对文言文阅读的评价，重点考查借助语感和必要的文言常识阅读浅易文言文的能力。要考查学生对传统文化是否热爱和有兴趣，在文言文阅读中能否有意识地了解文化背景，感受中国文化精神。评价要有助于学生确立古为今用的意识，用现代观念审视作品的内容和思想倾向。

2. 表达与交流的评价。

对理论类文本写作的评价，应考查是否认识到理论类文本的作用与价值；是否能有意识地通过议论类文本的写作来表达自己的观点，理解议论类文本的写作要求，并运用多种写作技巧，不断地改进自己的写作。对实用类文本写作的评价，应考查能否认识实用类文本的重要性和实用价值；是否理解实用类文本中常用文体的特点和要求，能根据要求完成基本的实用文写作。

对口语交际的评价，应考查学生对具备良好口语交际素养的必要性和重要件的认识．积极参与口语交际实践活动：是否理解口语交际的基本要求，善于倾听，在交流中捕获重要的信息，清楚、准确、自信地表达自己的观点和想法。

（二）对于选修课的评价标准

选修课的评价在注意基础的同时，更要注意差异性和多样性，注意各类选修课的特点和要求。

1. 诗歌与散文的评价

关于诗歌的评价，一看阅读积累，即看学生读了多少诗歌与散文，要注意考查他们的阅读兴趣和文化视野。二看读得怎样，以学生的审美能力、艺术趣味和欣赏个性作为评价的重点，如能否拓展想象和联想，能否通过作品的形象和意境产生感情的共鸣，能否发现作品的丰富内蕴和深层意义，是否有独到的感受和对作品的创造性理解等。三是评价的方式，用具体成果评价。关于写的评价，指评价诗歌与散文的评价和创作，可通过写读书报告、读书札记、评论鉴赏文章等具体成果考查学生的诗歌散文鉴赏水平。

2. 小说与戏剧的评价。

以学生的审美能力、艺术趣味和欣赏个性作为评价的重点，如能否对作品人物、情节、场景等产生具体的感受，能否在阅读中产生感情的共鸣，能否发现作品的丰富内蕴和深层意义，是否有独到的见解，是否具有批判质疑的能力。以小说《祝福》为例，对人物和场景感受的评价以鲁四为例：鲁四是怎样一个人？他是如何迫害祥林嫂的？作品的场景描写是：鲁四是“一个讲理学的老监生”，看他的书房，“……壁上挂着的朱拓的大‘寿’字，陈抟老祖写的；一边的对联已经脱落，松松的卷了放在长桌上，一边的还在，道是‘事理通达心气和平’。……到窗下的案头去一翻，只见一堆似乎未必完全的《康熙宝典》，一部《近思录集注》和一部《四书衬》。”这样的场景描写就活灵活现地刻画出这个旧礼教的狂热维护者的形象。同时，学生的阅读积累是评价的基础，要注意考查他们的阅读兴趣、文化视野和阅读积累，可通过写读书报告、读书札记、评论鉴赏文章、朗诵、对白独白背诵、戏曲演唱等具体成果考查学生的小说戏剧鉴赏水平。

3. 新闻与传记的评价。

评价也分读、写两个方面。关于读的评价，一是考查态度、习惯，评价应有利于调动学生的阅读兴趣，增大他们的阅读量。二是考查对主要内容和关键信息把握的程度。关于写的评价，评价学生能否运用多种形式撰写简短的新闻。新闻写作主要看其对基本要求的掌握以及文风（如真实有据、拒绝低级趣味、反对虚假新闻等）的提倡，并关注其效果反馈。传记写作重在看是否真实、生动以及社会效果。

4. 语言文字应用的评价。

着重评价学生对语言文字知识、能力和方法的综合运用程度，以及对语言文字的负责态度，评价学生对语言文字规范化的认识和对语言发展变化的理解。应用文写作的评价，主要掌握基本格式，语言力求规范、清晰、连贯、简洁、得体，表达可信、负责，语言表达中思维的条理性和严密性，语法、修辞、逻辑内容的考查，以实际应用效果为主。根据现代生活的实际需要，考查学生是否具有正确的应用态度和必备的理解、表达能力，如考查学生发现他人语言表达的语法规范、逻辑层次和修辞效果的敏感性，观察学生对语言文字现象、问题的敏锐性和探究兴趣，考查其是否掌握一些基本的探究方法。

5. 文化论著研读的评价。

考查学生是否认真研读经典原著，对论著内容的理解和观点的把握是否正确，能否借助注释、工具书、参考资料自主学习。注意评价他们提问题的角度、思考的深度，还要注意考查他们的阅读兴趣和文化视野。对学生阅读经典著作所写的读书心得或小论文，以及文化专题探究方面的成果，进行展示、比较，做出总体评价。兼顾学生参加研讨会、报告会、讲座、调查考查等活动的表现。对学生的探究意识、参与程度、探究方法以及探究结果进行综合考虑。

第五节　语文综合性学习过程评价

综合性学习是学生自主学习韵过程。综合性学习的目的在于改变学生以往单纯地接受教师传授的学习方式，为学生构建开放的学习环境，提供多渠道、多层面的实践学习机人，培养学生的创新精神和实践能力。所以，综合性学习是首先是综合性课程，它沟通了听说读写，沟通了语文课程与其他课程，沟通了课内外，沟通了校内外，沟通了书本学习与实践。它引导学生综合性运用语文知识去分析问题，解决问题，有利于促进学生语文素养的整体提高，有利于学生知识能力与情感态度价值观的协调发展。其次综合性学习是生活化的课程，它开放了语文课程，使语文课程从封闭的课堂上走了出来，走向了生活和家庭，走向自然和社会拓展了语文学习的空间。再次，综合性学习是经验性的课程，根据建构主义的观点，人的经验也是一种很重要的知识。综合性学习大多以“问题一解决”和“活动——探究”为载体，在这样的学习活动中更注重学生的参与和体验，有利于学生丰富自己的阅历，整合知识，运用知识，生成新的知识。学生情意态度、组织、协调、合作等能力的发展更为显著。综合性学习它还是个性化的课程，它不在是标准化、模式化的学习，也许每个人的内容和学习方式都会不一样，因为它是一种充满个性创造性的学业习活动，特别容易激发学生的好奇心、求知欲和进取精神。“从某种意义上讲，课程评价决定着课程改革的成败。”综合性学习评价是综合性学习人才得以实现的重要保证，是与教学过程并行的同等重要的过程。他不是完成某种任务，而是一种持续的过程；评价被用来辅助教育，它是教与学主要的、本质的、综合的一个组成部分，贯穿于教学活动和创新意识，尤其要尊重和保护学生学习的自主性积极性，鼓励学生运用多种方法，从不同的角度，进行多样化的探究。评价提供的是强有力的信息和指导，旨在促进发展。

一、综合性学习的评价步骤

综合性学习的评价过程，是评价者全面占有评价信息，通过整理分析从而各出得出价值判断的过程，这一过程一般可分为三个步骤。

（一）信息搜集

评价者要想对学习过程做出客观评价，就必须全面占有信息，这是评价者做出判断的必要前提。为全面获得评价信息，可以通过仔细观察、认真调查、进行面谈等手段。为确保观察所获得信息的信度和效度，可采取事项记录法和行动目录法。事项记录法是把学生的活动按发生顺序实况记录，但要注意区分事实记录、判断记录和解释记录，否则不能保证原始材料的真实性。行动目录法就是事项预先列表，发现与之相符的事项，立即加以记录炒过由于记录的机械性，不能反映行动的因果关系，因此，有必要对活动场面和产生的条件进行补充记录。此外，还可提前制作活动卡，发给学生，由学生将实际活动情况记录下来，便于扩充评价信息。

（二）信息处理

全面占有评价信息只是为何去何从判断提供一定的前提，更深化价值认识，评价者必须对所获得的信息进行整理、加工和分析，去粗取精，去伪存真，把握这些信息的联系及因果关系。这些信息可按评价的维度进行归类，建立学生活动、集全发展等档案。再就每一类档案材料进行归纳和分析，找出各个主要信息之间的因果关系和内容联系。

（三）价值判断

这是对评价信息进行分析归纳后对学习过程的价值所做出的总结性判断。为了得出比较合理的价值判断，评价者要具体问题具体分析，要综合多方面的评价结果进行科学的综合评价。要得出比较合理的价值判断，评价的科学方法至关重要。综合性学习的评价方法，除经常使用的观察法、谈话法、调查表法以外，还要特别注意成果展示法、学生自评法、师生民主评议法以及校外社会评价法等。

二、综合性学习过程评价需要注意的几个问题

（一）注重三个层面，明确评价内容

要对语文综合性学习进行评价，首先应该清楚“评什么”的问题。可从三个层面考虑：

首先，在语文综合应用知识及实践能力的评价方面，应该侧重于语文综合应用能力的评价。语文综合应用知识的评价包括利用报刊、书籍、图书馆、网络等信息

渠道获取资料的知识；提出语文学习和生活中感兴趣的语文问题的知识；将课内外阅读联系起来的知识；与他人合作的交际知识；制订简单的语文综合性学习计划，讨论分析问题的知识；在家庭与学校生活中，尝试运用语文知识和能力解决简单语文方面问题的知识；语文探究活动的组织安排知识；写简单的语文综合性学习研究报告的知识，包括拟题、构思、组织材料的知识；策划简单的校园语文活动和社会语文活动的知识；交流与分享探究成果的知识。对上述相关知识的评价，可以采用多种评价方式与方法，如观察法、作业法、访谈法、问答法、档案袋记录法等。因为学生的有关知识是与相关能力紧密相联的，一般应与综合实践能力的考察一同评价，而不必单独设立项目进行评价。可以采取平时观察与阶段性总结相结合的方法，定性评价与定量评价相结合的方法进行。在语文综合应用实践能力的评价方面，主要是评价其发现语文学习问题、分析与解决语文学习问题的能力。具体包括选择语文研究题目的能力、搜集信息和整理资料的信息处理能力、提出独立的语文学习见解或假设的能力、综合运用各学科知识的能力、展示语文学习成果的动手操作能力和语言表达能力、参与活动的程度与合作态度的交际能力。

其次，在语文综合性学习过程与方法评价方面，重点应是评价学生所采用的语文综合性学习方法的正确性与灵活性。可评价五方面内容：能否利用图书馆、报刊、书籍、网络等多种信息渠道获取资料；能否有效地筛选和正确处理资料信息；能否从搜集来的信息中发现问题；能否综合运用多种研究方法展开研究活动；能否运用多种途径和方法展示研究成果。“要充分注意学生在解决问题的过程中所采用的思路和方法。对不同于常规的思路和方法，尤其要给予足够的重视和积极的评价。”

最后，在自主合作学习态度评价方面，主要应评价学生参与活动的程度以及与人合作的态度。学生具有参与语文综合性学习活动的主体意识、参与意识、合作意识，是学习活动得以顺利进行的保证。应重点考查学生参与语文综合性学习活动是否积极主动。

（二）关注学生差异，分层分类指导

学生参与语文综合性学习活动所需的知识与能力储备有明显差异，情感与个性品质等非智力因素也不尽相同。教师只有因材施教，才有可能让每一个人都有成功的体验，保证其实效。

在评价时，对那些学有余力、准备充分的学生，可以在更高层次上对其提出更高的要求，以激发其更上一层楼。对那些别出心裁、有创新意识和能力的学生，可以多加鼓励和引导。对所准备材料明显超出其认识能力的学生，要适度引导，帮助他们降低要求。而对于性格内向、不善言谈、不张扬、能力弱的后进生等弱势群体，教师一定要给予积极的鼓励和特别的关照。要使所有学生，尤其是让弱势群体中的学生享受到成功的喜悦、被关注和奖赏的乐趣。对那些自信心不足、学习能力较弱而推诿不干的学生，要激励他们。对后进生的点滴进步。要多加肯定，以增强其上进心。不能对所谓的“差生”怀有不屑一顾的态度，或者不满其种种不足，用质疑、审查的眼光去审视他们，因为这只会更加挫伤他们的参与积极性和主动性。而对那些在研究内容或呈现方式上偏离学习主题的学生，则应帮助他们及时回归主题。也有一些学生，有着强烈的表现欲望，却不知从何做起，教师应及时帮助他们与能力强的同学结成研究对子。

另外，学生的一些不良学习习惯，如虎头蛇尾、畏难情绪等，都有可能影响研究性学习的进展和效果，因而整个过程都需要教师的关注和即时评价。要对学生的人格素养方面有所考察，如自觉性、果敢度、坚韧性、自制力等品质，这些非智力因素都会影响学生参与活动的效果。

（三）评价方式灵活，突出评价重点

应该根据每一次语文综合性学习活动的性质、目标与内容，确定不同的评价重点，不可面面俱到，评价繁琐。要采用多种评价方式方法，如师评和生评结合，自评基础上学生互评。探究式、情境式的学习活动应侧重“学习方法”的评价，可根据活动的过程与方法、收获与反思等记录，采用质性与量化评价相结合的评价方式；言语实践式的活动可侧重评价“知识与能力”方面，选用量化评价方式；体验感悟式活动，则可侧重“自主合作学习态度”方面评价，采用质性描述评价方式。

对学生某一方面能力的评价，也应该在学生原有的基础之上，看到他些许的进步，使人类“求知、想好、爱美”的天性，得到最大限度的发展。但也要注意避免一味评好的倾向。教师既要表扬好在哪里，妙在何处，更要指出学生在哪些方面需要改进，怎样改进。要学会灵活运用人文关怀式评价。在语文综合性学习的准备过程和展示过程中，更多地从“语文”的角度进行评价。要从学习活动的内容到形式、从准备过程到呈现状态，都根据评价的要素给予恰如其分的评价。正如美国哈佛大学原校长埃利奥特所说：“真正的教育目的是使个体的能力得到最大限度的发展……固定的标准是人的身心和精神充分发展的天敌。”

（四）全程多维反思，力求指导到位

语文综合性学习有强烈的综合性和全程性评价特征，教师应在整个过程中多角度反思自己的指导是否到位。

1. 能否提出有启发性的学习主题和建议，使学生在讨论中形成具体可行的活动方案。

2. 能否提供相关活动背景、材料以及探寻的路径和方法，以诱导学生提炼出有

价值的研究课题。

3. 能否对学生的选题、设计做出及时审查，提出有效的改进建议，进行咨询和决策。

4. 能否进行即时心理疏导。即能够鼓励学生大胆探索，乐于另辟蹊径，善于发表新见，照顾到那些羞于交际的学生。

5. 能否进行研究方法的有效指导。即能否为学生提供基本的探究方法，如调查问卷的设计与使用的方法、考察的角度分析与策略、访谈的注意事项、收集整理资料和研究报告的写作常识、研究过程的控制策略等。

6. 能否进行研究价值的引导。即能否引导学生按照学习活动的目标和要求实施计划，在实现学习目标的过程中，不但培养在生活中学语文、在实践中用语文的兴趣和习惯，注重“过程”的评价而非“成果”的最后展示。

7. 能否指导学生进行高质量的评价。因语文综合性学习评价的主体是学生，学生间的相互评价和自我评价需要教师身处其中，一要激发学生对活动的反思；二要让学生对自己的参与行为表现做出中肯评价，总结出活动的体验和感悟；三要对学生在学习活动中的情感态度做出衡量。

（五）角色重新定位，评导巧妙结合

语文综合性学习的成效能够显现出教师评价知识与评价操作能力的多寡优劣。可以说，学生语文综合性学习活动的成败，在一定程度上，是对教师参与及指导质量的检验。其评价要求语文教师从课堂与课本中走出来，不再只是做语文知识的传授者、语文能力的训练者、学生学习的组织者，而是要求语文教师能够重塑自己的形象，进行职能与角色的重新定位，要由知识的权威者转变为平等参与者、合作者，由教学的主宰者转变为学生学习的支持者和指导者，由课程的实施者转变为课程资源的开发者。教师的评价应与指导同步。把有效地促进学生发展作为出发点和归宿，要能够巧妙地找准活动中课内外知识的结合点，通过与学生对话，发现他们的真实需求，可采用“唱、画、演、写、赛、做、辩”等形式，评价学生的活动，做到导在活动前、引在活动中、评在活动过程与活动后。

对语文学习内容和学习情境，要求教师做进一步的拓展与更新，要以社会为课堂、以校园为课堂、以家庭为课堂，甚至可以大自然为课堂来设计和组织教学。正如日本千叶大学教授天笠茂所指出的，“综合学习课程需要能构思与之相关的学习环境和具有调控能力的教师。所谓协调学习环境是指选择与学习相适应的场所，把环境中的人和物等有机地组织起来。在综合学习课程中，需要与那些在当地社会、自然方面担任工作的人融为一体。外部人才在学习环境的构成中占有相当重要的位置。因此，要求今后的教师应不断增强人际交往的能力，与当地的人们建立良好的

合作关系。”

有必要指出的是，评价语文综合性学习的效果，不能把这种学习看成是过去语文课外活动的翻版，而要重在对语文知识或某项语文技能的评价上，要避免惟语文的倾向。如人教版七年级下第五单元“漫话探险”的综合性学习，如果按照教材的要求，从开故事会、辩论赛、生存夏令营模拟招聘三个活动项目中任选一个进行的话，学生就很有可能只辩论探险的积极意义和消极作用，或讲述探险家们的故事，或谈自己探险的某次经历、感受等，若根据教材要求写一篇探险作文，前面课堂上的练习就很可能是把目标定位在“口头情景作文”练习上的低层次学习活动。我们提倡的应是在此基础上的让学生发现自然或社会的精彩与复杂，生存的艰难，生命的价值，体悟人生、合作的重要，学会与人相处，在困境中锻炼自己、发展自己。所以，教师应该就探险话题，进一步扩展、细化教材，使学生的应聘准备更有针对性。相应的评价也应随之更加具体而深入。

三、综合性学习的评价方法

新语文课程标准在评价建议中明确指出：综合性学习的评价应着重考察学生的探究精神和创新意识。尤其是要尊重和保护学生学习的自主性和积极性，鼓励学生从不同的方面，进行多样化的探究。综合性学习的评价着眼点主要在：学生在活动中的合作态度和参与程度；能否在活动中主动地发现问题和探索问题；能否积极地为解决问题去搜集信息和整理资料；能否根据占有的课内外资料，形成自己的假设或观点；语文知识和能力综合运用的表现；学习成果的展示与交流 "。而在我们现实的语文教学中，教师最主要的、最常用的评价方法是书面测验，书面测验虽能测量认知领域的学习结果，但在技能、情意领域则有其先天局限。加上语文综合性学习在内容和方式上都是十分个性化的，如要完成对学生语文综合性学习的全面评价，单靠一种评价方法是无法实现的，所以教师必须开发出具有针对性的多样化的评价方式，这样才能根据需要弹性运用各种评价方式对学生学习成果做出恰当的评价。

（一）学生自我评价与相互评价

在一般情况下，学校生活中的评价权力是掌握在教师的手中的。学生只是学习评价的被动参与者，评价的形式、内容、以及结果解释的决定权都不属于学生。当评价被作为选拔和淘汰的依据时，为了保证评价过程和结果的相对公正性，这样的情形似乎也是必然的。但语文综合性学习由于其性质与目的的特殊性，其评价着眼点是有所不同的。作为一种探究性的学习，除了学生个体的独立钻研，也应有学生群体的讨论切磋，所以除了教师评价之外，要多让学生开展自我评价和互相评价。在自我评价过程中，学生通过自我学习成果的展示，从中得到成功的体验，也有利于其反省自己

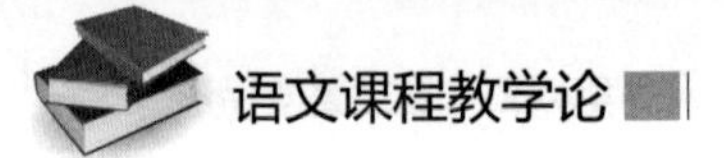

的学习过程，整理自己的思考方法和学习方法，这样不但能够了解自己的学习状况，而且还能对自己的学习进行有效的调控。学生的互评则在很大的程度上培养了学生在活动中的合作态度，提高了语文综合性学习的参与程度，学生的互评过程实际也是相互学习与借鉴的过程。

对教师而言，学生的自评与互评能让教师看到学生在学什么？学习到了什么？有哪些不足？为指导与支持学生的语文综合性学习提供了大量有益的信息。在学生自评与互评中，教师应更多充当组织者和推动者的角色。通过语文综合性学习成果介绍会，研究课题论证会，学习经验交流会等形式，为学生提供和创造自评与互评的机会与平台。当学生自评或互评过程中遇到冷场与偏差时，教师就应发挥自己的影响力，鼓励同学踊跃发言，也可通过自己对同学的评价，对学生的评价进行正确的引导。

（二）口语评价

口语评价是常见的一种教学评价方法，与书面评价相比，其在师生互动性上比较强，对学生口头语言的表达能力的锻炼也十分有益。

常用的口语评价有以下二种形式：一为口试，在语文中常用的有演讲、辩论、口头报告等形式；一为问问题，教师在教学过程以问题问学生是常见的师生互动模式，只是较少教师将问问题纳入教学评价，并将其视为教学评价的一部分。如果教师计划评价较复杂、较具综合性的学习结果，以及评估学生的语言表达能力，可以运用口试进行教学评价；若教师打算评价教学过程的问题，立即给予学生回馈，增进学生口语表达能力，可以采用问问题方式。

口语评价对语文综合性学习来说有特殊的意义。

首先，语文综合性学习尽管具有综合性与探究性的特点，但其终究是一种“语文学习”的方式，所以其核心应是为提高学生对祖国语言的听说读写能力而服务的，不然的话，语文学科性就不能得到体现。我们以往对学生的语文能力的评价，大都采用的是用书面考试，重读写，轻听说，这种评价对学生语文素养的全面提高是不利的。把口语评价引入语文综合性学习中，可以增进学生语言的口头表达能力，在一定程度上可以完善语文教学评价的内容。

其次，口语评价完善了语文综合性学习评价的手段。从新的语文课程标准的表述中可以看到，语文综合性学习是贯穿于义务教育的整个阶段的，新标准还把整个义务教育分成四个阶段，并对每一个阶段语文综合性学习都提出了具体的目标。比如对第一学段的目标中，有这样的一条：“结合语文学习，观察大自然，用口头或图文等表达方式表达自己的观察所得。”如果要对学生是否达到这一目标进行评估，教师没有一定的口语评价的能力显然是不行的。现在的问题是，决大多数教师在口语评价方面没有进行过良好的训练，因此对口语评价的程序、评价标准、注意事项都缺乏了解，也没有积累相关的经验，这应引起我们足够的重视。

（三）游戏化评价

我们传统的评价具有太强的比较和选拔的功能。在这种价值取向的评价模式下，教师具有绝对的权威，能够以考试成绩让学生俯首听命，学生则把评价当作一种折磨，但又是不可逃避的大事，毕竟，每个人都必须在这种评价中获得好的成绩和地位才能奔向光明的前景。而对教师教学的评价也主要看教师所教班级的学习成绩，这就迫使很多教师采取题海战术、频繁考试、办各种补习，最终导致学生厌学，教师厌教。而语文综合性学习是体现学生主体的自主性学习，学生的需要和兴趣是语文综合性学习的基础。因此，语文综合性学习的评价不应总是以严肃和冷酷的面目出现，教师应努力结合学生的学习兴趣开发出新型的评价方法，让评价不再是一种身心的折磨，而是学生乐于参与，并能在其中得到快乐和成长的一种活动。在我们看来，游戏化评价就是这样的一种评价方法。

所谓游戏化评价是指教师根据学生特点和评价目标，有意识地为学生创设有问题设置的游戏情景，并与学生一起设定相应的游戏规则，让学生参与游戏，并根据学生在游戏中解决问题的表现，按照游戏规则给予学生相应的奖惩。在语文综合性学习中通常的可以采用的游戏化评价方式有字谜游戏、对对子、成语接龙、故事接龙、填空高手等。游戏化评价有较强的趣味性和一定的竞争性，表现好了不但能获得成功的体验，而且还会得到相应的奖励，即使失败了，游戏的惩罚也大都是善意的，比如给大家表演一个节目啦，学生没有太沉重的心理负担。所以游戏性评价不仅能激发学生参与兴趣，更能让学生在游戏中得到善意的评价，在游戏中获得成长。对语文程度较低的，好动的低年级的学生，难以用纸笔测验、专题报告等评价方式来评价时，游戏化评价相当适用。

广大教师在运用游戏化评价时应注意两个问题，一是游戏不能和评价目标脱节，不能为了单纯追求愉悦性而忘记了评价任务，在游戏中应做好相关记录，以便形成一份完整的游戏化评价资料。二是应注意游戏的安全性，设计游戏时应多征询其他教师对活动安全性的意见与评估，在游戏过程中的人员配备要充足，以防止意外事件的发生。

（四）轶事评价

轶事在这里指的是学生在日常学习生活中不被一般人所重视的小事或细节。语文综合性学习的轶事评价就是，教师要观察并详细记录学生在综合性学习活动中的有重要意义的个人偶发事件与相关细节，并以此作为评价学生的佐证材料。许多教师在对学生进行观察时，往往是把眼光放在了一些所谓的大事上，比如某位同学获奖了，而某位同学没有完成学习任务，或是考试不及格啦等，而对教学生活中能体现学生态度、性情、心理等方面微妙变化的细节却不加重视，或者说，很多教师就没有这方面的意识和能力。要评价一个人，首先应了解这个人。而对于绝大多数学生来说，他们在教师面前展示的更多的是学习中的轶事，教师如果缺乏对学生轶事的关注和体察能力，在对学生进行评价时就会感到无东西可评，因为他（她）就是班级中表现平平的同学，你没有对他（她）特别的印象。这样一来，学生的评语中频繁出现诸如“该生团结同学，乐于助人，集体荣誉感强”的词语，以及评价结果的千人一面似乎是必然的。在我们看来，这种评价对学生的指导意义是不大的。

由于轶事在日常教学中是不断演绎与变化的，要从如此多的信息中敏锐的捕捉到对某位学生有特殊意义的细节，的确有一定的难度，这也许就是有意义的轶事在一般的书面评价、档案资料中很难得以完整的呈现的重要原因吧。但如果教师能从班级情境的直接观察中得到一些能体现学生“独到”的细节，并把它作为评价学生在语文综合性学习中表现的佐证，那将有效地提高评价的效度。以此看来，轶事虽然不能作为评价的唯一依据，但在对学生的评价上却也有它独特的意义，广大教师应该以此转变自己对轶事的认识，加强轶事评价的观念，提高自己轶事评价的能力。

在运用轶事评价时广大教师应注意以下几点：首先，轶事评价是基于对学生细微的观察和深入了解的基础上的，也与教师的经验有很大的关系，所以教师开展轶事评价是有基础的，轶事评价并不是对任何一位教师都是适用的。其次，轶事总是在一定的情境下发生的，因此对轶事的解释必须结合具体情境，不能脱离其特定的情境人为地过度解释推论，更不能把学生在特定情境中的偶发行为看作是学生的典型行为。最后特别要强调的是，对轶事的观察记录和分析要避免可能产生的偏见，如刻板印象、晕轮效应等。

第七章 课外阅读与课外语文活动

第一节 课外阅读

随着新课程改革的进一步推进，课外阅读越来越受到人们的重视。而且从近几年高考试题来看，试题选材更加体现人文化，更加切合学生的生活实际和切身体验，引导学生关注时代脉搏，关注国计民生，关注世界，关注未来。这意味着课外阅读将成为学生生活中不可缺少的一个部分。鉴于此，本节对新课标下高中语文课外阅读进行了探讨。

一、课外阅读的地位和作用

教育部颁布的《高中语文新课程标准》是指导高中语文教师进行语文教学工作的重要指导纲要，只有深入的了解新课标的精神，才能够在教学实践活动当中把握教学的方向，制定更加全面的教学目标，并且恰当地运用教学手段。新课标中指出，要培养学生更加全面的素质和能力，要求在教学的过程当中以学生为主体，培养学生的综合素质，完善学生的各项技能。这就有必要重视高中语文的课外阅读教学，课外阅读教学能够在很大程度上帮助学生提升自己的人文素养，能够进一步地拓宽学生的知识面。但是不可否认的是，在长期应试教育理念的束缚下，高中语文教师更加重视学生的基础知识，很少关注学生个人人文素养的培养，而且很不重视学生的课外阅读，甚至有部分教帅认为学生的课外阅读是可有可无的，这种观点是绝对错误的。对于当前的高中生来讲，进行课外阅读教学能够在很大程度上拓宽自己的知识面，并且进一步完善自身的阅读能力，这对于高中生后续的成长和发展具有十分重要的现实意义。

（一）课外阅读的地位

在语文的阅读教学过程中，课内阅读是主体，学生的阅读兴趣、阅读能力和阅读习惯，主要靠课内阅读来培养。从这个意义上说，课外阅读是补充。但就效果而言，课内阅读是准备，课外阅读却是应用。从这一点来说，积极地推进课外阅读，给课内阅读以应用机会，是十分必要的。

课外阅读的重要，还在于它是课内阅读的有力配合。不管课内阅读的效率多高，没有课外阅读的配合，就不可能获得十足的成效．语文教学的实践一再证明，凡是课外阅读组织引导得好的，语文教学效率就高，成果就大。学生个人的语文学习实践也证明，凡是课外书读得多的，语文能力提高就快，学习效果就好。因此，可以说，只注意于课内，而忽略课外，功夫只是用了一半。

因此，广大的语文教师应该在语文阅读教学中充分地认识到课外阅读的重要性，并将其实践到语文教学中，多方位地提高学生的阅读能力和语文素养。

（二）课外阅读的作用

相对于课内阅读来说，课外阅读也有其独特的作用：

第一，继续课内阅读，巩固课内阅读的成果。对任何一篇课文的理解都不是一次完成的，一般都要经过反复多次的学习，才可能理解得深，记忆得牢。而这反复、多次的功用，就要通过课外阅读的形式来获得。这样，课外阅读就起了促进课内阅读、强化课内阅读的作用。

第二，扩大阅读领域，发展阅读能力。这是课外阅读的又一个作用。扩大阅读领域之所以必要，首先是因为课内阅读的内容范围极为有限，远不能满足发展阅读能力的需要。如果学生阅读范围只限于课内，那么他们的阅读能力也就难以适应各种各样的阅读环境和需要。其次，还因为课内阅读教材的可变性小，最新的文章不可能随时采纳进来，而课外阅读却能弥补课内阅读内容的不及时性。

第三，锻炼思维，发展智力。中学生的智力，主要是通过阅读、写作和计算等三种基本训练反映出来的。阅读训练在发展智力方面的作用，并不亚于数学课的计算训练。这是因为智力的核心是思维，思维又和语言密不可分，而阅读正是思维和语言的双重训练，任何有效的智力训练都是离不开的。因此，持续不断的课外阅读，对锻炼思维和发展智力，无疑会起着巨大作用。

第四，陶冶情操，培育品德。中学生处于青春发育期，生理变化大，同时，他们的观念、性格、情感等又正在发展形成中，具有不稳定性的特点，这就要求有足够数量的有益的读物来适应他们这种生理和心理的需要。一个既有物质文明又有精神文明的社会主义现代化社会，理应用课外读物随时引导学生们健康成长。

第五，因材施教、各得其所。在班级集体授课的情况下，教师只能面对全体学生，教学内容、教学进度等，都需划一，无法适应个别。而学生能否得到更大发展，主要不是由教师在课内统一教授的内容多少来决定，要由学生在课内外自觉吸收多少来决定。因此，指导他们在课外根据自己的实际，确定阅读目标，选择阅读内容，安排阅读进度，就是十分必要的。无需再多列举，仅仅上述五点，就足以表明课外阅读如何重要了。

鉴于此，语文老师应该意识到自己在语文教学中所存在的问题，尤其是对于课外阅读实践活动的匮乏，值得各位语文老师反思。

二、课外阅读的特点

课外阅读同课内阅读，作为一种基本的阅读方式，自然有其共同的特性。但是由于阅读条件和环境的不同，课外阅读拥有其独特的特点。

（一）阅读的数量

相对于课内阅读是语文专家们精挑细选之下文质兼美的文章而已，课外阅读则不具有明显的求质性，课外阅读的目标是一般地了解，而不是精通；方法是默读、略读和速读，而不是朗读、细读。

默读是日常阅读的基本方式，是阅读训练的终极目标，课内朗读也多半是为了课外的默读。我国旧时代的语文教育的传统是朗读，提倡书声琅琅。50年代以来，也还是偏爱有声有色的朗读，而忽视"无声无色"的默读。这种状况，必须加以改变。

略读也是课外阅读的基本方法。只有略读，才能增加数量，扩大视野，丰富见闻。指导略读，第一要培养阅读时先看序文、提要、编辑大意和目录的习惯，以了解全文性质、内容和规模；第一要掌握阅读全文章节标题及段落首句和尾句的方法；第三要学会浏览全文，综观大意的阅读。我国语文教学的传统是精读的传统，建国以来，不加分析地学习苏联，崇尚分析，进一步导致了偏重精读的结果，忽视了略读的社会应用性；连课内应该略读的"阅读课文"也成了"半精读课文"，这个前后承袭的趋向，尤其有扭转的必要。

速读也是能表明课外阅读特点的阅读方式。一个学生在同样的时限内，能够用高于他人的速度阅读同样的内容，那么他一生的阅读量就会大得多，而这该是何等重要的事！因此，我们有充分的理由要求在课外阅读中加强训练速读，使阅读方式趋向科学化。训练的方法，除了泛览大意的略读外，还可以采用选择式的摘读、寻找信息的掠读和限时读毕当场答题的计时阅读等形式。

（二）工具书和图书馆的利用

中学生应该具备利用工具书和图书馆的能力。具备利用工具书的能力，意味着能够独立阅读；具备利用图书馆的能力，意味着能够发展阅读。课外的环境比课内更利于这两种能力的培养，更能体现课外阅读指导的特殊长处。

我们这里指的工具书，同在第三章读文教学中提到的工具书的概念不尽相同。这里除了指词语类工具书如字典、辞典（包括新《辞海》）之外，还包括日常应用的某些专门性工具书，如人名辞典、地名辞典、历史辞典、哲学辞典、语言辞典和文学辞典等。这当然还有客观条件的一面，仅就主观认识方面而言，至少对于有志于扩大

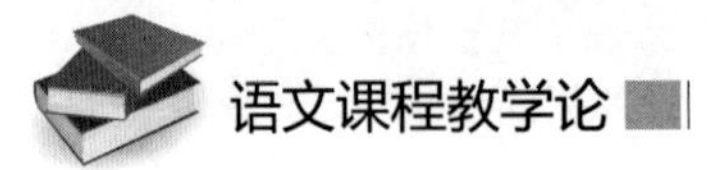

阅读领域的学生，可以提出这样的阅读目标。

指导学生学会利用图书馆也是最为要紧的。为使课外阅读达到理想的境界，实在有十足的理由要求指导学生利用图书馆。指导的主要内容是，了解图书馆的一般设施，掌握普通图书分类法，熟悉借阅图书的规章，学会检索图书的方法等。教师还要指明图书文献的重要性以及图书资料索引、目录的用法。有些并不特别喜欢阅读的学生，一旦进入了图书馆，接触到琳琅满目的图书，就一下子被吸引住，从而开始了对他一生都有难忘意义的借阅生活。

三、高中语文课外阅读存在的问题

了解了语文课外阅读的重要性之后，语文教师就应该反思目前语文教学活动中课外阅读所存在的问题。

（一）阅读主体地位被弱化

从当前的现实情况来看，高中语文课外阅读在开展的过程当中存在着很大程度的问题，在课外阅读活动当中普遍存在的一种主客颠倒的现象。课外阅读活动当中学生本应当是处于主体地位，学生应当是阅读的实践者，是阅读的主体。教师只是整个课外阅读活动的组织者和引导者。但是从目前的现实情况来看，老师在学生课外阅读过程当中的影响作用过于明显，老师会明确地为学生画出课外阅读的书籍范围，并且要求按照所阅读的内容写读后感、心得体会等等。这在很大程度上就使得学生失去了阅读的乐趣。虽然我们不能够完全否定掉这一种做法的作用，但是在大多数情况下，愉快的阅读往往对于学生的成长更加有利，而这些被动添加的阅读条款，则在很大程度上增加了学生的课业负担，学生阅读的积极性也被毁掉了。而学生对于老师精心布置的课外阅读内容并不感兴趣，但是为了达到老师的要求必须硬着头皮完成规定的动作。由此就导致了这种无形的课业负担，也在很大程度上促使了学生在阅读的过程当中逐步失去兴趣，让课外阅读毫无乐趣可言，本应当作为学生知识拓展的课外阅读，却成了学生的必修课，这让很多学生在主观感情上不能接受，从而也就失去了阅读的兴趣。

（二）课外阅读活动程式化、短期化

从当前的现实情况来看，之所以要在高中语文教学当中推行课外阅读，很大程度上是为了帮助学生拓宽自己的视野并且获取更多的知识，教师也希望学生通过课外阅读有所感，有所悟，并且掌握更多的阅读方法，从而提升自己的阅读理解能力，但是不可否认的是课外阅读的效果并不是能够在短期内就出现的，千乇往是需要学生具备一定的阅读量才能够提升自己的阅读能力。所以课外阅读活动应当是一项长期的学

习活动，并不是一朝一夕能够实现的。部分高中语文老师对于学生的课外阅读活动十分的重视，由此也就导致了他们愿意去帮助学生规划阅读的时间，要求学生在某一个阶段内必须具备多少的阅读量，这在很大程度上也就影响了学生个人的阅读生活，揠苗助长的方式也会直接影响学生的阅读兴趣。由此也就导致了课外阅读活动没有呈现出系统性，也没有长期的规划性，在新学期开始的时候，学生就会被要求按照本学期课本的内容来阅读相关的书籍。学期结束之后学生的课外阅读活动也就随之停止了。这种简单的程式化的教学也就使得学生在阅读过程当中的随意性被打乱了，使得课外阅读活动的本质成了课内阅读。

（三）课业负担挤压课外阅读空间

在当前现行的教育制度下，学生在高中阶段面临着十分繁重的课业负担，本来课堂当中的学习内容已经让学生不堪重负了，再让学生在课余时间进行课外阅读，学生会从心理上产生一种抵触情绪。而且在传统的语文教学过程当中，教学更多的是围绕着学生的写作能力来开展的，受应试教育影响老师也会更加重视学生的写作能力，而在很大程度上忽视学生的阅读能力。除此之外，有的高中语文课程在很大程度上被数理化等课程占据，数理化是高中教学的硬性任务，语文在很大程度上只需要学生去背诵欣赏和理解，甚至在语文教学当中很多的作业都不能够以书面的形式进行检查。由此学生就会形成懒惰的心理，自己对于语文的重视程度也在很大程度上降低了。在应试教育的体制下，学生自身的课业负担本来就很重，老师虽然有心帮助学生选择一些更加优秀的课外读物来帮助学生阅读，但是学生却没有心情去阅读，学生个人的阅读环境十分的恶劣，这就使得学生的阅读兴趣、阅读习惯的培养成了空谈。

（四）客观学习环境差

虽然从当前的现实情况来看，现在的学习环境已经比过去有了很大的改观，在社会上也有很多有用的课外书籍，家长也会帮助学生准备一些课外读物，这对于学生的成长来说是十分有利的，但是在进入高中之后，家长往往会认为学生在这个阶段应当努力学习完成高考，因此就没有必要去进行阅读。除此之外，在现今的一些大城市当中有专门的图书馆，在那里学生可以进行更加全面的阅读，而在一些偏远的农村地区学生想要阅读就十分的困难，这些主客观因素综合表明，学生的阅读环境并不是十分的乐观。

四、教师课外阅读活动的指导策略

（一）激发学生课外阅读兴趣

孔子说："知之者不如好之者，好之者不如乐之者。"俄国教育家乌申斯基说："没有任何兴趣，被迫学习，会扼杀学生掌握知识的意向。”如果学生对所学的知识感兴趣，他就会深入地、兴致勃勃地学习这方面的知识。只有当学生潜在的阅读兴趣被激发起来后，他们在阅读中才会投入更大的热情和智慧，才会在阅读过程中自觉地、自主地去尝试、体验、思考与实践，主动地发现问题、解决问题，获取知识，形成能力。这样，课外阅读的优势才会渐渐凸显出来。中学生随着年龄增大，他们的求知欲也越来越强烈，他们欲了解社会，关心天下事，想要探讨人生的价值；他们课业繁重，有了各种各样的烦恼，想要寻求解脱，愉悦自我；他们还想提高修养、涵养、气质。这些需求正是引导学生投入课外阅读的内在有利因素。因此教师要利用一切手段积极地调动起学生的兴趣，只要采取科学有效的方法，充分利用积极有利的因素，就一定能激发起学生的阅读兴趣，进而养成良好的阅读习惯，实现阅读的最终目标。

（二）统筹安排，推荐阅读书目

语文阅读教学中，由于小说本身的特点，故事情节跌宕起伏，人物形象性格鲜明，能够比较容易的激发学生的阅读兴趣、阅读潜能，所以在布置阅读任务时，小说作为一个突破口，从小说入手，逐渐进入到诗歌散文集、剧本的阅读。同时，在布置小说阅读的过程中，遵循一个标准——从容易读的、可读性强的作品到比较难理解的深奥的作品。最大程度的利用学生的阅读心理，有效的完成阅读任务。在推荐上述作品的时候，可以注意与教材的配合。学习节选的可以介绍全文：如学习《边城》介绍完整的作品；学习《林黛玉进贾府》介绍《红楼梦》；学习《雷雨》介绍完整的《雷雨》。学习短篇介绍集子的：如学《荷塘月色》介绍《朱自清散文》；学习《祝福》介绍鲁迅的作品。与此同时，还要注意注入时代的“活水”，补充介绍现当代中外名篇。如：钱钟书的小说《围城》，余光中的诗歌《乡愁》，舒婷的诗歌《致橡树》，徐志摩的《再别康桥》，余秋雨的散文《文化苦旅》、《千年一叹》，王小波的《一只特立独行的猪》等等。一些期刊报纸也很值得推荐，比如《读者》、《青年文摘》、《中国青年报》等。此外，教师还要善于捕捉各个时期的“阅读热点”，通过适当的指导，增强学生对流行文化的“免疫力”，体会文本阅读的妙处。由电影《花季雨季》介绍小说《花季雨季》，由韩寒现象介绍《三重门》，由《人间四月天》推荐徐志摩的诗集。当然，在介绍书目时还得分清主次，突出经典名著，辅之以时尚刊物，意在相辅相承，增强学生的鉴赏能力。

（三）结合多种阅读方法，有效指导

学生课外阅读是为了进一步拓展视野，发展思维能力，但首先必须遵守循序渐进的原则。我们可采用分层次阅读由浅入深，进行指导，譬如高一阶段可以推荐一些故事情节较强、浅显易懂的作品，比如《老人与海》、《巴黎圣母院》等。到高三阶段，就可以推荐《哈姆雷特》等哲理性、思辩性比较强的作品。其次，阅读中又需要熟读深思，这是阅读过程的深化。苏轼说："旧书不厌百读，熟读深思子自知。"的确，读书百遍，其义自见。若只读书不思考，那么即使学富五车也只能成为两脚书橱，毫无用处；而凡是能读书又能思考的人，最终才会有所创造。所谓"尽信书不如无书"说的就是这个道理。阅读中要善于发现问题，善于融入自己的思考。在读书的过程中做点读书笔记是非常有用的。另外，教师还要最大限度的解放学生的思维，让学生与书册进行直接对话，鼓励学生自由、自主的阅读。只有这样，才能让学生从《阿Q正传》中看到今日精神胜利法的意义，从《项链》中悟出生活的偶然对人生的影响。也只有这样，学生的思维空间才能得到拓展，阅读质量才能提高，学生良好的阅读习惯才能形成。这是指导学生课外阅读的一个重要的方面。为此，教师要争取多举办一些读书交流会，抒发自己对作品的独特感受。在交流中才会擦出思想的火花，才会有不一样的感受，以提高学生的阅读兴趣，最终提高鉴赏能力。

总之，高中语文课外阅读对学生兴趣与爱好、愉快的情绪、事业的热情、对挫折的忍受性与意志力、活泼的性格、宽阔的胸怀、自信心与好强心、远大的理想等非智力因素的具体内容上都有促进作用，教师进行指导目的就是让真正走入文本的世界，让课外阅读成为学生生活中不可或缺的一个部分。

五、学生在课外阅读活动中的具体策略

（一）用端正的态度看待课外阅读

课外阅读与你的关系等于记忆和个人的关系，书上毕竟记载了我们民族的历史，我们的发现，许多年来的知识和经验的积累。它们向我们描述了大自然的奇妙和美丽，并且赋予我们一座神奇的思想殿堂，书所给予我们的思想比现实更深邃，就像回忆往往比真的现实更加美丽一样。书籍在我们困难时帮助我们，在我们悲伤或遭遇痛苦时安慰我们，用思想充实我们的头脑，把美好和愉快的想法保存在我们的心里，使我们摆脱自我并超越自我，我们要把课外阅读看作一种享受，一种收获，每天必不可少的一件事情去做。

（二）选择健康的课外读物

中学生必读的四大名著，培养智慧方面的《智慧锦囊》《刘墉文集》等。心灵方面的灵鸡汤》等，有助于自己成长方面的小书虫，当代一些大家之作必须读，例如三毛，莫言的作品等，还有一些为人处世，交际方面的书籍，好多处事之道都是从书本上学到的。

（三）养成阅读的好习惯

每天找出一些空余时间，将优美，精彩的片段画出，第二天早上或者晚上再次阅

读或背诵，最终成为自己的知识积累。阅读贵在坚持，而不是一两天的心血来潮，兴趣过后就不以为然了。俗话说的好："行万里路，读万卷书"，"活到老、学到老"，贵在每天阅读，积少成多。

（四）掌握阅读方法

阅读分为精读和略读。在阅读中，要真正读出收获，就必须在字里行间中阅读，即精读。在阅读的过程中，做一件同样重要的事情，那就是要做好标记，标记生字、生词、精彩片段、中心句和让你感动的句子。做标记有很多好处，首先，做标记会让你头脑清醒。其次，如果阅读是积极的，那么阅读就是思考，这种思考有想用语言表达的趋向，做过标记的书通常是经过思考的。第三，标记会帮助你记住你有过的思想，或者作者表达的思想。这种阅读不是为了消磨时间，而是要获得知识，要理解你所读过的内容。这类书籍是一部伟大著作，有着丰富的思想和优美的语言，或是一部提出并试图回答重大而基本问题的书，这就要求你以积极的态度去阅读。略读就是匆匆扫过，讲求速度，内容能看懂即可，这种阅读纯粹是消磨时间，从中获得愉悦心情，可以在放松的状态下阅读。类似的书籍有小说、笑话等。

综上，学生应该在教师的指导下，有目标、有计划地进行课外阅读，提高自己的阅读能力，丰富自己的语文知识。

第二节　课外语文活动

课外语文活动指的是语文课堂教学、课前预习、课后复习及作业以外的语文活动，是语文教学的重要组成部分，也是语文教学的必要环节和补充。它与课堂课文教学在内容、形式、目的、要求、学生参与心态、教师指导方式、社会影响等方面都存在差异。课堂课文教学是课外语文活动的基础，课外语文活动又使课堂语文教学具有了新的生命力，它是课堂教学的补充和配合，是能力培养的继续。早在二、三十年代，我国一些著名的中小学就意识到了这一点，所以无论私立、公立学校，从来都不忽视学校课外活动这一"侧翼"。其中，以语文为主的活动就有诗业社、戏剧社、合唱团等。学生自办刊物、自编自导自演节目；天津南开中学学生戏剧社闻名中外，出了曹禺这样的戏剧大师。美国教育家华特·B·科勒涅斯指出："语文学习的外延和生活的外延相等"。河北张孝纯老师也在80年代初提出"大语文教育"概念，包括以课外阅读为重心的、有计划、有组织的多种多样的语文课外活动，以及对学校语文环境、家庭语文环境和社会语文环境的利用。

一、课外语文活动的特点

（一）实践性

课外语文强调以学生为主体，注重运用知识开展活动，解决问题，培养能力。它要求学生手脑并用，展示包括听、说、读、写在内的语文能力。

（二）公众性

课外课文活动不受年级、班级、·250·玉溪师范高等专科学校学报 2000 年第 16 卷增刊年龄，甚至学校的限制，内容形式的丰富多样、灵活多变可以突破分班教学的局限，体现更开放的公众特色。

（三）趣味性

凡是与语文知识有关的内容，都可以作为课外语文活动的范围；同时，课外语文活动又必须联系社会生活各个领域。因此，丰富的知识内涵、广博的信息源、广阔的实践空间都是最好的兴趣之本。较之课堂教学，课外语文活动更能调动学生的积极性与求知欲。

二、课外语文活动的实践意义

（一）立足课堂，超越课堂

45 分钟的课堂教学时间是必要的，但对于牢固掌握所学知识，广泛汲取生活信息却是远远不够的。如果能使学生在课外语文活动中学习，阅读与课文有关的书籍、资料，参与同课文有关的语文实践活动，利用所学到的知识、方法去指导自己的实践，就必然能对课堂学习的知识起到巩固记忆、加深理解的作用。在具体的学习实践过程中又会触及更多的未知，涉猎更广泛的领域，这无疑能开阔学生视野，增长见识。如立足于课文教学，但又超越课堂的课本剧表演，既调动了学生的再学习兴趣，又可以满足他们的创新心理需求，更培养了学生对表演艺术、角色心理等多方面的理解能力，这正是课堂上教师教学无法达到的。

（二）提高能力，激活思维

现代语文教学亟需做到的是纠正过去很长一段时间只重视课堂教学，忽视能力培养的偏差。课外语文活动，诸如朗诵、写作、演讲、辩论、表演、采访、播音等都可以为学生的技能训练提供最有利的条件，还可以锻炼学生的组织、管理和社会活动能力。仅就学校每学年组织的一次辩论赛、一次演讲比赛来说，参加比赛的同学就可以在表达、思维、临场应变等方面得到锻炼；组织比赛的同学可以在筹划、分工、合作、安排、组织等方面得到提高。

（三）展示特长，陶冶情操

实践活动使学生的才能充分显现，特长充分展示。玉溪三中通过记者站、文学社组织的演讲、知识竞赛、辩论、采访、讨论等活动，发现和培养了一批有特长的学生，他们代表学校参加校外各种组织、级别的相关比赛，均取得可喜成绩；有些甚至在与成年人竞争中毫不逊色，并且脱颖而出。有些文学社成员毕业后，成为电视台导播、播音员、报社编辑的也不乏其人。这些活动使学生从中深受教益，从而明辩是非曲直，树立高尚情操，培养了克服困难，团结协作的精神。

三、课外语文活动的内容和形式

课外语文活动的内容和形式是多种多样的，以下是几种常见的内容和形式：

（一）作品朗诵。

这是多数学生喜欢的活动，也便于组织。朗诵的j作品，可以是学过的课文，也可以是课外选取的。如果主客观条件具备，还可举办作品朗诵比赛会，并给以精神奖或物质奖。

（二）作品欣赏。

这种活动，可以采取座谈讨论的形式，也可采取专题报告的形式。欣赏的作品，应该不限于文学作品，电影、戏剧、音乐、绘画、摄影、雕塑等，也可作为欣赏的对象。只是音乐、绘画、摄影和雕塑等比较专门化，需要一定的艺术欣赏水平，可能只有很少数人参加。但欣赏活动的价值本也不在人多人少，而在于它的教育意义。

（三）习作展览。

选取学生作文中的佳作在课外展览，也是一种富有意义的活动。可以展览经过教师修改后誊清的习作，也可以展览有着教师的改笔和批语的原文。这两种展览各有各的价值。

（四）编辑刊物。

刊物可以是综合性的，也可以是单一性的，比如某一学科的学习专刊、书刊资料介绍专刊、伟大人物和英雄人物事迹专刊、文艺作品欣赏或评论专刊、学习成果展览专刊以及思想评论专刊等等。刊物可以使用墙报、板报、油印小报等各种形式。编辑和出版刊物的作用大，费时费力也多。要办好刊物，除了物质条件之外，需要教师的热心指导和帮助，需要有若干学生专门负责，还需要受到全体学生的欢迎和支持。

（五）汇编时事材料。

即指导学生从报刊上摘取各类文字材料，分类汇编，装订成册，备全班阅览。可分组按专题或按报刊分工进行。

四、课外语文活动的原则

（一）应该与语文课堂教学相辅相成，相互促进

语文课本本身就有许多局限性：片面性——不可能也没必要把所有的知识都囊括其中，稳定性——不能收纳世界上最新的知识等。但课外活动可以使获取知识的来源更广泛。整个社会就是学习语文的大课堂，学生可以通过活动、交往、阅读、看电视节目等最大限度地开辟语文学习的空间、拓宽语文学习的内容。校园生活的空间也就拓宽了。

（二）应该与其他学科相互渗透，触类旁通

语文是一门综合性特别强的学科，具有“百科全书”的性质，无所不包，无所不及，与其他学科是互为渗透。无论是语文教科书还是语文课外活动材料，都包含着各类学科知识。要真正理解这些内容，就需要具备各相关的学科知识。

（三）应该面向所有学生

语文课外活动的过程要面向全体学生，关注、尊重学生的实际需求，使每个学生都成为活动斩主人；要让每个学生都能在活动中有自己的位置和任务，又能热忱地关心整个集体，以露头他们的协作精神和动手能力。

五、课外语文活动的实施

（一）课外语文活动的目标设计要明确

在设计语文课外活动的内容时教师应根据不同年级的特点设定不同的培养目标。我确定高一年级重在激起兴趣、养成习惯、积累知识，培养学生的形象思维能力；高二年级重在积累知识、能力运用，培养学生的抽象逻辑思维能力和发散思维能力；高三年级注意做到统筹兼顾、系统安排，重在培养学生创新能力和语文综合素质，初步形成一个相对完整的体系。每次语文综合实践活动都应该有明确的活动目标。活动中各项内容的选择、各个活动程序的设计都应该紧扣活动主题，突出重点、不枝不蔓。切忌把课外活动搞成表面热闹而收效不大的“大杂烩”。

（二）课外语文活动的设计内容要充实

教科书是重要的教学内容，但不是教学内容的全部。现实生活中蕴藏着取之不

尽的语文教育资源，适合高中生阅读的中外文学名著、其他人文科学读物、科技读物，电视节目，网络资源，以及学生身边鲜活的现实，都可以经过筛选作为语文课外活动课的内容。可以说，只要是有利于培养和提高学生语文素质且又符合学生生理、心理以及认知水平的素材，经过精心设计都可以演绎出生动有趣、具体实在的语文综合实践课来。

1. 结合课文内容、巩固语文知识。如背诵大赛、辩论赛、汉字（高考高频词语、成语）听写大会、课本剧表演、给课文配图画等。

2. 贴近生活、贴近社会，关注生活中的语言发展。如收集新词语，赏析优秀的广告词、影视歌曲，搜集整理临江风土人情故事材料，深入社区做"错别字普查"的社会调查等。

3. 继承传统文化、学习民族语言。如现代汉语成语系列活动、语文楹联系列活动、唐诗宋词系列活动、格言集锦、谜语竞赛、诗朗诵等。

4. 结合重大节日、传统节日的来临，开展纪念性语文实践活动。这些语文综合实践活动课的设计和开展，服务于学生语文学习的需要，服务于学生语文能力的发展，服务于学生语文实践的运用，为培养学生多方面的语文能力发挥了积极的作用。

（三）课外语文活动的形式要新颖

寓教于乐，启智于趣，是语文课外活动课的主要特征。语文课外活动的形式要新颖多样，才能调动学生积极参与、自觉投入，从而在活动中主动感受、体会和理解。活动的场地、时间、规模都应该不拘泥于传统的班级教学形式，教室、图书馆、操场等都可以成为学生展示自己才华的舞台；晚上、节假日都可以作为综合实践课的有效活动时间；既可以是全班性的大规模活动，也可以是小组之间的较量，还可以是男女生之间的比拼。可以充分利用多媒体信息技术渲染活动的气氛，增强活动的生动性和直观性。另外，教师调控、引导、激励的手段方式也要不断变化，要注意兼顾和激发中差生参与的积极性，使不同层面的学生都能各展所长、各有所得。活动形式不拘一格、灵活多样，才能激发学生积极地进行语文学习的再实践，努力展示自己的聪明才智和创造精神，才能达到发展学生的个性和特长的目的。

（四）课外语文活动的准备要充分

语文课外活动不能只满足于表面上的热闹，更不能单凭教师一时心血来潮，盲目、随意地进布置。"台上一分钟，台下十年功"，活动成功的关键主要在于活动前的准备。

活动前要"准备学生"。

教师要对学生的实际操作的能力，以及判断分析、综合整理和独立工作、协调配合等多方面的能力有充分的了解，否则活动设计不是太难而曲高和寡，就是太简单而平淡无味。

活动前要“准备教师”。

教师要准备好在活动中的角色。在一般情况下，教师可以是总策划和总编导的角色，但不可面面俱到、包办代替，要注意尊重学生的创造性，放手让学生自己设计；教师也可以对学生提出要求而不做具体指导，而只在学生遇到困难或适当的时候进行恰当的点拨、引导，起指导参谋作用，这样才能使学生的主体作用得到充分的发挥。

教师也要准备好参与活动的能力。在整个活动的过程中，如果教师能适当的展示能力，与学生一较高下，必定会调动起学生的参与积极性；即使是以主持者的身份适时地对敏锐挖掘他们的闪光点，调动学生情绪，使学生保持一种跃跃欲试的良好状态，进而迸发创新的热情和研究的欲望，这也是对教师的能力的考验，是在活动之前要准备充分的。

总之，语文课外活动是学生将已有的语文知识技能在实践中应用，又在应用中获得新知、提高能力的过程，是学生课本知识运用的练武场。语文教学中，只有充分利用好课外活动才能事半功倍！

第三节　课外阅读指导中的几个关系

课外阅读对语文学习的重要作用已无容置疑，在解决了有书可读和选择什么样的书来读的问题之后，教师的指导就成了关键。应该说，当下中学语文界对课外阅读还没有较为规范的，可供实际操作的模式，一切还处于随机的、自发的状态，这严重影响了课外阅读应有的作用和效率因此，需要从课外阅读特点和规律人手，探讨一下课外阅读需要处理好的几个关系：

一、课外与课内的关系

顾名思义，课外阅读就是课堂之外的自由白发的阅读行为，它具有其自身的特点，异于课文的阅读和练习的阅读。有的教师编印了一一涛歌、现代文、占文的练习发给学生，认为这样既使学生进行了课外阅读，同时又培养学生的解题能力，可谓一举两得。此行此论大谬不然，这就好比在野外摘了几朵花。撷了几株草，然后让学生说出花草名，最后兴致勃勃地告诉学生：看，这就是春天。可想而知，这种“课外阅读”的行为能起到什么作用。当然，并不是说课外阅读要完全脱离课内的要求和指导。

课外阅读好比是一只风筝，自由．飘逸，但是要不迷失方向，还需地面那条线的牵引，课内指导就是那条须臾不可缺少的指导可从以下几方面人手：

第一、课内激发兴趣：教师在课内可以有汁划地向学生介绍一些书，也可以随机地作介绍，来激发学生读某本书．某篇文章的兴趣。比如，可以开一个外国文学专题，每次选一个作家的一本书，从书中找一些精彩的文段或动人的故事稍加介绍，吸引学生去读这本书。这种指导具有很强的导向性和强烈的鼓动性。能够使学生欣然地读某类书，因为有了先人的印象，所以读起来比较顺畅。针对性性强，印象深刻，效率比较高

第二、课内指导力法。课外阅读收获的多少，往往取决于读书方法得与否。学生有自己的读书办法。但大多零星不成系统。停留在经验感觉，而且不够稳定。因此，教师应对此及时作相应的指导。让学生按照规范去阅读，以求事半功倍。阅读方法指导是经常性的，每次针对某个方面，联系实际讲得恩体些、深些．学生听了之后能接着在阅读中运用和巩固。要深入了解学生的阅读实际，针对出现的问题及时作出纠正和引导。如有的学生反映读比较长的文章容易读着读着就把前面的内容忘了，以致不得不重新再读，针对这种情况，可以指导学生读这类文章之前先迅速浏览一下全文，获得一个整体印象后再细细去读，一般来说可解决此问题。教师指导阅读方法时最好联系个人阅读经验体会来谈，这样讲直观、亲切，易于为学生所接受，彼时能收到教学相长的结果。

第三、课内调整阅渎方向、进度。随着学生阅读经验的逐渐积累和阅读水平的不断提高，学生的阅读材料的难度和深度应随之而发生变化，这种方向和进度应由教师在课内作出相应安排。可从两个方面进行相关涮整。宏观上，把高中三年作为一个整体，每年有相应的读书书目和需要达到的目标。微观上针对每一个学生每一个小周期（如一星期）的课外阅读加以指导和凋整，使课文学习迁移到课外阅读上，趁热打铁，既巩固了课内所学，又很快应付诸于阅读实践，这样就将课内和课外挂起钩来，内给课外定了方向、类型和进度，使课外阅读变成了课内学习的深化和延伸课内课外．相促进，相得益彰。

二、阅读和写作的关系

就高中生来说，课外阅读应注意吸纳和运用，每读书力求必有所得。所得内化为知识和思想，开拓了视野，增长了见识，所得外化用于实践表达，提高了写作水平。这其中最重要最实际的一环是由阅读到写作。阅读能促进写作。没有写作的课外阅读是肤浅的阅读，是消极的阅读，是收效甚微的阅读，因此，指导学生进行课外阅读时必须辅之以相应的写作。

具体实践中，下列几点需要注意：

第一、要让学生养成“不动笔头不读书”的良好习惯。要让学生懂得，“记忆性不如烂笔头”，课外阅读本来目的性就不强，如不及时整理记录就更容易遗忘，及时动笔一方面可防止遗忘，包括听摄取的知识和所产生的感想，记下来后可在脑中留下较深的印迹；另一方面可深化阅读和思考。一般来说，阅读时产生的感想是零乱的、

浮泛的，不系统，不深入，如果用文字整理，必然要作深入而具体的思考，力求完整、明晰，这样反过来又促进对材料有更深的理解；第三方面可把握自己的阅读特点，调整自己的阅读方向，做了一段时间的读书笔记，再回过头来看一看，就能大致分析自己的阅读特点规律。比如有的同学对小小说感兴趣，阅读时可能就把绝大部分时间放在小小说上，其它文体很少涉及，通过分析，可以明白应减少这部分的阅读量，转向其它文体。可能学生开始不习惯阅读和写作并行的课外阅读方式，这不要紧，教师要讲明它的重要性和益处，要作具体可行的方法指导，要提出明确的要求，这样教师严格要求了，学生付诸实践找到了感觉，学到了技巧，尝到了甜头，就自然达到了共同的目的。

第二、要教给学生作读书笔记的方法。与课外阅读紧密相连的写作同平时的作文、周记、日记等有很大的不同，有着自身独特的写作方法。首先要规范，要写明书名（包括出版社、出版日期、版次，如果是外国作品中译本，还要写上译者）、篇名（如果是杂志上的，还要写上杂志名、期刊时间）、作者、页码、阅读时间；可作简要评价，如“本文对商品经济大潮中善良的尴尬和困惑进行了深入的思索”，再如“这是一个凄婉动人的爱情故事”，评价力求简练、精当、一语中的；可作句段摘抄，如精辟的句子、优美的片断等等，摘抄最好能略述一下句段所处的语言环境，因为精彩的句段如果离开具体语境，往往会黯然失色甚至让人莫名其妙，可作内容述评，概要叙述文章的内容，同时融入自己的感受和评论；可作技巧赏析，对文章运用的一些技巧手法进行欣赏，既提高了自己的的鉴赏能力，又在无形中学到了写作技巧。其次要灵活，读书笔记无论形式还是内容都是自由灵活的。以上谈到的规范，只是大致提供了一种框架模式而已，其目的不是为了限制学生，而是为刚开始写读书笔记的学生提供一个范式而已。上文中反复提到“可作”，即让学生可以选择去作，也可根据个人爱好增加别的类型。内容上让学生畅所欲言，读过书后有感想，不拘长短，不管偏激与否，率性而为，自由而作，也可海阔天空，以读书为触发点，谈自己对某一现象的认识和感受。总之，通过读书使自己的认识提高了，思想活跃了，就达到了课外阅读的目的。

三、量与质的关系

单纯就阅读而言，自然应是兼收并蓄，多多益善．但对于学业繁重的高中生来说，一味讲究数量，显然是不现实的。因此，要在一定限度内尽量扩大阅读量，让学生的阅读视野尽量宽一些。另一方面，要认真追求阅读的“质”，即阅读的体会与收获，在某种程度上来说，这更重要提高课外阅读的“质”，可以从以下四个方面着手：

（一）有一本固定的、反复的阅读的课外书

任何一本书，任何一篇文章，只读一遍获得的感受只能是大概的、粗浅的。即使

作了读书笔记，也无法穷尽文章的所有内涵，即使熟读成诵，隔段时间重新阅读．也会产生新的体会。应让学生有一本案头书，只要有闲暇，就拿出来翻翻，不要管是否读过，每次都认真读上几页，仔细品味其中的道理，慢慢揣摩其中的技巧。“书读百遍，其义自见”，反复读一篇文章，初读时那种新奇．期待心理已不存在了，而代之以平和与深思，这种心态更有利于把握作品的深层意蕴，也逐渐能发觉出作者的行文技巧。“好文不惮百回读”，越读越觉意味无穷，每读每有新发现。如此，文章自然就能深深地嵌在读者的心灵中，无形中感染、影响、促进他，这本书就成为阅读的“根”。这样的一本书可根据个人的趣味爱好作出不同的选择，对中学生来说，最好能选择一本优秀散文集。

（二）精选阅读材料

因时间、眼界所限，学生能够随时读到文质兼美的文章颇为不易，应努力创造条件去争取。

就老师来说，可以向学生推荐一些传目、文章，也可选取一些文章印发给学生；就学生来说，要及时向老师请教，听听老师的见解，来决定读哪本书，也可自己拿过书来之后．先大致翻翻了解一下这本书有多大价值，再决定是否读和怎样读．绝不能捡到篮子里就是菜，而应认真选择．这样才能真正做到每读必有所获。

（三）扩大阅读视野

了解和知道的书多，各方面都有涉猎，无疑对提高阅读水平大有裨益一当然，如上文所述，真正做到这一点很不现实．不过，也有一个折衷的办法，就是让学生泡图书馆和逛书店（这一点对城市学生尤为适宜），每次一两个小时，不管感兴趣的还是不感兴趣的，把各种书走马观花地看一看，翻一翻，扑面而来的各种信息涌人脑中，对于迅速扩大视野有着巨大的好处。如果每周能在闲暇时有这么一两次时间，无疑会很快获得大量的知识，尽管这种知识是零散的无目的的甚至是断章取义的，但其特有的新奇感会给学生留下极其深刻的印象。

（四）交流阅读体会

可组织学生进行读书交流，既可以若干班联合，也可以以班为单位组织讨论，也可以是三五成群的小组讨沦。形式不拘，关键是如何有效组织起来并有效控制引导整个讨论过程。交流时可谈个人的阅读体会，奇文共欣赏，疑义相与析，书读到妙处，人们都希望与别人分享这份乐趣，交流会就提供了一个这样的场所，既满足了学生渴望交流的愿望．也深化了对书的感受与理解。交流也可采用辩论会的形式，多数学生读了同一本书，对其中的某蝗观点可能会见仁见智，组织辩论，学生必定要引用书中的句段和事实，联系社会现实，旁征博引来为自己的观点进行解说，这样，辩论就将人与书的单向二维交流扩展开来，成为以书为媒介和触发点的人与书，人与人，人与社会的多向立体交流，将读书变为用书，必能大大深化学生对书的认识与理解。

四、兴趣和需要的关系

课外阅读源于兴趣，没有兴趣的课外阅读是不可想象的。这种兴趣大致分为两类，一是消极的，以休闲消遣为主要目的，如中学生中普遍存在的爱看卡通画、故事书、武侠言情小说、娱乐体育类报刊等现象。这种兴趣偶尔为之无可厚非.而如果沉溺其中，耗费去大量时间，则必须加以阅读视野纠正与引导；二是积极的，以在某些领域深入探讨，获取知识为目的，如有的学生看读历史类书籍，有的学生喜欢兵器类书藉等等，这类兴趣对学生在某一方面发展有很大益处，但也须防止一叶障目，对其它书都不感兴趣。兴趣是课外阅读的动力，教师既要注意好好保护，也要注意适当引导。

中学生的课外阅读又不是纯粹的个人兴趣行为，它有着比较明确的目的性和现实的需要。中学生正处在思想发展形成时期，各方面都需要知识储备和积累，课本知识显然不能全部满足这种需要，课外补充就显得非常重要。别的暂且不论，单就语文高考的需要就要求广泛涉猎。如果学生不能博览群书，熟悉各种文体的特点和规律，难免会在考试时捉襟见肘。而这些文体，如果仅凭兴趣，显然很难这么面面俱到地做到。

处理好兴趣和需要的关系关键靠教师引导，这种引导大致可以从下列两方面着手：

（一）激发学生兴趣，使之尽量与需要合拍。

学生的课外阅读兴趣是变化的.通过适当的引导.完全可以让他们淡化某一方面的兴趣.而对原来并不怎么感兴趣的方面产生兴趣。比如科技说明文的阅读。大部分学生都不感兴趣，教师可以选读或选印几篇容易让学生感兴趣的，使学生了解这种文体的独特魅力，再简单介绍一下这种文体的阅读方法。经过几篇文章的阅读后，学生逐渐适应了其中的语言‘特点，发现了其特有的价值’自然而然地就会喜欢科技说明文了。学生潜在的兴趣和爱好是多方面的，十六七岁的青少年求知欲强，愿意深层次地思考，容易接受新鲜事物。只要引导得当，学生对各种文体都会产生兴趣，使课外阅读步入一个课堂课内相互补充，相互促进的良性发展轨道。

（二）明确需要，主动探索，在探索中产生兴趣

学生的学习需要、考试需要、成长需要是多方面的，仅仅依靠教师的指导，是无法满足学生各方面变化无常的需要的。比如学生写议论文老是不入门、教师多次讲解也收效甚微。学生感到必须提高议沦文写作水平，就要依靠一定量的课外阅读。

此时学生有需要，就会发挥主观能动性.主动地找相关的书来学习体会，最后悟出议论文写作的一些规律和技法，进而也对这类文体产生浓厚的兴趣。这是一种理想化的境界，学生的主观能动性在其中起着关键作用。教师的指导主要是要激发学生的能动意识.并在学生的探索过程中适时引导，以使他们少走甚而免走弯路。

五、课外阅读和休息的关系

在课外阅读中，这是大家经常忽略的问题。在课外阅读指导中，需要注意阅读和休息的关系。基本要求是，要兼顾阅读和休息两个方面。一方面，课外阅读要安排得充实，以扩展视野，发展智力；一方面，又要安排得适当，以保证休息，促进健康。健康和学习是互为补充的，健康的身体可以促进学习，安排得当的学习又可以促进身体发展的平衡。

目前，我们面对的现实状况是，一方面，学习负担过重，影响了学生身心的健康发展，另一方面，学生还有学习潜力，教学上发掘不足。这种矛盾状况，是由于不正确的教学观念和不当的教学措施造成的，主要是由片面追求升学率的观念和把课内作业大量转移到课外的措施造成的。这就既侵占了课外余裕，剥夺了学生的休息时间，又排除了课外阅读。这样，一个方面（休息）得不到保证，另一方面（阅读）也不得发展。因此，改变教师的注入式，课内给学生更多思考和练习机会，减少课外的负担，取消目的不端的考试，把学生的余力用到课外阅读和其他有益的活动上来，实在是当务之急。

六、校内和校外的关系

除了上文所说的课内与课外的关系之外，语文课外阅读还要注意校内与校外的关系。所谓的校内与校外的关系就是注意把学校和家庭、社会联结起来，通力协作，共同完成课外阅读的指导任务。

学生阅读能力的提高，从来都不单纯是校内教和学的结果，它还受学校以外环境的影响。首先，学生学习语文就并非自学校教育开始，出校也不是语文学习的结束。其次，入学后的语文学习，也远不限于课内，它还广泛存在于家庭和社会之中，而家庭和社会既可能起配合和强化的作用，也可能起干扰甚至破坏作用。第三，相对地说，家庭和社会都处于较稳定的状态，而中学生对于家庭的依存关系，要比成人大得多，这又进一步表明了学校和家庭社会联结的必要性。

基于以上事实，从学校内部说，应大力加强课内阅读教学，并建立学校范围内的良好的语言环境，同时可以要求家庭和社会帮助备置读物、提供阅读环境和检查阅读效果等。